AF297214

E. DENIS

Professeur à la Sorbonne.

L'ALLEMAGNE ET LA PAIX

QUATRIÈME ÉDITION

PARIS

LIBRAIRIE DELAGRAVE

15, RUE SOUFFLOT, 15

BIBLIOTHÈQUE D'HISTOIRE ET DE POLITIQUE

E. DENIS

PROFESSEUR A LA SORBONNE

L'ALLEMAGNE ET LA PAIX

PARIS

LIBRAIRIE DELAGRAVE

15, RUE SOUFFLOT, 15

1918

L'ALLEMAGNE
ET LA PAIX

BIBLIOTHÈQUE D'HISTOIRE ET DE POLITIQUE

E. DENIS

PROFESSEUR A LA SORBONNE

L'ALLEMAGNE ET LA PAIX

PARIS
LIBRAIRIE DELAGRAVE
15, RUE SOUFFLOT, 15

1918

PRÉFACE

Ce livre a été écrit au moment de la grande offensive allemande (juin-juillet). Depuis lors, avec une brusquerie que personne n'aurait osé espérer, la situation s'est renversée. Au début de l'été, notre victoire, dont je n'ai jamais douté, semblait encore éloignée; aujourd'hui, nous la voyons, nous la tenons. L'ennemi aux abois demande à négocier.

La publication de mon livre ne m'en a paru que plus nécessaire. Nous nous trouvons justement en face du péril que j'ai toujours considéré comme le plus grave qui pût nous menacer, une paix prématurée, boiteuse et mal assise.

Nos défaitistes ne désarment pas. Compromis et discrédités par leur imprévoyance et leurs faiblesses, ils cherchent à sauver le reste de leur influence en arrachant l'Allemagne aux mains vengeresses de nos soldats. Le bon sens public ne se laissera pas égarer par leurs sophismes criminels. Mais nous ne devons pas nous lasser de dénoncer leurs manœuvres et de mettre l'opinion en garde contre leurs misérables intrigues.

A l'heure actuelle plus que jamais, il importe que nous ayons sans cesse présent à l'esprit le péril que nous avons couru et les méthodes sauvages par lesquelles nos ennemis ont déshonoré la guerre; que nous nous rappelions la dette sacrée que nous avons envers nos morts et nos devoirs vis-à-vis de l'humanité qu'il s'agit de libérer, une fois pour toutes, des entreprises d'une race sans honneur et sans foi.

L'Allemagne ne croit qu'à la violence et n'a d'autre divinité que la force. Elle nous hait d'une haine sauvage, que sa défaite poussera à son paroxysme. Pour nous, aucune sécurité, tant que nous ne l'aurons pas réduite à merci.

A de nombreuses reprises déjà, elle a essayé de nous amener à entrer en discussion. Chacune de ses tentatives n'a été qu'un piège. Les peuples qui ont commis la folie d'écouter ses propositions, elle les a trompés, ruinés et asservis. Quand elle feint de nous tendre la main, elle ne fait que poursuivre son jeu. Elle nous envoie comme messagers de paix Solf, qui était secrétaire d'Etat au moment de l'invasion de la Belgique, et le prince Max de Bade. Digne représentant d'une nation de parjures et de faussaires, cet imposteur qui, au lendemain du jour où il affiche des sentiments de conciliation, déclare cyniquement, dans une lettre confidentielle, qu'il partage les espoirs des pangermanistes et ne blâme que l'imprudence de leurs aveux. Nous avons toujours devant nous le même peuple de proie, qui ruse, ergote, triche, tronque les textes, retire à la fin de la phrase les promesses du début.

Max de Bade, Scheidemann et Lammasch ne sont que les doublures ou les jouets de Hindenburg, de Ludendorff et de Guillaume. Nous ne croyons ni au fédéralisme de Charles Ier, ni au repentir des Hohenzollern. L'Allemagne a été le bourreau de l'humanité. Elle n'échappera pas au châtiment.

Il ne faut pas que les misérables qui ont brûlé nos villes, insulté nos femmes, désolé nos campagnes, mutilé et essayé d'anéantir notre passé, puissent se vanter d'avoir tenu la victoire indécise.

« L'homme d'Etat allemand, a dit Bethmann-Hollweg, qui hésiterait à employer n'importe quel moyen contre l'ennemi, mériterait d'être pendu. » — Du Rhin à la Vistule, le peuple entier applaudissait, ivre d'enthousiasme. Aujourd'hui, il a peur, mais son cœur n'a pas changé. Quand ils ont commencé la guerre, a dit M. Balfour, ils étaient des brutes; à l'heure actuelle, autant que j'en peux juger, ils demeurent des brutes. » Ils ne sauraient être ramenés à la raison que par le châtiment.

Un jour peut-être, purifiée par la défaite et la misère, l'Allemagne pourra reprendre sa place dans le rang des nations civilisées dont elle s'est volontairement exclue. Mais il faudra pour cela que les derniers représentants des générations qui ont connu ses abominables forfaits aient depuis longtemps disparu. Si nous nous laissions égarer par ses fallacieuses promesses, nous préparerions au monde un avenir abominable; nous serions à la fois les dupes et les complices de nos ennemis.

L'ALLEMAGNE ET LA PAIX

CHAPITRE PREMIER

L'OFFENSIVE PACIFIQUE DE L'ALLEMAGNE

Le 18 juin dernier, une note du *Daily mail* annonçait que l'Allemagne se préparait à amorcer une nouvelle campagne de paix, et depuis lors cette information reparaît sans cesse et donne lieu à d'abondants commentaires. Elle est extrêmement vraisemblable et logique.

La dernière offensive de Ludendorff, constatent les journaux, lui a valu une avance territoriale fort appréciable et a infligé aux alliés des pertes très sensibles; elle n'a pas cependant amené des résultats décisifs, et l'Entente n'est nullement disposée à reconnaître sa défaite. Même la prise de Paris qui, en 1914, aurait sans doute déterminé le triomphe de l'Allemagne, ne serait plus aujourd'hui qu'un épisode d'une portée secondaire. Des sacrifices trop considérables ont été acceptés, et nos ennemis nous ont trop clairement révélé le sort qu'ils nous réservaient pour que nous renoncions à la lutte tant que nos ressources ne seront pas complètement épuisées. Les victoires militaires des Empires centraux, en admettant même que la fortune leur demeure quelque temps favorable, — ce qui est au moins douteux, — ont donc l'inconvénient grave de ne donner aucun résultat concret. Les vainqueurs nous ruinent peut-être, mais ils se ruinent plus sûrement encore, et leurs succès n'ont aucun sens, puisqu'ils n'entraînent aucun profit. Un seul espoir leur reste, obtenir de notre fatigue que nous consentions à négocier.

Ces renseignements, venus des sources les plus différentes, ont été si unanimes que l'opinion publique est sur ses gardes, et l'Allemagne, dont le plan a été dénoncé d'avance, a jugé prudent d'ajourner ses ouvertures. Une fois que l'attention sera détournée d'un autre côté, elle reprendra sa manœuvre, et nous nous trouverons brusquement, le jour où nous nous y attendrons le moins, en face de propositions équivoques et d'invites plus ou moins ouvertes.

La grande majorité des peuples de France, d'Angleterre, d'Italie et d'Amérique est arrivée à la conviction absolue et raisonnée qu'il serait aussi vain que dangereux de nous laisser amener par l'Allemagne à des conversations captieuses, tant qu'elle n'a pas reconnu son impuissance et qu'elle ne renie pas ses folles ambitions. Il n'en est pas moins certain que personne n'est à l'abri d'une défaillance. — Quel est le J. F., disait le maréchal Ney, qui se vante de ne jamais avoir eu peur ? — Les souffrances que nous impose la guerre sont terribles ; à certaines heures, sous le coup d'une secousse trop douloureuse, il peut parfaitement arriver que les cœurs fléchissent, — je dis les mieux trempés et les plus héroïques. Les régiments les plus éprouvés et les plus solides ne sont pas à l'abri de brusques paniques qui emportent les soldats et leurs chefs dans un tourbillon de déroute. L'opinion a supporté avec une inébranlable constance les tristesses que nous a apportées le printemps dernier, et nos échecs de mars et de juin ont eu pour résultat imprévu de fortifier les âmes et d'ancrer plus profondément dans tous les cœurs la volonté de la victoire. Il serait téméraire de supposer qu'il en sera toujours ainsi. Une défaite subite, survenant à un moment où nous y serions moins préparés, ne jettera-t-elle pas le désarroi dans les esprits? Qu'à ce moment l'Allemagne surprenne nos hésitations passagères et qu'elle profite de son succès pour renouveler ses langoureuses suggestions, ne trouvera-t-elle pas parmi les alliés quelques personnes disposées à répondre à ses avances? Ces quelques personnes, agents volontaires ou inconscients de ses projets, ne réussiront-elles pas à produire une certaine impression sur l'opinion publique? Le péril serait grave, et il peut surgir brusquement. On prête au général Pétain une parole profonde : « Nous ne pouvons être vaincus que par nous-mêmes, et le seul danger que nous ayons à redouter, c'est une paix prématurée. » Ne recommençons pas l'aventure du Chemin des Dames et, puisque nous connaissons les desseins de l'ennemi, ne nous laissons pas surprendre.

Il est puéril et un peu humiliant de répéter que tous nous désirons la paix; jour et nuit nous l'appelons de nos vœux les plus brûlants et les plus fiévreux; pour la hâter d'une heure, nous sommes prêts à tous les sacrifices, — sauf le sacrifice de notre liberté et de notre honneur. Si l'Allemagne demande à entrer en négociations avec nous, nous ne lui opposerons aucune fin de non-recevoir et nous n'écarterons pas ses propositions par la question préalable. Personne ne s'étonnera cependant si nous commençons par scruter ses intentions et par rechercher les mobiles de sa subite conversion. Elle nous a donné trop de preuves de sa mauvaise foi et de son incurable avidité pour que nous ne nous tenions pas sur nos gardes. Depuis le début de la guerre, elle n'a cessé de mentir, de mentir de la façon la plus éhontée et la plus stupide. Son Kaiser se fatigue à lever les mains au ciel pour prouver qu'elles sont pures de sang; il hérisse vers le ciel le poignard de ses moustaches et s'écrie avec un trémolo dans la voix : « Dieu m'est témoin que je n'ai pas voulu cela! »

Ses professeurs et ses savants affirment que les armées belges ont été arrêtées juste à temps, au moment où elles allaient envahir l'Allemagne, et que le cardinal Mercier est le principal coupable de l'incendie de Louvain. Ses théologiens et ses prédicateurs flétrissent les crimes de Miss Cavell ou du capitaine Fryatt, et maudissent la perfidie des passagers de la *Lusitania* qui, mis en garde par Bernstorff, ont persisté cependant à s'embarquer sur un paquebot désigné déjà aux sous-marins de Tirpitz, afin de provoquer une explosion de haine contre l'innocente Teutonie.

La prolongation de la guerre n'a pas modifié les habitudes des écrivains allemands ni adouci leur humeur. Qui donc parmi eux a protesté contre les déportations des Belges et des Français, les supplices auxquels pendant des mois des otages innocents ont été condamnés, ou les outrages ignominieux infligés à nos filles! Des poètes connus, presque illustres, se déshonorent par des refrains infâmes où ils célèbrent dans un délire frénétique les massacres de femmes et d'enfants. Dans ces conditions, notre légèreté serait impardonnable, si, au moment où des insinuations pacifiques nous arriveront d'outre-Rhin, nous ne demandions pas à réfléchir. Avant d'accorder patente nette aux émissaires qui nous apportent les propositions de Burian et de Hertling, la plus vulgaire prudence nous prescrit de retourner leurs poches et de nous assurer qu'ils ne transportent pas de bombes incendiaires. Leurs soldats crient volontiers : Kamerad! pour fusiller ensuite à bout portant les Français qui ont suspendu leur tir. Désormais, le piège est éventé, et nous prendrons nos sûretés.

On a remarqué très justement que la guerre, en désorbitant les caractères, rompt l'équilibre des âmes, qui passent brusquement de l'exaltation héroïque à une

résignation flasque et à une inertie torpide. Elle favorise
la déclamation et supprime l'esprit critique. Nous avons
beau veiller sur nos nerfs et tenir en mains nos pensées,
nous sommes roulés par un flot de passions trop furi-
bond pour rester toujours maîtres de nos jugements.
Les intérêts qui sont en jeu sont si graves que nous
flétrissons sans restriction et sans examen les opinions
et les actes qui nous semblent de nature à compromettre la victoire; nous condamnons sans pitié les plus fu-
tiles divergences d'opinion, et nous attribuons impitoyablement à des motifs ignobles la conduite de ceux de
nos voisins qui ne partagent pas strictement nos idées.
Jamais l'Union sacrée n'est plus nécessaire qu'en guerre,
mais aussi plus rare et plus difficile à pratiquer. Tenons-
nous sur nos gardes contre les emportements de l'esprit et les entraînements du cœur, et évitons les condamnations en bloc. Mais ne nous endormons pas dans un
optimisme béat qui nous coûterait cher.

Le crime d'antipatriotisme n'est pas seulement absurde et répugnant; il est si contraire à l'instinct et il
révolte à tel point les besoins primordiaux et les aspirations essentielles de l'âme qu'il est extrêmement rare.
Les hommes qui prétendent s'élever au-dessus de la
mêlée et s'abstraire des sentiments qui emportent leur
race, sont des *monstres,* des cas tératologiques, si isolés
qu'il n'y aurait, semble-t-il, aucun inconvénient à les négliger. Malheureusement ils exercent autour d'eux une
contagion redoutable, et il faut, pour prévenir la conta-
mination, une méthode prophylactique très rigoureuse.
Les naïfs et les dupes ne manquent pas autour de nous,
qui, même aujourd'hui, n'ont pas compris le sens de la
crise actuelle et qui se refusent encore à s'avouer que
nous avons en face de nous une race de proie, qui demeurera menaçante tant que nous ne l'aurons pas désarmée et rendue inoffensive. On les rencontre en Italie
aussi bien qu'en Angleterre ou en France; ils représen-

tent une cohue très bigarrée et fort nombreuse : chrétiens fervents qui s'attachent à quelques formules de l'Ecriture; socialistes qu'aveuglent les préjugés de classes et qui persistent à vénérer dans les compatriotes de Karl Marx les pionniers de l'avenir et les protagonistes des doctrines de large humanité qu'ils attribuent plus ou moins justement à leur prophète; pacifistes que révolte l'odeur de sang qui empuantit le monde; professeurs qui ont fait leurs études outre-Rhin et qui conservent une respectueuse timidité en face de leurs anciens maîtres. Ajoutons-y les pusillanimes, les âmes débiles, qui succombent sous le poids d'épreuves trop dures et trop longues; les brasseurs d'affaires dont les hostilités suspendent les opérations ou restreignent les bénéfices; les politiciens, insoucieux de l'avenir du pays pourvu qu'ils satisfassent leurs ambitions et leurs rancunes; les théoriciens, qui, juchés sur le piédestal de leur pédantisme scientifique, nous donnaient leur parole que l'ère des guerres européennes était à jamais close, et qui, après s'être portés garants des bonnes intentions de l'Allemagne à notre égard, ne veulent pas démordre de leur diagnostic et s'appliquent à lui imaginer des excuses. Chacun de ces groupes ne forme qu'une escouade assez faible et inconsistante; réunis cependant, ils représentent une masse importante et redoutable, parce que les opinions et les actes de leurs meneurs sont déterminés par des préjugés irréductibles ou des intérêts qu'il serait vain d'essayer de combattre par des raisons.

De cruelles expériences nous ont montré d'autre part avec quelle adresse l'Allemagne exploite chez ses adversaires les éléments qui la servent. En Italie, le désastre de Caporetto a été bien plus le résultat de ses manœuvres à l'intérieur du pays que de la stratégie de Hindenburg. En Russie, elle a réussi à acculer les révolutionnaires à une capitulation qu'elle a ensuite exploitée sans pudeur et sans merci. En France, au printemps de

1917, elle a jeté un moment le désordre dans nos rangs
et le découragement parmi nos soldats.

Il a suffi d'un gouvernement un peu énergique pour
enrayer le mal, et les complices ou les dupes qui sont
toujours prêts à servir les desseins du Kaiser, sont aujourd'hui en plein désarroi. N'allons pas croire cependant que l'Allemagne déconfite a définitivement abandonné ses projets. Elle n'attend pour les reprendre
qu'une occasion favorable. Au moment voulu, si elle
aperçoit chez nous une expression de fatigue, si elle
découvre sur nos visages un mouvement de tristesse ou
d'inquiétude, elle se remettra à la besogne et essayera
de nous induire en tentation de paix. Ne commettons pas
la faute qui a été trop souvent la nôtre, ne nous laissons
pas manœuvrer par l'ennemi. A un moment donné, —
peut-être dans quelques semaines, — au plus tard au
début de l'hiver, — des propositions de paix, directes
ou indirectes, nous arriveront de Vienne ou de Berlin.
Comment devrons-nous les accueillir? Quelle doit être
notre attitude? — Il est indispensable que, lorsque cette
nouvelle offensive se produira, nous lui opposions une
résolution réfléchie et un programme déterminé d'a-
vance. Nous serions exposés, sans cela, à des erreurs ou
à des hésitations dont les conséquences pourraient être
irréparables.

Que veulent nos adversaires? Que cherchent-ils en
nous invitant à des négociations? Quelle est leur sincérité? Sont-ils vraiment disposés à nous offrir des conditions acceptables, ou bien leurs propositions ne sont-
elles qu'une combinaison par laquelle leur diplomatie
cherche à faciliter et à asseoir leur triomphe militaire?
Le passé nous fournit-il quelque moyen de pénétrer
leur secret dessein? A plusieurs reprises déjà ils se sont
offerts à entrer en conversation avec nous : quel était
le sens de ces tentatives et à quelles occasions sont-elles
survenues? D'autres peuples ont accepté de traiter avec

l'Allemagne; ont-ils eu lieu de se féliciter de leur condescendance? — Autant de points sur lesquels il est nécessaire que la clarté soit faite, aussi éclatante que possible, de manière à ce que, l'heure venue, nous possédions tous les éléments nécessaires pour opposer à nos ennemis la réponse qu'exigent le salut de la France et la liberté du monde.

Au point de vue des neutres aussi, l'affaire est d'importance. Avant août 1914, pendant qu'ils poussaient leurs armements, les Allemands endormaient le monde et dépistaient les soupçons par les homélies évangéliques qui alternaient, dans la bouche de l'empereur, avec ses appels de clairon.

Depuis, ils continuent le même jeu et ils s'évertuent à rejeter sur nous la responsabilité de la prolongation des hostilités. « Ce n'est pas notre faute, disait hier le duc de Bavière, si la guerre n'est pas terminée; mais, malgré leurs insuccès, les Alliés ne veulent pas entendre parler de paix. »

Les affirmations les plus fantaisistes, si on les répète assez souvent et avec une impudence suffisante, finissent quelquefois par troubler les âmes simples ou les esprits distraits. Nous avons le devoir de remettre les choses au point et d'éclairer les neutres sur nos véritables intentions. Il faut que nous leur montrions par des faits incontestables que, de même que l'Allemagne seule a déclaré la guerre, elle est seule responsable de la durée du conflit, parce que jamais elle n'a apporté la moindre loyauté dans ses offres de négociations. Par la diplomatie comme par la guerre, elle n'a jamais cessé de poursuivre la satisfaction de ses intentions égoïstes.

CHAPITRE II

LE MILITARISME PRUSSIEN

L'armée : son rôle social et son influence prépondérante. — Subordination des pouvoirs civils. — Le prestige de l'uniforme. — La caste féodale. — La guerre de 1914 : responsabilité exclusive de l'Allemagne. — Le Kronprinz. — Conséquence désastreuse qu'aurait une défaite pour les monarchies allemandes et les classes dirigeantes.

Rappelons d'abord certains faits, incontestables, incontestés, sur lesquels il faut cependant revenir sans cesse, parce que rien n'est aussi infidèle que la mémoire humaine, et parce que, quoi que nous fassions, un instinct impérieux nous force à juger les autres d'après nous-mêmes. Là gît l'erreur capitale des hommes qui s'imaginent pouvoir dès maintenant traiter avec nos ennemis.

Les Allemands ne sont pas nos semblables, nos pareils. L'Allemagne n'a aucune analogie avec les États occidentaux ; elle n'est pas sur le même plan de civilisation. Elle appartient à un autre stade de l'évolution humaine, — moins avancé ou plus évolué, comme on voudra, mais différent. Elle ne parle pas la même langue que les Alliés, elle ne se dirige pas par les mêmes lois, elle ne reconnaît pas la même morale.

On l'a dit mille fois, mais il faut toujours y revenir. Nous sommes sortis de la période militariste ; elle y reste engluée. Ses écrivains et ses penseurs l'en félicitent et y voient la preuve de son écrasante supériorité. —

Soit. — Pour le moment, je ne discute pas leur thèse. Le fait suffit, que personne, semble-t-il, ne met en doute. « La Prusse, disait Napoléon, a été couvée dans un boulet. » — « La Prusse, suivant la parole de Mirabeau, non moins célèbre, n'est pas une nation qui a une armée, mais une armée qui a une nation. »

Ces abstractions, qui traduisent exactement la réalité des choses, ne prennent leur sens complet que si on les voit en quelque sorte prendre vie dans la pratique quotidienne. Quiconque a séjourné en Allemagne peut avoir assisté à ce spectacle : la foule se presse aux guichets d'un bureau de chemin de fer ou à la porte d'un théâtre ; un officier arrive, bouscule les gens qui sont devant lui ; personne ne proteste ; les spectateurs, respectueusement, ouvrent leurs rangs ; si quelqu'un se scandalise et se rebiffe, soyez sûr que c'est un étranger, qui ne comprend pas le respect qui revient à l'habit du roi.

Aux courses de Berlin, M. Gérard, l'ambassadeur des Etats-Unis, loue une loge, avec son beau-frère ; ils s'installent et descendent faire un tour sur la pelouse. A leur retour, ils trouvent leurs places occupées par un officier et sa femme, qui refusent de s'en aller. M. Gérard appelle un agent de police, qui accourt avec empressement, mais se dérobe dès qu'il voit ce dont il s'agit : jamais il n'osera infliger à un officier une telle humiliation ! Pour obtenir satisfaction il faut que l'ambassadeur s'adresse au chef de service, décline sa qualité, exhibe son passeport diplomatique.

De pareils incidents expliquent toute la vie politique du pays et ils la dominent. Quand, au moment de l'affaire de Saverne, l'opposition dénonce les illégalités flagrantes des autorités militaires, M. de Bethmann-Hollweg ne trouve pas un mot de blâme pour les officiers qui ont manifestement dépassé leurs attributions et se défendent à peine d'avoir violé la loi : « *Quelles*

*que soient les circonstances, il faut que l'habit du roi soit
respecté.* » (Décembre 1913.) Le ministre de la guerre,
le général de Falkenhayn, vient à la rescousse : « On
a beaucoup parlé de la nécessité de défendre les droits
du peuple, et je n'ai rien à dire contre, à condition que
l'on n'oublie pas que l'armée est une partie du peuple,
et certainement non pas la moins importante. C'est une
vérité incontestable que pas une pierre des fières mu-
railles de cette assemblée ne s'élèverait ici sans la vaillance et la solidité de notre armée. »

Ces paroles évoquent tout le passé de la Prusse.

Fondée par la force, elle est une création de l'épée.
L'unité germanique n'est pas née, comme l'avaient un
moment espéré les libéraux de 1848, de l'effort spon-
tané de la volonté populaire; elle a été imposée par les
victoires d'une tribu; elle a été scellée par le fer et par
le sang. L'habileté de Bismarck a consisté à fournir
aux généraux des prétextes de bataille, et il n'a été en
dernière analyse que l'impresario de Roon et de
Moltke. L'officier, qui a élevé l'édifice, en demeure le
propriétaire incontesté; il le rappelle durement à ceux
qui seraient tentés de l'oublier : *L'armée,* dit le ministre au Reichstag, *a besoin de ses jeunes officiers et sous-
officiers; plus ils sont jeunes, mieux ils valent, et plus
ils sont prêts à donner leur vie pour la patrie. L'armée
a un tel besoin de ses jeunes officiers qu'elle accepte
volontiers les conséquences de leur jeunesse, les expressions quelquefois un peu sottes qui échappent à leur juvénile ardeur.*

La brutalité du général de Falkenhayn provoque un
moment de scandale, et un député aussi modéré que,
M. Fehrenbach, du parti du Centre, dans un sursaut
d'indignation, s'élève contre ces paroles « *qui viennent
d'un autre monde. Même l'armée est soumise à la loi et
au droit, et s'il devait arriver qu'elle fût placée au-dessus de la loi et que la population fût livrée à la discré-*

tion des soldats, alors, Messieurs, finis Germaniæ. »
— Verba et voces ! — puériles explosions d'une colère
impuissante qui s'effraye aussitôt de ses velléités de
révolte et sollicite humblement son pardon. Les insurrections du Reichstag ne sont que des émeutes inoffensives, aussi ridicules que les algarades des collé-
giens que la vue du maître fait rentrer sous terre.

La majorité vote un ordre du jour de blâme à une
énorme majorité. — Résultat : le chancelier conserve
ses fonctions : le ministre de la guerre demeure au
pouvoir. Personne ne s'en étonne et personne ne s'en
attriste. L'opposition n'a même pas l'idée que ses résolutions pourraient avoir un effet politique ; elle sait
qu'elle n'a pas derrière elle l'opinion du pays, et surtout, ce qui est plus grave, sauf peut-être une demi-
douzaine de socialistes sincères, dans son for intérieur,
elle partage et elle approuve les idées de Falkenhayn.

*Nous avons le devoir d'être forts, d'être militairement
forts,* disait le chancelier (22 avril 1912) ; *de là dépen-
dent notre influence et notre prospérité pendant la paix.
C'est à notre force militaire que l'on mesure notre valeur comme amis et comme alliés, notre importance en
·tant qu'adversaires éventuels, le poids de notre parole
dans les questions internationales qui nous touchent, la
considération que l'on accordera à nos intérêts.* »
Il traduit ainsi la pensée de tous.

Nulle part, l'idée de la Justice, du Droit, du respect
des traités. Une règle seule domine les rapports des
nations : la force, la force militairement organisée.
Ces affirmations qui, dans tous les parlements, provo-
queraient l'indignation universelle, ne soulèvent aucun
murmure, ne causent aucun étonnement ; tout au plus
juge-t-on superflu de répéter si bruyamment de pareils
lieux communs, des aphorismes aussi évidents. Quand,
en 1914, M. de Bethmann-Hollweg lance sa fameuse
parole : Nécessité n'a pas de loi, *Not kennt kein Gebot,*

il ne se doute même pas de l'énormité de sa proposition, et, au bout de quatre ans de guerre, ses auditeurs n'ont pas encore compris nos protestations.

Le peuple tout entier a été élevé dans le même Evangile, et il ne connaît pas d'autre morale que celle de ses maîtres, — qui est la négation de toute morale. L'école, l'organisation sociale, l'Eglise, les associations militaires ou politiques (Ligue militaire, Ligue maritime, Cercles des Vétérans, Association pangermaniste, etc., etc.), qui couvrent de leurs mailles serrées le sol de l'Empire et qui comptent leurs adhérents par dizaines et par centaines de mille, ont fait peu à peu pénétrer dans les âmes les plus rebelles l'adoration idolâtre de l'armée ; elle n'est pas seulement la protectrice du pays, mais son âme, sa pensée, sa raison d'être ; à elle seule par conséquent appartient le dernier mot dans la conduite des affaires publiques.

L'Allemagne n'est qu'une caserne. Au milieu de ses divisions que l'unité a voilées plus que supprimées, elle se fond dans un même culte, le culte du sabre. Sectateurs de Luther ou dociles ouailles de Benoît XV, héritiers plus ou moins fidèles de Karl Marx ou défenseurs des privilèges féodaux, de tous les partis monte vers le ciel dans une fervente psalmodie l'oraison à l'épée. — Voilà ce qu'il faut que nous ayons nettement présent à l'esprit quand nous songeons à nos adversaires. Par là seulement nous pourrons prévoir leur action, établir notre pronostic, qui dépend de leur tempérament, de leurs mœurs, de cet ensemble d'intérêts et d'habitudes qui forment la structure de leur conscience et, plus même que la pensée réfléchie, déterminent leur conduite. Rappelons-nous que les Allemands ne sont ni des Français ni des Anglais, et qu'en face de situations analogues ils ne réagissent pas de la même manière.

Dès la plus tendre enfance, ils sont rompus à la discipline; ils grandissent dans l'amour et la crainte de l'uniforme. Bien avant Nietzsche, ils se sont accoutumés à mépriser la morale nazaréenne de la douceur et de la pitié, et ils croient que la grandeur se prouve par la violence des coups qu'elle assène. Ceux mêmes qui loyalement essayent de s'affranchir de cette conception nationale, n'y parviennent pas, et, quand ils vous jurent qu'ils ont brisé leurs chaînes, ils se trompent et ils nous trompent; dès qu'ils entendent dans le lointain les éperons d'un lieutenant, leurs sentiments d'indépendance s'évanouissent, et ils rapprochent les talons. Virtuellement, ils sont tous des militaires d'âme et de profession.

Un visiteur qui sortait de chez Bismarck entend le Prince éclater bruyamment de rire. Il se retourne : « Oh! ne vous fâchez pas, lui dit le chancelier; je viens seulement de vérifier une expérience que j'ai faite cent fois. Cette petite porte d'entrée vers laquelle vous vous dirigiez, exerce sur les civils une attraction irrésistible, tandis que tous les officiers marchent droit vers la grande porte. » En Allemagne, les militaires seuls sont vraiment chez eux; les civils ne sont que des parents pauvres qui se glissent sur la pointe des pieds et s'effacent discrètement pour se faire pardonner leur présence. Leur humilité leur agrée, et ils sont fiers de leur platitude, pourvu qu'ils soient libres de l'imposer au reste du monde.

Ils sont si férus de servilité qu'ils ne comprennent pas que le pouvoir puisse être exercé autrement que par un officier. L'idée d'un ministre civil de la guerre leur paraît une bouffonnerie stupide, et ils s'enorgueillissent de voir le président du Reichstag diriger les débats en uniforme de commandant ou de capitaine de Landwehr, qui ne lui facilite pas sa tâche quand il s'agit de réprimer les écarts de langage du ministre. Au Schrippenfest, où il avait invité M. Gérard et le colonel

House, l'Empereur, de très bonne humeur, leur crie par-
dessus la table : « Quelle mine singulière vous faites,
tous deux, avec vos habits noirs ! Au milieu de nos uni-
formes, vous avez l'air de deux corbeaux, et vos costu-
mes d'entrepreneurs de pompes funèbres font tache au
tableau. » — « Loin de votre Majesté, disait à Louis XIV
un courtisan qui revenait d'exil et dont on raillait les
rubans défraîchis et le pourpoint à coupe démodée, on
n'est pas seulement malheureux, on est ridicule. » —
A Berlin, quiconque ne porte pas l'habit militaire
éprouve une impression d'infériorité et comme une sorte
de tristesse; il a le sentiment de commettre une incon-
gruité et une indécence. Pour ramener à l'obéissance
les révoltés les plus farouches, il suffit de leur offrir
quelque espoir de bataille. Au lendemain de Sadowa,
des libéraux qui avaient combattu Bismarck avec fureur
tombent à plat ventre devant lui, et comme on s'en
étonne : « Que voulez-vous, répond le président de la
Diète, pour le bonheur d'une famille prussienne il faut
qu'un de ses membres au moins ait entendu siffler les
balles. »

Pour paraître dans les cérémonies officielles, le chancelier endosse son uniforme, ne fût-il que commandant
ou lieutenant-colonel. Quand il avait par hasard obtenu
quelque succès diplomatique, M. de Bethmann-Hollweg recevait de l'Empereur un nouveau galon. Une fois,
par mégarde, on nomme ministre des finances un fonctionnaire qui n'avait pas de grade dans l'armée. C'est
une sorte de scandale; on avise le souverain, qui le bom-
barde sous-lieutenant. L'année dernière, quand Michaëlis, qui depuis longtemps avait cessé de figurer dans les
cadres, a été promu chancelier, il a reçu le titre de
lieutenant-colonel. Le vieux Guillaume, l'inoubliable
grand-père, à quatre-vingts ans, ne quittait jamais
l'uniforme et se permettait tout au plus, dans la soirée,
de déboutonner son col. C'est que le monarque est

d'abord le chef de l'armée ou plus exactement le *Kriegs-herr*, le seigneur de la guerre.

Frédéric-Guillaume 1er, le roi sergent en qui nous ne voyons qu'un type de soudard brutal et grossier, une vieille culotte de peau, et que les Prussiens vénèrent comme un des principaux fondateurs de la monarchie, recommandait aux professeurs de son fils « de s'appliquer avant tout et de la façon la plus constante et la plus énergique à inculquer à leur élève l'amour de l'état militaire; ils pénétreront son esprit de cette vérité que seule l'épée peut apporter à un prince gloire et honneur; le monarque qui ne fait pas de la guerre le but unique de ses désirs est destiné à paraître méprisable aux yeux du monde ».

Depuis lors, les souverains de Prusse, même les moins braves de tempérament, ont vécu dans cette conviction et ils l'ont inoculée à tous leurs sujets.

En vertu d'un axiome que personne ne songe à discuter ou à examiner, il est admis que le pouvoir appartient à la caste dont les services sont regardés, non seulement comme supérieurs, mais en réalité comme ayant seuls quelque prix. Si, d'aventure, quelque maladroit se permet de contrecarrer la volonté des généraux, il se heurte aussitôt à de si hautaines remontrances qu'il se hâte de battre en retraite et d'amener son pavillon. Pendant les premières années de la guerre, M. Gérard présentait aux ministres diverses réclamations; M. de Bethmann-Hollweg, M. de Yagow, M. de Zimmermann n'en niaient pas le bien fondé, et très sincèrement ils auraient désiré lui donner satisfaction; ils s'avouaient impuissants, et cet aveu ne leur causait ni gêne ni regret : « Sans doute mieux vaudrait peut-être qu'il en fût autrement, mais cela dépend des généraux. Lisez les mémoires de Bismarck, vous verrez quelles difficultés il avait à s'entendre avec eux. » — Dans les questions les plus graves, qui intéressent immédiatement la politique générale de l'empire, le chancelier est obligé de s'incliner, d'accepter docilement la volonté de l'amiral von Tirpitz, de Hindenburg, de Ludendorff, bien qu'il ait la certitude qu'il compromet ainsi de la façon la plus fâcheuse les intérêts du pays.

* *
* * *

On s'étonne de la flexibilité de ces hauts fonctionnaires, si revêches et si puants de morgue dans le train ordinaire de la vie. L'entraînement prolongé ne suffirait pas à expliquer leurs capitulations. C'est qu'il ne s'agit que de rivalités individuelles, non d'opposition de classes. L'administration, au moins dans ses rangs supérieurs, ne résiste pas à la caste militaire, parce qu'elle se confond avec elle par ses origines, ses traditions, ses goûts et ses intérêts.

La Prusse est gouvernée par une oligarchie très fermée, qui se recrute essentiellement parmi les hobereaux des provinces orientales et qui forme une coterie étroitement solidaire. Adolescents, les aspirants aux hautes charges politiques se groupent dans les *corps* aristocratiques de quelques universités, à Bonn, l'université des Hohenzollern, par exemple, — ou à Gœttingen, qui a toujours été un foyer de réaction et de féodalisme. Là se nouent les camaraderies et se préparent les carrières. Les « piliers de la société » entrent ensuite dans un régiment où ils ne sont admis que par adoption, sur le vote de leurs camarades; les uns y passeront leur vie, les autres en sortiront pour *servir* dans l'administration. A la caserne ou dans les bureaux, ils ne cesseront pas de se considérer comme des militaires en activité ou en congé; les fonctionnaires ne sont en réalité que les délégués de l'armée dans les emplois civils, et leur principale mission est d'assurer la stricte exécution de la consigne transmise par les supérieurs. « Je me promenais dans la vallée de l'Elbe, écrit M. Descamps, et, chemin faisant, je m'informais des différents domaines que nous apercevions : « Ici habite un « lieutenant, me dit mon compagnon, un lieutenant en « disponibilité. Il y en a beaucoup en Allemagne. Beau- « coup de nobles tiennent à exercer le métier militaire « pendant quelques années ; après quoi, ils se retirent « dans leurs terres. Ils ne cessent pas pour cela de faire « partie des cadres, restent à la disposition de l'armée. « Ils la représentent dans la campagne, comme les autres « dans la bureaucratie. »

Par définition, les officiers occupent dans la société un rang supérieur ; ils sont *hoffähig,* les commensaux de choix du souverain ; épouser un officier est le rêve de toute jeune fille riche. Leurs intérêts sont d'ailleurs connexes avec ceux de l'industrie lourde, des grands métallurgistes qui vivent de la guerre et qui exercent dans le monde des affaires une influence prépondérante ; ils représentent ainsi une force irrésistible, contre laquelle il serait presque immoral de s'insurger, tellement la lutte est inégale et le succès invraisemblable.

*
* *

Cette caste, omnipotente et vaine de son pouvoir, quelles raisons pourraient bien la déterminer à désirer la fin des hostilités ? — L'horreur du sang ? Le désir de mettre fin aux affres d'agonie au milieu desquelles se débat l'humanité ? — Conversion bien rapide et bien surprenante !

S'ils étaient capables de pitié, comment auraient-ils déchaîné la guerre ? — Sans doute ils ont répété à satiété qu'ils n'ont pris les armes que pour se défendre et parce qu'ils y ont été contraints par les ambitions impatientes de la Russie, la jalousie de l'Angleterre et les

rancunes de la France assoiffée de vengeance. Mais qui
donc croit encore en Allemagne à ces billevesées absurdes? N'avons-nous pas, pour démontrer le contraire, les
aveux cyniques de Harden, les confessions embarras-
sées de Hertling lui-même, et tout récemment les dépo-
sitions de Muehlon et de Lichnowsky, ces témoignages
écrasants que l'Allemagne n'a pas même essayé de discuter ? S'ils désiraient la paix, pourquoi ont-ils apporté
tant de zèle et d'obstination à faire avorter les conférences de la Haye? Pourquoi se sont-ils opposés à toute
tentative de limitation des armements ? Pourquoi ont-ils
interdit brutalement que l'on mît même en discussion la
question de l'arbitrage ? A qui persuadera-t-on que
Nicolas II, qui, pendant tout son règne, a si visiblement
subi l'influence de Guillaume et qui, à diverses reprises,
s'est laissé entraîner par lui dans des voies singulièrement scabreuses; — Nicolas II, marié à une Allemande,
entouré de germanophiles; — à qui fera-t-on croire que
ce tsar timide, faible, défiant, jaloux, a provoqué de
gaieté de cœur une aventure dont il n'était pas possible
qu'il n'aperçût pas les risques; qu'il a médité une
agression folle, pour laquelle les événements ont trop
clairement prouvé qu'il n'avait rien préparé ? — Nous
connaissons l'Angleterre de 1914 : démocratique et radicale, somnolente dans une quiétude optimiste dont les
avertissements de lord Roberts ne réussissaient pas à
la tirer, engourdie par les narcotiques que lui versaient
à haute dose les financiers félons, les professeurs naïfs
et les piétistes béats. Et c'était cette Angleterre qui
machinait contre ses voisins un guet-apens! — Poussée
par quel mobile? Déterminée par quel espoir ? — Passion du lucre, basse jalousie, répètent Kühlmann et
Hertling, après Michaëlis et Bethmann-Hollweg. — En-
fantine psychologie, qui, si nous pouvions en admettre
la sincérité, prouverait une singulière méconnaissance
du caractère anglais. M. Edouard Grey, M. Asquith et

Lloyd George, pas plus que leurs compatriotes, n'ont coutume de s'effrayer de périls lointains et hypothétiques, et il n'est guère dans leurs usages de se jeter dans un puits pour éviter un orage qui n'éclatera peut-être jamais. Ils estimaient assez haut leur pays pour ne pas juger ses négociants hors d'état de se défendre contre la concurrence germanique, et ils ont assez l'habitude des affaires pour comprendre que les sacrifices que devait leur imposer la guerre ne seraient que bien lentement compensés par les progrès éventuels de leur commerce.

Et la France! — Que de preuves, palpables, criantes, aveuglantes, n'avons-nous pas données de nos intentions pacifiques! — Sans doute, nous portions au cœur une blessure toujours saignante, et quand notre pensée se reportait vers la frontière des Vosges, nos cœurs se serraient et nos yeux se remplissaient de larmes. Mais qui donc pensait à reprendre par les armes nos provinces perdues?

Devant le terrible spectacle qui s'offrait à nos imaginations quand le spectre de la guerre surgissait devant nous, les âmes les plus fermes défaillaient. Pour éloigner ces cauchemars de massacres, nous avions subi en silence les provocations les plus gratuites; ratifié l'abandon du Congo, que la mémoire de Savorgnan de Brazza nous rendait sacré, accepté en Asie Mineure des conventions léonines qui menaçaient de détruire en Syrie notre influence millénaire; par deux fois, nous avions refusé de soutenir la Serbie, qui ne demandait qu'à devenir l'introductrice de notre civilisation dans les Balkans, au moment de l'annexion de la Bosnie en 1909 et en 1913, lors de la création de ce royaume d'Albanie qui ne pouvait être qu'une colonie allemande.

Nous avions certes une entière confiance dans la valeur de nos soldats; nous savions que, si l'heure redoutable sonnait, le peuple se lèverait unanime pour

défendre contre l'envahisseur le sol sacré de la patrie,
et que, plutôt que d'abandonner un pouce de notre territoire, chacun donnerait sans hésiter jusqu'à la dernière goutte de son sang. Malgré tout, une angoisse
nous étreignait. Le sacrifice complet, absolu, que nous
consentions, compenserait-il l'énorme supériorité numérique de nos ennemis et balancerait-il la perfection
de leur organisation méthodiquement poursuivie? Les
régimes démocratiques, où l'opinion est reine et maîtresse, sont condamnés aux luttes violentes des partis,
qui nécessairement gênent et ralentissent l'action du
pouvoir et rendent singulièrement difficiles les vastes
desseins et les plans de longue haleine. Nous connaissions les lacunes et les faiblesses de notre outillage matériel et moral et peut-être même étions-nous tentés de
nous les exagérer. Après les preuves que nous avons
données de notre virilité, nous n'avons aucune honte à
l'avouer : nous avions peur de l'épreuve à laquelle la
République allait être soumise, et, pour l'éloigner, toutes
les ressources de notre esprit, toutes les fibres de notre
cerveau se sont tendues pour retenir la paix qui nous
fuyait. Reprenez la liste des membres qui formaient le
ministère Viviani ou des députés qui le soutenaient;
qui donc parmi eux n'abominait pas la guerre? Pendant
les heures tragiques qui précédèrent la mobilisation,
Jaurès, que personne, je suppose, n'accusera de chauvinisme et qui a montré souvent envers l'Allemagne une
complaisance qui faisait crier de douleur notre patriotisme, avouait, qu'eût-il été à la place des ministres, il
lui aurait été impossible de pousser plus loin la condescendance.

L'histoire diplomatique de ces journées décisives a
été faite cent fois, et chaque jour a apporté des preuves
nouvelles de la résolution implacable de l'Allemagne et
de son écrasante responsabilité. Elle voulait la guerre,
sa décision était inflexible et n'a jamais varié. Elle était

seule à la vouloir, seule elle pouvait la vouloir. Plus
encore que de l'étude des documents, qui cependant
établissent si clairement sa culpabilité, son crime ressort du tableau de l'Europe à ce moment. On oublie si
vite qu'il n'est pas inutile de rappeler les faits. Au moment où nous avons été attaqués, l'Italie faisait encore
partie de la Triple Alliance, et nous étions forcés de
prévoir la possibilité d'une menace vers le sud. Nous
n'étions pas sûrs de l'appui de l'Angleterre, et, en
admettant même qu'elle se prononçât pour nous, nous
savions qu'elle ne disposait que d'une armée si peu
nombreuse que son rôle devait presque être insignifiant; nous connaissions les lenteurs de la mobilisation
russe et nous n'ignorions aucune des faiblesses intrin-
sèques de nos alliés. M. Viviani et M. Poincaré avaient
vu de leurs yeux les grèves qui paralysaient à Péters-
bourg le travail des usines militaires et qui, en annonçant le réveil des partis révolutionnaires, sonnaient le
glas du tsarisme. Et nous aurions choisi un moment
pareil pour menacer l'Allemagne, pour la provoquer
gratuitement! Certaines causes sont vraiment trop absurdes et certaines affirmations trop évidemment men-
songères pour soutenir l'ombre de l'examen. Et nos
adversaires le savent bien, puisque chaque fois qu'on
leur propose une discussion publique, ils se dérobent,
et que, tout en jurant qu'ils ont été attaqués, ils sont
incapables même de dire quel a été leur agresseur.
Est-ce aussi pour contester à l'Allemagne sa place au
soleil que les Etats-Unis sont entrés dans la mêlée, et
le président Wilson avait-il besoin, pour équilibrer son
budget, d'une indemnité de guerre?

Les faits sont patents, et la cause est entendue. M. Gérard raconte qu'un Américain avait offert au Kronprinz
le livre de Norman Angell sur la *Grande Illusion,* où le
célèbre pacifiste anglais démontre avec un grand renfort de chiffres que la guerre n'est jamais qu'une opé-

ration ruineuse, même pour le vainqueur... « PROFITA-
BLE OU NON, lui répondit le Kronprinz, LA GUERRE AURA
LIEU DÈS MON AVÈNEMENT, — SI ELLE NE S'EST PAS PRO-
DUITE PLUS TÔT, — NE FÛT-CE QUE POUR LA DRÔLERIE DE
LA CHOSE. » Quelque temps avant, il exposait son plan :
d'abord attaquer et conquérir la France, puis l'Angleterre, et enfin les Etats-Unis; la Russie devait être conquise aussi. Après quoi, l'Allemagne serait la maîtresse
du monde (*Mémoires* de l'ambassadeur Gérard, p. 81).

Que l'on ne crie pas à l'invraisemblance. Le 9 novembre 1911, le même Kronprinz, du haut de la loge impériale, donnait le signal des applaudissements, quand
M. de Heydebrand accusait M. de Bethmann-Hollweg,
qui, contre tout droit, venait de nous extorquer une partie du Congo, de n'avoir pas défendu avec assez d'énergie les intérêts de l'Empire, parlait *de la bonne épée de
l'Allemagne, et sommait le gouvernement de déclarer qu'il
était disposé, le moment venu, à la tirer du fourreau.*
N'avait-il pas bruyamment approuvé la conduite du
lieutenant von Forstner et du colonel Reuter à Saverne?
— Et son ordre du jour au régiment des hussards de la
Mort, au moment où son père venait de l'appeler à de
nouvelles fonctions : « C'est parmi vous que j'ai passé
les deux plus heureuses années de ma vie ; j'enterre
aujourd'hui ma jeunesse. On peut me séparer de vous,
mais mon cœur et mon esprit demeurent parmi vous.
Si jamais le roi commande et que les trompettes son-
nent : En avant ! en avant ! pensez à celui dont le vœu le
plus ardent a toujours été de vivre avec vous ce moment
de bonheur suprême, le plus haut que puisse connaître
un soldat. » Le 1er mai 1913, il écrivait une préface
retentissante pour un volume, *l'Allemagne en armes,*
qui sonne comme un hallali de curée : *Tout ce qui est
luxe est superflu, et il faut que nous sachions l'abandonner avec un rire joyeux au premier appel de l'Empereur,
car il faut que nous ayons les mains libres pour saisir*

l'épée. — « Le Kronprinz, écrivait le *Berliner Tage-blatt,* nous parle de l'épée comme de la raison suprême dans la vie des nations et nous montre la lutte pour la vie et la mort comme la meilleure opération du monde. »

Chaleur du sang, objecte-t-on ; fanfaronnades sans portée de jeune homme qui jette sa gourme et n'est pas fâché d'ailleurs de se venger de l'autorité un peu rude que son père exerce sur lui, en méritant ainsi une popularité facile. Mais ne voit-on pas que c'est là précisément ce qui est grave, que la popularité en Allemagne s'acquière par de semblables manifestations, et aussi la timidité avec laquelle se produisaient les critiques, le peu d'écho qu'elles rencontraient, l'indifférence du Reichstag et l'impuissance complète des isolés qui tentaient de réagir ? Le Kronprinz avait raison de croire que l'Allemagne entière désirait la guerre.

Bien entendu, cela ne signifie pas que tous les soldats allemands ont éprouvé une joie sans mélange à la pensée des souffrances qu'ils allaient endurer et des périls qu'ils devraient affronter. Son Altesse impériale en prenait à son aise ; il savait que, dans tous les cas, la régularité de ses repas ne serait pas compromise et qu'il ne connaîtrait des périls que ceux qu'il lui conviendrait d'accepter. La masse avait des raisons de ne pas prendre les choses aussi gaiement. Mais elle était rompue à l'obéissance, l'échine incurablement courbée sous le bâton, incapable de résistance et de critique ; les éléments actifs — étudiants des universités, ecclésiastiques, propriétaires et directeurs d'exploitations agricoles ou industrielles, professeurs et instituteurs, présidents des innombrables sections des ligues militaires — enfermaient la nation dans une armature de fer ; elle avait fini par trouver sa joie dans la doctrine qu'on lui inculquait à coups de trique, et l'Evangile de fer et de sang qu'on lui prêchait ne comptait plus d'athée.

Elle n'avait aucun doute sur la victoire, qu'elle pré-

voyait rapide et complète. Elle savait que ses chefs
avaient pris leurs mesures pour que le succès fût décisif et immédiat, et qu'ils ménageaient à leurs adversaires
une série de bottes secrètes, qui les réduiraient vite à
merci : des aéroplanes supérieurs à ceux des autres nations, des Zeppelins contre qui la Manche ne protége-
rait pas l'Angleterre, des sous-marins qui la sépare-
raient du continent et l'affameraient, des gaz asphyxiants
dont l'étude avait été secrètement poussée et qui jette-
raient dans les rangs des armées ennemies l'épouvante
et la démoralisation, des grenades incendiaires, et cette
artillerie lourde devant laquelle s'écrouleraient les forteresses les plus modernes. Le canal de Kiel, qui venait
d'être élargi et approfondi, permettrait aux flottes de la
Baltique et de la mer du Nord de se réunir en toute
sécurité et de braver les attaques de la Grande-Breta-.
gne. Des stocks énormes de matières premières avaient
été entassés. Les banques avaient été prévenues depuis
dix-huit mois de limiter les crédits qu'elles ouvraient à
leurs clients et de tenir leurs ressources liquides. La
Reichsbank, qui, en 1911 et 1912, n'achetait que 218 et
216 millions d'or, doublait presque ses achats en 1913.
Les fêtes bruyantes et pompeuses qui, d'un bout de
l'Empire à l'autre, avaient célébré le jubilé des victoires
de 1813, entretenaient les âmes dans une exaltation sanguinaire. Tout était prêt pour la mobilisation. Quand
le Kaiser, du haut de son balcon, appela le peuple aux
armes, un hourra d'allégresse lui répondit.

Il nous a affirmé depuis qu'il avait prévu que la
guerre serait pénible et longue; moins sincère que
Napoléon III en 1870, il ne jugea pas utile alors de
faire confidence à son peuple de ses appréhensions :
« Vous serez de retour dans vos foyers, dit-il à la foule
qui l'acclamait, avant que les arbres se soient dépouillés
de leurs feuilles. » Depuis lors, plus d'une fois les forêts
se sont flétries et le printemps les a de nouveau recou-

vertes de leur parure, et le tonnerre des canons ne s'est pas arrêté, et le flot de sang n'a pas cessé, par lequel s'écoule la vie de l'humanité, et les dévastations continuent, qui détruisent l'héritage des siècles et la richesse ou la gloire de l'univers. L'Allemagne nous a infligé les plus dures tortures, elle nous a atteints dans les sources mêmes de notre joie et de notre pensée, elle a ruiné nos provinces les plus industrieuses et les plus fertiles; elle a anéanti des trésors inappréciables, qui faisaient notre orgueil et qui étaient la joie et la gloire du monde entier. Elle souffre cruellement aussi. Mais elle n'est pas revenue de son erreur, elle persiste à ne pas avouer ses fautes, elle s'acharne avec un entêtement farouche à ne pas désirer sincèrement la paix. Elle est comme le joueur qui, engagé dans une partie folle, jette sur le tapis ses derniers louis plutôt que de renoncer au gain qu'il poursuivait au début. Délibérément, froidement, sans ombre de nécessité, elle s'est précipitée dans la guerre : elle est aujourd'hui prisonnière de son crime.

Les hommes qui l'ont menée au combat savent que la défaite, après les merveilleuses perspectives qu'ils ont fait miroiter aux yeux du peuple et après les sacrifices énormes qu'ils ont exigés de lui, provoquerait un tel ébranlement que la monarchie chancellerait sur ses bases, et que le régime social sur lequel s'appuie leur autorité, s'écroulerait du coup. Vers 1914, les féodaux commençaient à s'effrayer de l'essoufflement qui se manifestait çà et là dans la nation, soumise à un régime militaire trop écrasant, et ils surveillaient avec méfiance l'aube encore tremblotante d'un esprit nouveau. A ce point de vue aussi ils jugeaient la guerre nécessaire, parce qu'elle restaurerait dans la foule, que les idées modernes menaçaient de contaminer, le respect de la discipline; ils comptaient, pour calmer l'excitation des esprits, sur la saignée des batailles.

Combien redoutable serait aujourd'hui le soulèvement des passions populaires si l'Allemagne sortait de la guerre affaiblie, désemparée, épuisée, exsangue, et si ses maîtres n'avaient à offrir à ses convoitises que la liste infinie des nouveaux impôts à payer et des dettes à amortir !

L'erreur de nos pacifistes — et il faut comprendre par pacifistes tous ceux qui seraient disposés à accepter des négociations prématurées avec l'Allemagne et à répondre à ses invites sans prendre d'abord leurs sûretés — s'explique par leur ignorance et par leur pernicieuse tendance à régler leur conduite sur des principes généraux qu'ils s'inquiètent peu de rapprocher de la réalité. Ce sont des métaphysiciens et des fanatiques, et, à ce point de vue, il est vain d'entrer en discussion avec eux, puisqu'ils raisonnent en dehors du temps et de l'espace, et que les arguments les plus logiques glissent sans les atteindre sur l'infrangible cuirasse de leurs préventions. Mais, s'il est oiseux de chercher à les ramener, il est indispensable de mettre à nu leurs sophismes et de prouver la vanité de leurs assertions, pour qu'elles ne troublent pas les consciences flottantes et ne ruinent pas les courages vermoulus. — Chaque fois que nous nous trouvons en présence d'une proposition venue de Berlin ou de Vienne, directe ou indirecte, nous avons le devoir impérieux de nous rappeler immédiatement quels adversaires nous avons devant nous.

Retenons soigneusement quelques vérités essentielles qui nous garderont et nous protégeront contre des compromis funestes et de lâches défaillances. S'il est une chose certaine au monde, c'est que l'Allemagne a voulu la guerre, que cette guerre a été imposée au monde par le parti militaire, que ce parti a rallié autour de lui toutes les fractions énergiques et influentes de la nation, que son autorité demeure inébranlable, et que la paix — une paix honorable et telle seulement que nous pou-

vons l'accepter — serait pour lui une banqueroute irréparable et une déchéance définitive.

Dans ces conditions, ne serait-ce pas un acte de folie
pure que de ne pas nous mettre en défense, quand elle
fait mine de vouloir négocier?

CHAPITRE III

L'IDÉE FIXE

La volonté de puissance. — Jusqu'à présent la guerre n'a produit
en Allemagne aucune évolution morale. Pourquoi ? — Le culte
de la force. — La guerre joyeuse : l'Évangile de la haine. —
La paix fondée sur la domination de la race germanique. — La
surpatrie et la surhumanité. — Les aveux des diplomates et des
théoriciens : Bülow et Rohrbach. — L'étude de l'âme allemande
permet d'affirmer que nos ennemis ne sauraient admettre l'idée
d'une paix juste et que, quand ils nous invitent à traiter, ils
méditent un guet-apens.

On a souvent reproché à Mme de Staël — qu'on n'a pas
toujours bien lue — le portrait idyllique qu'elle a tracé
de l'Allemagne. Il serait plus juste de dire qu'on n'a
retenu d'elle que certains traits qui se sont fixés dans
l'imagination et avec lesquels beaucoup de gens se sont
forgé de nos voisins une idée radicalement fausse. La
domination de la caste militaire chez eux s'explique par
certains traits de caractère que nos pacifistes et nos
socialistes se refusent absolument à voir. Ils se les figurent non tels qu'ils sont, mais tels qu'ils voudraient qu'ils
fussent. Ils oublient la parole du moraliste : il n'est de
pire erreur que d'affirmer qu'une chose existe parce que
nous désirons qu'elle soit.

Par une tendance presque invincible de notre esprit,
nous prêtons sottement nos qualités aux autres et nous
n'arrivons pas à nous persuader que nos plaisirs ne
sont pas les leurs. Les goûts, les besoins, les passions,
les aspirations, les idées, les sentiments varient de génération à génération et de peuple à peuple. Un des

résultats heureux de la crise actuelle sera peut-être de nous convaincre que chaque nation a son caractère propre, et qu'il est puéril de leur appliquer à toutes le même traitement. Un Anglais, dans une boutade, a défini l'Allemagne : *a country of damned professors,* un pays de sacrés professeurs. Il entendait par là que l'Allemand a le goût des systèmes, la manie des théories générales et l'invincible besoin de les imposer au monde. Il se croit fidèle aux doctrines de Kant parce qu'il érige ses fantaisies en règle morale universelle et construit un système de théologie pour justifier ses appétits momentanés.

Le plus souvent, les spadassins qui le mènent assistent avec une certaine indifférence à ces exercices de haute voltige intellectuelle ; les hobereaux prussiens sont gens pratiques, et ils se soucient plus de vendre à bon compte leur seigle et leurs pommes de terre que de savoir s'ils réalisent la pensée divine qui prend peu à peu conscience d'elle-même dans l'univers. Leur matérialisme ne les protège pourtant pas complètement contre l'influence du milieu, et ils acceptent avec bonne grâce les arrêts de la philosophie qui, claudicante et béquillarde, court après eux pour les féliciter de leurs victoires et sanctifier leurs conquêtes, en y reconnaissant les arrêts éternels de la Providence. Après avoir vu dans les divagations des professeurs et des sociologues un simple moyen de justifier et de colorer leurs desseins, ils ont fini pourtant à la longue par s'en pénétrer eux-mêmes et, ainsi qu'il arrive souvent, le geste de la foi, régulièrement répété, a déterminé leur conviction. La nation tout entière est devenue ainsi peu à peu la victime et la prisonnière d'un ensemble de théories odieuses et révoltantes, dont seule une défaite complète pourra l'affranchir.

L'histoire offre d'assez nombreux exemples de ces épidémies morales qui, à certaines heures, ravagent les

peuples et les livrent au démon de l'idée fixe. Par divers traits de leur nature, les Allemands offraient à la
contagion un terrain éminemment favorable, et aujour-
d'hui le virus les a contaminés jusqu'aux moelles. Chez
leurs écrivains les plus répandus et les plus influents, on
se heurte sans cesse aux mêmes expressions mystiques :
nous sommes le sel de la terre, le ferment sans lequel la
pâte humaine ne lèverait pas, la graine d'où sortira la
moisson magnifique de l'avenir, la nation élue à qui l'E-
ternel a réservé la royauté du monde. — L'officier est
le prêtre de cette religion nouvelle ; les batailles en sont
les fêtes effroyables et splendides.

Nous avons infiniment de mal à prendre au sérieux
cette exaltation dionysiaque ; la prudence nous prescrit
cependant de la prendre au tragique. Notre rationa-
lisme impénitent ne croit guère à l'esprit des peuples,
à l'âme des races. Le *Volksgeist,* la *Volksseele,* ces
entités et ces abstractions, qui nous laissent terriblement sceptiques, sont pour nos ennemis des divinités
implacables qui réclament de sanglants holocaustes.

Les économistes qui ramènent tout à des questions
matérielles, s'épuisent à chercher un compromis entre
nos adversaires et nous ; ils ne voient pas que la lutte
n'est pas entre des intérêts, mais entre des doctrines.
Aucune transaction n'est imaginable, parce qu'ils ne
seraient satisfaits que si nous courbions la tête devant
le Dieu qu'ils incarnent. Non pas qu'ils soient indifférents aux profits qu'entraîne la conquête. Les Croisés
n'ont jamais dédaigné le butin, mais il ne passe qu'en
seconde ligne ; il est la récompense de leur foi. Cher-
chez le royaume des Cieux, et tout le reste vous sera
donné par surcroît. Les Allemands ont le goût et l'instinct du pillage. Je ne crois pas cependant qu'ils aient été
poussés à la guerre par la volonté de s'enrichir. Ils ont
marché au combat sous l'impulsion du fanatisme. Leur
mobile essentiel, c'est d'imposer au monde la reconnais-

sance de leur supériorité et de le soumettre à leur volonté. Sous la poussée de l'idée fixe, maniaques de l'orgueil, ils se croiraient déchus et déshonorés s'ils acceptaient à leur côté l'existence de nations indépendantes.
La résistance imprévue qu'ils ont rencontrée n'a eu
d'autre résultat que d'exalter leur passion jusqu'au paroxysme, et de provoquer chez eux une crise d'hystérie
furieuse.

Rien de plus éloigné de ma pensée que de nier les
mérites et les vertus de la race germanique et de diminuer les services qu'en diverses circonstances elle
a rendus à la civilisation. Même les crimes inexpiables
qui, depuis 1914, lui ont mérité l'exécration de l'humanité, ne sauraient nous faire oublier qu'elle a été la
patrie de Luther, de Leibnitz, de Kant et de Beethoven.
A toutes les époques pourtant, nous constatons chez
elle une tendance très marquée à la folie. Aujourd'hui,
les tares de la race se révèlent par une crise de délire
monstrueux. Ses qualités mêmes ont revêtu un caractère
tératologique, anormal. L'héroïsme avec lequel les Allemands font tête, comme des bêtes traquées et démentes,
à l'univers conjuré contre leurs ambitions, a beau tou-
cher au sublime par la puissance des instincts déchaînés
ainsi que par l'immensité des forces dépensées et du
sang versé; l'insanité visible de leurs aspirations, leur
parti pris de mensonge, leur insensibilité morbide, les
désignent comme un peuple possédé, démoniaque, capable de ruse et de méthode pour assouvir la fureur
de ses passions, mais sourd à la voix de la raison, mené
par la psychose, tourmenté par des visions de fièvre
et des hallucinations délirantes au milieu desquelles il
se débat dans des convulsions épileptiformes.

La loi prévoyante n'admet pas que l'on traite avec
des déments; il faut commencer par les maitriser, et
on n'y parvient que par les douches et la camisole de
force.

Chaque fois que l'Allemagne ébauche un geste de réconciliation, on veut nous persuader qu'elle est revenue à la santé, et on signale comme un symptôme de guérison la plus légère marque de fatigue. Illusion redoutable, qui prouve une absence absolue de clairvoyance. Cette guérison qu'on nous annonce, quels signes nous en a-t-elle donnés? Cet affaiblissement du parti militaire, qui en serait le prodrome, nous ne l'apercevons pas et nous ne discernons pas les causes qui expliqueraient un changement si radical et si brusque de l'esprit public.

Rien ne permet de supposer que les classes dirigeantes, qui forment l'armature osseuse de la nation, soient le moins du monde près de fléchir et qu'elles soient disposées à reconnaître leur défaite. Une semblable conversion est d'autant moins vraisemblable qu'elles trouvent dans la guerre même des bénéfices fort appréciables, qu'elles sont loin de dédaigner.

Les grands propriétaires terriens, débarrassés de la concurrence russe ou américaine, obtiennent pour leurs céréales, leurs pommes de terre ou leurs bois des prix qu'ils n'auraient jamais osé imaginer, tandis que les prisonniers leur fournissent une main-d'œuvre à bon marché. Ils purgent leurs hypothèques, arrondissent leurs domaines et dotent grassement leurs filles. Les directeurs d'usines chimiques et les métallurgistes étendent leurs exploitations, amortissent rapidement leur outillage et distribuent à leurs conseils d'administration et à leurs actionnaires des jetons de présence invraisemblables et des dividendes copieux. Ils n'ont, les uns et les autres, qu'une médiocre hâte à voir finir la fête. En resserrant la discipline et en accroissant dans des proportions inouïes l'autorité militaire, la guerre permet aux conservateurs d'établir leur pouvoir sur des bases plus solides que jamais; elle a désorganisé pour longtemps les partis d'opposition, discrédité la Sozialdemokratie, achevé la domestication des libéraux, assuré la victoire définitive de la Prusse sur ses vassaux. Sur l'Allemagne asservie, la statue de Hindenburg se dresse, colossale, redoutable comme une image symbolique; casque en tête, l'escarcelle pleine, le Junker règne, souverain d'un peuple de souverains. Pourquoi aspirerait-il à descendre du faîte qu'il a escaladé ?

Les commerçants, les armateurs et les banquiers sont moins satisfaits : les navires pourrissent dans les bassins; Hambourg est désert, les marchés extérieurs se ferment; le présent est triste et l'avenir sombre. Dans ce milieu s'est toujours recruté le groupe qui regrettait la turbulence des militaires et blâmait leur politique de casse-cou. Seulement leur influence est extrêmement faible, et les événements l'ont prouvé. Ils n'ont réussi ni à empêcher la guerre maritime à outrance, qui devait fatalement provoquer l'entrée en guerre des Etats-Unis, ni à maintenir Bethmann-Hollweg au ministère. Leur programme est flottant, et ils ne voient pas très clair dans leurs propres desseins, parce que la plupart d'entre eux sont intéressés dans les industries que la guerre nourrit; ceux mêmes qui désirent sincèrement la cessation des hostilités redoutent de s'aliéner l'opinion publique, ménagent l'Empereur et reculent devant la responsabilité d'un traité équitable qui laisserait à l'Empire des charges accablantes et entraînerait presque fatalement un bouleversement social et politique.

En face du solide bataillon d'agrariens, de généraux, de métallurgistes qui ne partagent à aucun degré la misère du peuple et dont la poigne de fer réprimerait impitoyablement les moindres tentatives de résistance, les éléments d'opposition radicale auxquels on nous invite à faire confiance sont inexistants. La guerre nous a révélé leur mort, mais en réalité ils avaient depuis longtemps cessé de vivre, asphyxiés par l'atmosphère méphitique ambiante, empoisonnée de chauvinisme et de haine.

Depuis 1914, nous sommes devenus familiers avec
la presse d'outre-Rhin, et l'accoutumance a fini par
nous rendre indifférents à ses déclamations nauséabondes et à ses explosions de fureur convulsive. — Est-elle
moins agressive et moins sauvage? — Hier encore, le
Berliner Tageblatt publiait de son correspondant militaire quelques lignes caractéristiques : « *Ce qu'on ne
saurait disputer aux armées allemandes, c'est la destruction totale d'un nouveau coin de la France ; la nuit
on peut contempler les incendies qui ravagent les maisons
et les forêts.* C'EST UN SPECTACLE CONSOLANT. » Notez
que le *Berliner Tageblatt* est un journal radical, organe de la bourgeoisie avancée, et que son rédacteur,
M. Theodor Wolff, qui a longtemps vécu en France,
n'a certes aucune raison personnelle de nous en vouloir. Qu'un directeur, homme d'esprit, qui s'adresse
aux classes instruites, laisse passer des paroles aussi
ignobles, quel terrible symptôme de l'envoûtement de
la nation !

La corruption, quand elle a envahi l'organisme, ne
disparaît pas d'un coup, et elle n'aurait jamais fait des
progrès aussi effrayants si elle n'avait pas été préparée par un sourd et lent travail d'infiltration qui avait
faussé les esprits et perverti les cœurs. L'enseignement
à tous ses degrés, depuis l'école primaire jusqu'aux
Universités, les sociétés militaires dont les fanfares
enivraient de leurs ruisselantes harmonies les plus
lointaines et les plus pauvres bourgades, la littérature
pangermaniste qui, depuis un quart de siècle, inondait
le pays de centaines de publications tirées à des millions d'exemplaires, avaient peu à peu versé dans les
âmes un philtre magique; la formule en était assez simple pour être accessible aux esprits les plus bornés,

assez capiteux pour endormir les scrupules; il s'insi-
nuait dans les veines, chatouillait les instincts les plus
violents et les plus profonds. Sous la main bénissante
de l'Empereur, historiens, géographes et théologiens,
philosophes et dramaturges, officiers et écrivains avaient
codifié leurs doctrines dans une sorte de Coran. Il répondait si bien au tempérament permanent de la race,
arrogante, mystique et brutale, qu'il avait pénétré
même les classes que leurs intérêts, leurs convictions
et leurs préjugés semblaient devoir le mieux protéger
contre ses sophismes.

Nous connaissons par les récits de M. Jules Cam-
bon, de sir Edouard Goschen et de M. Gérard l'état
d'esprit de l'Allemagne pendant les premiers jours de
la mobilisation : on se dirait dans un asile d'aliénés :
hurlements, paniques, légendes stupides acceptées sans
discussion et se propageant en quelques heures de la
Baltique aux Alpes, cris incohérents, gestes effarés.
A Berlin, la populace apportant de loin des projectiles
pour bombarder l'ambassade anglaise; les correspon-
dants de la presse britannique menacés de mort; les
paysans en arrêt sur les routes, déchargeant leurs
fusils au hasard sur les voyageurs : « Une comtesse
allemande fut tuée; un officier blessé, la duchesse de
Ratibor atteinte d'une balle au bras. »

Remarquez, et c'est ce qui est essentiel, qu'il ne s'agit
pas de cas isolés, de manifestations individuelles ou
momentanées. L'agitation se poursuit pendant des
semaines. La masse entière est entraînée, ouvriers et
bourgeois, illettrés et savants. — Un avocat de Berlin
fait mine de frapper au visage M. Gérard, qui, vigoureux, lui saisit le bras et lui demande des excuses. —
Autour de l'agresseur on prononce le nom de l'ambassadeur des Etats-Unis. « Ah! vous êtes Américain,
je voulais souffleter l'ambassadeur d'Angleterre! » Ces
violences ne choquent personne; les ministres les ap-

prouvent, le gouvernement les sanctionne, les prélats les absolvent, quand ils ne les encouragent pas. Faites aussi large que vous voudrez la part à l'entraînement de l'heure, à l'ivresse irrésistible qui, à certains jours, emporte les foules. Comment ne pas reconnaître, malgré tout, que nous sommes en présence d'une nation qui a perdu la maîtrise d'elle-même, sans autre guide que ses passions forcenées, captive de ses convictions effrénées et de ses colères furibondes?

Le malheur pour l'Allemagne, c'est qu'elle n'a pas eu d'éducation; elle n'a pas fait ses humanités; elle n'a pas passé par les mêmes écoles que les nations occidentales; elle n'a ni possédé nos Encyclopédistes, ni vu notre Révolution. Le travail des derniers siècles, dont l'œuvre a été si féconde et qui se sont appliqués à adoucir et à affiner les mœurs, à introduire plus de pitié et de justice dans les rapports entre les hommes et les nations, est passé par-dessus sa tête sans l'atteindre; l'Allemand est resté le barbare primitif. Pour lui, la moindre marque de douceur est une ridicule sottise, et il raille sardoniquement les dégénérés qui courent à la défense de la faiblesse outragée et persécutée. Il entend rayer du code des nations les préceptes que nos philosophes y ont introduits, et il voit dans les obligations qu'ils édictent une offense personnelle, puisqu'elles gêneraient ses appétits et entraveraient sa marche.

Dès qu'il s'est cru assez fort pour réaliser ses desseins, le Samson prussien, suivant l'expression saisissante de l'Américain James Beck, s'est rué dans le temple magnifique de la civilisation pour le jeter à bas. «Aujourd'hui, il en est de ce temple comme de la noble cathédrale de Reims. Le squelette est encore debout. Mais où sont les merveilleuses sculptures et les éblouissants vitraux? Disparus à jamais. La civilisation doit maintenant se remettre à l'œuvre pour réédifier son temple, — tant bien que mal. » — En attendant, le Prussien se réjouit sur ses ruines et ricane en contemplant notre douleur qui ne veut pas être consolée.

Distinguons, objectent les pacifistes. Il y a Allemagne et Allemagne. Tout le monde outre-Rhin ne passe pas ses journées et ses nuits à lire Treitschke, Bernhardi ou Frobenius. — Sans doute ; mais ils ont créé une atmosphère, ils donnent le ton ; ils façonnent les âmes. M. Clemenceau a dit que la Révolution était un bloc qu'il fallait accepter ou refuser en gros, et dans un certain sens il n'avait pas tort. De même, l'Allemagne est un bloc. On voudrait nous persuader que ses socialistes sont affranchis, qu'ils ne donnent pas dans le délire commun, qu'ils ne mêlent pas leurs voix au concert de haine. — À quelle époque a-t-on vu un parti se séparer ainsi de l'ensemble de la nation ? Ce serait un phénomène si invraisemblable et si rare que, pour en admettre la réalité, nous aurions besoin de preuves sérieuses. Je doute qu'on nous les apporte. Dans tous les cas, on ne nous en a pas encore fourni. Le *Vorwaerts,* le journal officiel du socialisme orthodoxe, est, à ce point de vue, d'une lecture édifiante. Au mois de juillet 1914, tant que les négociations se poursuivent, avec une lucidité qui fait honneur à la perspicacité de ses rédacteurs, il dénonce les projets criminels des Habsbourgs et il flétrit impitoyablement le crime qu'ils préparent. — La mobilisation est ordonnée : aussitôt, par un revirement étrange, il oublie ses protestations et prêche la guerre à outrance. A-t-il découvert des documents inédits qui aient éclairé sa religion, comme on dit, sur les projets tortueux de l'Angleterre, ou dévoilé brusquement de machiavéliques combinaisons françaises ? Que ne les a-t-il publiés ? Comment n'a-t-il pas même entrepris d'expliquer et de justifier sa palinodie ? — En réalité, il s'est brusquement aperçu qu'il serait abandonné par ses lecteurs les plus fidèles s'il persistait dans son opposition. Comme les autres loups, il a hurlé à la mort.

Quelques « camarades » plaident les circonstances
atténuantes. La situation était difficile. Comment arrêter
des énergumènes déchaînés? Par des raisons? — On n'a
jamais calmé par des arguments l'émotion d'une foule.
Critique des textes, appels au sang-froid, pauvres pa-
nacées en face de l'explosion spontanée de ces forces
inconscientes et de ces passions élémentaires qui forment le fond de l'âme populaire, orientent sa conduite
morale et, en dehors de toute réflexion, déterminent et
précipitent sa course.

Pourquoi cependant n'ont-ils rien essayé? Comment
expliquer la complaisance précipitée avec laquelle le
Vorwaerts, ses rédacteurs et ses lecteurs ont suivi le
courant? A leur hâte, on juge qu'ils avaient depuis longtemps envisagé la pensée d'une conversion opportune,
et ils renonçaient sans tristesse à une opposition qu'ils
n'avaient esquissée que par respect humain. Leur seule
excuse, c'est l'unanimité de la nation; mais n'est-ce pas
une circonstance aggravante ?

Cette unanimité, elle n'était que trop facile à prévoir.
M. Georges Bourdon, qui avait un moment pris au sérieux les obséquieuses prévenances dont les Allemands
l'accablaient, a fait son *mea culpa* dans la *Revue de Paris* (1ᵉʳ avril 1918) et rappelé quelques paroles signifi-
catives. « Il suffirait de refaire au pays le coup de la
dépêche d'Ems, lui disait M. Walther Rathenau, un des
industriels les plus intelligents de l'Empire et un de
ceux — très rares — qui, autant que j'en puisse juger,
ne désiraient pas un conflit, — et il marcherait sans
hésiter. — Les hommes mêmes, remarque M. Bourdon,
qui repoussaient le spectre de la guerre, prévoyaient
qu'il les entraînerait dans son sabbat, et, tout en l'écartant par des conjurations et des anathèmes, se rési-
gnaient d'avance à leur destin sanglant.

Les prétendus pacifistes d'outre-Rhin étaient sollicités par des sympathies secrètes qui les attiraient vers

les pangermanistes, et leur vertu chancelante ne luttait
qu'à grand'peine contre la tentation. Le plus léger prétexte leur paraîtrait bon pour excuser une chute que
réclamait leur chair. A la première occasion, ils ont jeté
aux orties la défroque humanitaire dont ils s'affublaient.
Ils n'avaient pas échappé à l'action corrosive du chauvinisme, et ils attendaient avec impatience le moment de
se purger des accusations de tiédeur qui les offensaient.
L'éducation qu'ils avaient reçue des hommes et des
choses collait à leur peau comme une robe de Nessus et,
pour s'en débarrasser, il leur eût fallu arracher leurs
propres entrailles.

Les instincts ancestraux nourris et surchauffés par la
prédominance séculaire de la caste féodale, les conditions où s'est constitué le nouvel Empire, la sempiter-
nelle apothéose de Bismarck, dont les exemples et les
paroles sont commentés par des milliers de disciples
et médités avec une pieuse componction, la faveur inaltérable d'une fortune insolente qui, depuis deux siècles,
a porté la Prusse sur ses mains, le matérialisme féroce
développé par les progrès fabuleux de la richesse publique, et les procédés commerciaux auxquels elle doit
ses triomphes, et qui ne sont qu'une subtile application
des méthodes de guerre à la concurrence économique,
tout a contribué à maintenir l'Allemagne au pied des
anciens dieux du Walhalla, les dieux de carnage et de
proie que ne cessent de chanter ses poètes.

*Je ne me laisse pas ravir mes dieux. Les anciens dieux
ne sont pas morts. Je veux croire à **Thor** et à **Odin**, à
Freya et à Susserat.*

*Vous chantez des psaumes au nouveau Dieu qu'illu-
mine l'éclat d'une doctrine plus douce; qui, sous les fré-
missements des palmiers, a appris aux Juifs à souffrir.*

*Je n'ai garde de l'outrager, le sage thaumaturge; il
est le plus grand héros de la douleur. Mais c'est le fer*

qui règne sur le Monde, et nous voulons régner sur le Monde. (Félix Dahn, *Deutschland, Deutschland über alles.* Berlin, 1914.)

Les économistes viendront à la suite, et établiront, à grand renfort de statistiques, que l'Allemagne a besoin de terres pour ses colons, de débouchés pour ses produits et de matières premières pour ses fabriques. Les ethnographes rechercheront dans les coins perdus de l'univers les vestiges les plus effacés des établissements germaniques ; ils découvriront que les plus illustres des écrivains et des artistes appartiennent à la race teutonne, et que, par droit de génie, l'Allemagne est autorisée à réclamer les terres qu'ont fécondées ses enfants. Ils ne feront que traduire en formules concrètes cette obsession de cupidité et cette rage de domination qui, du Rhin à l'Oder et de la mer du Nord aux Alpes, dévaste l'âme des sectateurs d'Odin.

Thor était debout dans l'extrême région boréale ; il lança sa lourde masse d'armes : aussi loin que le marteau crie en sifflant, la terre et les mers seront à moi.

Et le marteau vola de sa main, passa sur la terre entière et tomba sur les plages les plus lointaines du Sud, pour que tout fût à lui.

Depuis, c'est le droit des Germains et leur joie de conquérir des terres avec le marteau. Nous sommes de la race du Dieu du marteau et nous voulons hériter de son royaume universel. (Félix Dahn.)

* * *

En 1914, nous avons vu partir nos soldats. C'est un spectacle que nos yeux n'oublieront pas, et chaque trait de leur visage demeure, ineffaçable, dans nos cœurs. Leur marche était fière ; leur figure, grave ; une résolution inflexible brillait dans leur regard. — Chaque jour, nous accompagnons des permissionnaires qui, après un court repos, retournent au front. Chez eux ni trouble, ni hésitation; calmes, simples, sans tourner la tête vers les enfants et les femmes dont le regard les suit, ils répondent à l'appel du devoir; ils ont accompli leur sacrifice et ils vont sans trembler vers la souffrance et la mort. Nous domptons notre angoisse et nous nous efforçons de nous élever à la hauteur de leur courage. Mais à qui, de nous ou d'eux, viendrait la scélérate pensée, l'exécrable aberration de glorifier la guerre? — La guerre est quelquefois nécessaire, et quand il s'agit de repousser l'assaut de l'ennemi, elle est sainte. Elle reste toujours un abominable fléau et, comme la mort elle-même, le roi des épouvantements. Nous n'y voyons qu'une erreur tragique, un legs déshonorant de la barbarie primitive, une revanche de la bête sanguinaire dont nous avons le devoir de surveiller et de contenir les spasmes menaçants jusqu'au jour où nous l'aurons définitivement étranglée.

Les Allemands l'appellent, l'acclament; ils parent de fleurs son front ensanglanté. C'est toujours la *gens læta bello* dont parle l'écrivain latin, la race qui prend son plaisir dans la guerre.

Pour nous aussi sonnera l'heure du combat, L'HEURE JOYEUSE ET CLAIRE. *Dans les jours d'attente et d'incertitude, au milieu de* LA JOIE *qui n'ose pas encore se manifester publiquement, passera de cœur à cœur, de bouche à bouche, la vieille devise : Avec Dieu, pour le roi et la patrie! Le chœur de la bataille allemande résonnera, et on y sentira battre* AVEC ALLÉGRESSE LA JOIE ALLEMANDE *de la guerre et de la mort héroïque. Oui, ce sera une heure grande,* JOYEUSE, QUE NOUS DEVONS TOUS DÉSIRER SE- CRÈTEMENT. *Le désir de la guerre qui s'étale bruyamment n'est souvent qu'une ridicule forfanterie; mais silencieu-*

sement, au fond du cœur il faut que vive LA JOIE DE LA
GUERRE, LE DÉSIR DE LA GUERRE, *parce que nos ennemis sont nombreux et que la victoire n'appartient qu'au
peuple qui marche au combat avec des chants* COMME A
UNE FÈTE... *Raillons à pleins gosiers les vieilles femmes
en culotte qui redoutent la guerre et répètent en se la-
mentant : La guerre est odieuse et laide. Ce n'est pas vrai,*
LA GUERRE EST BELLE... *De grandes heures nous attendent. Nous marcherons vers elles avec le sentiment viril
qu'il est plus beau, plus magnifique de vivre éternellement
dans l'Eglise après les avoir connues que de mourir dans
son lit d'une mort banale. Sur le trône de nuages, là-haut
dans le ciel, siègent le héros Frédéric, le héros Blücher,
les héros de l'action; non les bousilleurs qui veulent nous
faire perdre le goût de la guerre.* (Otto v. Gottberg, dans
la *Wochenschrift für Deutschland's Jugend,* 25 janvier
1913.)

Voilà le lait dont on nourrit la jeunesse d'outre-Rhin.
— Hallucinations stupides d'un cerveau malade ! —
Sans doute, et c'est bien ce que je dis. Seulement, c'est
l'Allemagne entière qui est malade : éjaculations de
l'Empereur ou du Kronprinz, toasts des amiraux ou des
généraux, discours au Parlement, savants travaux d'é-
rudition ou commentaires de la Bible, partout la même
note. Les Allemands nous accusent d'attacher trop d'importance aux *Alldeutsche Blätter* et de nous émouvoir gratuitement de leurs excès de langage; ils nous rappellent
que nous avons aussi nos forcenés. — Ils oublient qu'en
face des quelques centaines de camelots du roi qui se
groupent autour de l'*Action française* et qui, sans conviction, vocifèrent devant une galerie indifférente et
ironique, la Ligue pangermaniste et les associations
analogues dont elle inspire la politique comptent leurs
affiliés par centaines de mille et leurs adhérents par millions. Nous n'avons pas entendu dire que Paul Déroulède

ait jamais dicté ses ordres aux ministres et aux Chambres, comme le font sans cesse les *Alldeutsche-Blätter*, et Déroulède pourtant n'a jamais chanté la joie de la guerre, mais la beauté du sacrifice, qui n'est pas la même chose.

L'ardeur de la Ligue pangermaniste s'est-elle atténuée depuis 1914? — Les extraits qui nous arrivent de ses manifestations prouvent nettement le contraire. — *De quelles grandes choses la guerre est créatrice,* écrit Paul Rohrbach, un des hérauts de la Grande Allemagne : *sans Salamine, pas de siècle de Périclès, pas de Socrate, ni de Platon; sans l'Etat militaire des Romains, que saurions-nous, que posséderions-nous du travail de l'antiquité?...* ON PARLE D'UN MILLION ET DEMI DE MORTS ? — QU'IMPORTE *en face de l'incomparable impulsion matérielle et morale qu'a reçue l'Allemagne? La guerre nous a sauvés du matérialisme des affaires et nous a encore à temps ramenés au sacrifice national. Qui donc parmi nous, eût-il été jadis féru de pacifisme, ne reconnaît pas que, tout compte fait, cette guerre représente un bienfait, un élément de renaissance morale? Malheur à ceux qui crient : la paix! la paix! quand aurons-nous la paix ! — Cette paix, nous aurions pu l'avoir au lieu de la guerre si nous avions dit aux Autrichiens : « A la rigueur, prenez Belgrade et allez ensuite à la conférence. » La paix, nous pouvons l'avoir demain. Il suffit que nous disions aux Français, aux Anglais, aux Russes : « Oublions tout, pardonnons, indemnisez-nous de nos dépenses, cédez-nous quelques lambeaux de territoire, en Europe quelques rectifications de frontières, quelques colonies en Afrique. » Mais pourquoi aurions-nous donc combattu? Pourquoi cette grande flamme de haine aurait-elle incendié nos cœurs ? »* — Il ne sera pas inutile de faire observer que Rohrbach est suspect de modérantisme parmi les purs, parce qu'il demande qu'on ne rende pas toute réconciliation impossible par des exigences exagérées.

M. Jean Ruplinger a publié une anthologie des brochures allemandes depuis 1914 : *Also sprach Germania : Ainsi parlait l'Allemagne.* Il s'est abstenu de tout commentaire, et il a eu grandement raison. Les citations sont assez édifiantes en elles-mêmes, et il n'a eu que l'embarras du choix, ou plutôt il n'a eu qu'à prendre au hasard, tant la matière abonde, inépuisable.

Le plus illustre des poètes allemands contemporains, Detlev de Lilienkron, avait entonné le clairon bien avant la rupture, et si sa renommée a été si rapide, il le doit avant tout au lyrisme belliqueux de ses *Nouvelles de guerre* et de ses *Adjutantenritte.* Obligé de quitter l'armée par ses blessures et ses dettes, on lui avait donné quelque vague fonction dans une île à peu près déserte de la mer du Nord. Il y eût été parfaitement heureux s'il avait pu y célébrer en grande pompe la fête de l'Empereur. Quand le grand jour arrivait, il revêtait son uniforme de gala, et, au bout de la digue, en tête-à-tête avec l'Océan, il dégainait son grand sabre et criait par trois fois : « Vive l'Empereur ! » — Assez indifférent en matière religieuse, il a pour devise : *Lex mihi Mars,* Mars est ma loi ; et voici quelques-unes des leçons qu'il a reçues de son Dieu : *L'homme doit combattre l'homme, et non pas étouffer sous le parfum des fleurs ! — Que nous enseigne la vie ? La brutalité.*

Das Leben, ach ! was ! macht uns alle brutal.

M. de Wildenbruch, l'auteur préféré de Guillaume II, qui avait pris pour des tragédies héroïques les opéras-comiques où le dramaturge officiel a découpé en couplets l'histoire des Hohenzollern, remercie Dieu d'être le fils d'une race que ne lient par les chaînes de la loi humaine. « Notre caprice, c'est notre droit. »

« Nous créons un droit nouveau, écrit M. Theodor Wolff dans les *Alldeutsche Blätter,* le droit sacré des conquérants, supérieur aux principes les plus élevés des démocraties. »

Gustave Frenssen, romancier populaire, et dont la première œuvre annonçait quelque talent, longtemps pasteur, justifie les atrocités dont la guerre contre les Herreros a été l'occasion : « Longtemps encore nous devrons être durs et nous devrons tuer. » — On comprend qu'avec de [semblables convictions il ait cru difficile de conserver ses fonctions pastorales. Il avait pourtant des expédients infaillibles pour endormir les scrupules d'une conscience tracassée : « Individus ou peuple, nous devrons en frappant diriger toutes nos forces vers de hautes pensées et de nobles actions et préparer ainsi, autant qu'il est en nous, la future humanité. »

Même les écrivains qui se piquent d'indépendance sont successivement saisis par le remous et sombrent dans le flot de sang. Südermann humilie son talent en écrivant une cantate grotesque qu'on intercale dans les opérettes : « L'Allemand, le libre Allemand, aime son Kaiser autant qu'il est possible; il l'honore, et son bras vigoureux taille en pièces l'ennemi. Le Kaiser est et demeure le meilleur homme, il a aiguisé notre épée. »

Gerhart Hauptmann, le poète révolutionnaire qui avait fondé sa renommée en pleurant la misère des tisserands de Silésie, et dont la censure, une année avant la guerre, interdisait un drame, *1813,* parce qu'il avait osé parler de la couardise de Frédéric-Guillaume III, fait amende honorable et rentre en faveur par des articles-réclames pour les emprunts qui se multiplient.

*
* *

Puisque la guerre est sainte et joyeuse, il n'y a aucune raison de souhaiter qu'elle disparaisse.

Rassurons-nous d'ailleurs et n'ayons aucune inquiétude sur ce point. Si nous en croyons les Allemands, l'humanité a encore devant elle de nombreux jours d'allégresse, où des masses de plus en plus compactes et mieux armées se rueront les unes sur les autres dans une enivrante randonnée ; le monde sera pour longtemps délivré des gêneurs qui essayaient de l'entraîner à la Haye et lui vantaient les beautés de l'arbitrage.

Rien ne paraît plus ridicule à nos ennemis que notre désir ardent de tuer la guerre, — sinon notre conviction que nous y réussirons. Quand le général américain Pershing débarque à Boulogne (juin 1917), il est salué par des paroles de paix : « Une ère nouvelle s'ouvre dans l'histoire du monde. Les Etats-Unis d'Amérique s'élargissent pour former avec l'Europe les Etats-Unis du monde. Ils tueront définitivement la guerre et nous donneront une paix ferme, harmonieuse et durable. Soyez le bienvenu parmi nous, général, pour l'humanité. »

Stupides billevesées ! — Les Allemands s'esclaffent : la voilà bien, la bouffonnerie anglo-latine ! *Je ne me flatte pas de l'espoir qu'une longue paix suivra le traité,* déclare le ministre prussien (4 mai 1917). *Tant que les intérêts des nations s'affronteront, il y aura des guerres. Les perspectives pour une paix éternelle ne sont pas précisément brillantes à un moment où deux grands Etats qui, jusqu'à présent, n'avaient pas même eu l'idée d'entretenir des armées, sont en train de s'en constituer une. Nous avons le devoir de penser à prendre nos sûretés aussi pour la période qui suivra la paix, afin de garantir à nos successeurs ce que nous aurons conquis.* »

La paix ne sera donc qu'une trêve, qu'il faudra employer pour compléter les armements et préparer de nouvelles batailles. *Il faudra une série de guerres,* écrit Houston Stewart Chamberlain, un des adeptes — oiseau rare — qu'a gagnés au dehors la pensée germanique, un de ses représentants les plus compromettants aussi et les plus indiscrets, — *pour écraser complètement la France, l'Angleterre et la Russie... L'Allemagne s'engage dans un combat qui, pendant des générations, exigera la plus extrême tension de ses forces.* — Tant mieux pour elle, puisqu'elle pourra ainsi déployer son génie, que ses qualités y trouveront l'emploi le plus complet et le plus adéquat! Ainsi se développera encore *le militarisme allemand qui représente en fait le suprême degré de l'évolution accomplie par la civilisation.* (Ostwald, sermon moniste, 1ᵉʳ décembre 1914.)

Pourvu seulement que la noble race d'Odin ne se laisse pas envahir par les idées démocratiques qui énervent l'autorité, ou arrêter par les fausses pudeurs qui compromettraient son succès! Qu'elle se montre telle qu'elle est, dure, sans pitié, sans ménagements. Elle n'a pas su toujours exiger le respect qui lui revenait et a fâcheusement ménagé ses adversaires. *Les Alsaciens-Lorrains couvraient de boue les militaires,* dit à ses électeurs de Thorn le baron Oldenbourg de Januschau, au lendemain de l'affaire de Saverne; *ne méritaient-ils pas qu'on leur rabattît les culottes? Je suis persuadé que rien ne se serait passé, s'il y avait en Alsace des sous-préfets prussiens et, à la tête des autorités civiles, un président prussien. J'ai souvent dit au Reichstag que les meilleurs instruments de culture prussienne ont été le tambour et le bâton. Nous devrons exiger aujourd'hui que l'ordre soit maintenu en Alsace selon le système prussien.*

Pas de concessions, et, à l'avenir, les victoires de l'Allemagne seront plus rapides et plus fécondes. *Notre tort,* écrit le baron de Freytag-Loringhoven *(Leçons de la guerre,* 1917), *a été de ne pas être assez armés en 1914; nous devrons faire plus et mieux, et nous obtiendrons demain ce que l'insuffisance de nos préparatifs ne nous a pas permis d'obtenir aujourd'hui.* Il intitule son dernier chapitre : *Weiter Kriegsbereit :* Après comme avant, prêts à la guerre.

* *
* *

L'essentiel est d'entretenir dans les âmes une sainte colère contre le voisin. Dans un discours officiel à Limbourg, au début de 1917, le général qui commande la place exalte la haine : *Je ne connais pas d'instant aussi délicieux que le réveil du matin quand on a passé la nuit à mâcher et à remâcher sa haine.* — Dieu punisse l'Angleterre ! L'Allemagne tout entière a été inondée de cette phrase ; elle vous poursuivait partout, en affiches, dans les journaux, sur les transparents lumineux, les réclames, les timbres-poste et le papier-monnaie. M. Gérard fut obligé de mettre à la porte son valet de chambre parce qu'il s'obstinait à orner de ces timbres les lettres personnelles ou officielles qu'expédiait l'ambassade. Tout le monde connaît l'*Hymne à la haine,* si plate d'ailleurs et si lourde, qui a rendu fameux le nom de Lissauer. Que la guerre détraque une aussi pauvre cervelle et provoque une aussi niaise élucubration, il n'y aurait pas lieu de s'en indigner. Il est fâcheux pour le bon renom de l'Allemagne que, comme le constate M. Gérard, cet étrange document répondît exactement à l'état d'esprit du peuple entier et qu'il ait valu à son auteur l'ordre de l'Aigle rouge de seconde classe.

L'ode de Lissauer est d'ailleurs infiniment moins scandaleuse que les blasphèmes qui, à la même époque, tombaient du haut des chaires chrétiennes sur les fidèles, catholiques et protestants. M. Zurlinden en a cité de très nombreux extraits, et on sort de cette lecture avec une sorte de stupeur et d'effarement.

La haine qu'inspirait l'Angleterre se traduisait par d'incroyables brutalités : il est établi, remarque M. Gérard, que les prisonniers de guerre anglais étaient réduits à la famine et battus par leurs gardiens ; les officiers, même blessés, étaient l'objet de traitements

5

ignobles et soumis au dur régime des condamnés de droit commun.

Quand les journaux nous apprennent que nos avions ont bombardé quelque ville ennemie, *notre cœur se serre; nos chefs ne se sont décidés à ces représailles qu'après de longues hésitations, contraints par la férocité de nos adversaires, et ce n'est pas le moindre grief que nous avons contre ceux-ci qu'ils nous aient condamnés à cette triste besogne. A Berlin, la foule piétine de joie,* et ses acclamations ébranlent la salle quand on lui représente le naufrage de la *Lusitania.* C'est un des succès les plus fructueux du cinéma.

Quand l'Allemagne fait un signe, la terre doit trembler et s'incliner : Père, que ta volonté soit faite! La plus timide velléité de résistance lui paraît un crime et déchaîne la tempête. Malheur à l'insolent qui ne devance pas les caprices du maître; le lourd gantelet de fer du Teuton s'abattra aussitôt sur sa tête. En janvier 1917, à une fête officielle *chez le ministre des colonies,* un des grands ducs de Mecklembourg interpellé l'ambassadeur des Etats-Unis : « Vous êtes le représentant de l'Amérique. Eh bien! en ma qualité d'Allemand, je tiens à vous dire mon sentiment. Nous n'oublierons jamais que *vous avez envoyé à nos ennemis des munitions et des armes, et un jour nous prendrons notre revanche.* » « Il s'exprimait sur un ton si élevé, remarque M. Gérard, que tous les assistants s'étaient tus pour l'écouter. Il se frappait la poitrine avec violence; *et comme il portait les insignes de l'Aigle rouge, de l'Aigle noir, de l'Eléphant et du Séraphin, toute cette ménagerie zigzaguait avec un bruit du diable.* » — L'ambassadeur, sans perdre son sang-froid, lui rappelle les conventions internationales, qu'il n'appartient pas à l'Amérique de modifier. « Les traités, nous nous en f... — C'est en effet ce que tout le monde dit, » lui réplique M. Gérard. — Il est probable que le grand duc n'a pas compris.

Une autre fois, l'Empereur lui-même entre en scène.
Il se montra plein d'aigreur vis-à-vis des Etats-Unis,
note l'ambassadeur, et répéta à plusieurs reprises :
« L'Amérique fera bien de se montrer circonspecte après
la guerre. Après la guerre, je ne supporterai aucune
sottise de l'Amérique. »

En attendant l'heure de frapper les neutres dont la
complaisance paraît insuffisante et la docilité incomplète, on exterminera les rebelles, on les supprimera,
pour que leur malheur prévienne de nouvelles révoltes.
Chaque semaine, la littérature allemande s'enrichit d'un
lot abondant de volumes où la calomnie s'étale et où le
fiel déborde. On dirait un égout collecteur inépuisable
qui roule un torrent furieux d'ignobles immondices.
À la longue, la lecture de ces papiers nauséabonds est
insoutenable, et cette vidange énorme vous donne des
haut-le-cœur. Les Allemands y trouvent leur plaisir,
multiplient les catalogues de ces déjections. Pour donner
une idée exacte de leur état d'esprit, il faudrait les reproduire en entier, en faire sentir ainsi la masse, le poids et
l'odeur. Des citations isolées ne suffisent pas. Force est
bien pourtant de se borner, et peut-être, à défaut du nombre, la violence frénétique de ces élucubrations indi-
quera-t-elle le diapason moyen. Cette végétation luxu-
riante et malsaine n'a pu croître que sur un terrain
empoisonné. Pour que de semblables inepties soient
acceptées par l'opinion, récompensées par le pouvoir,
recueillies dans les chrestomathies, il faut bien que la
foule y reconnaisse les passions qui l'animent.

*O France, pays vaniteux et sot, soudoyé par des mi-
sérables,* s'écrie Héro Max (*Aus grosser Zeit*).

Dans sa *Marche héroïque de l'année sacrée,* Ellegaard
Ellerbeck publie deux pastorales :

Maudite engeance !... Ennemi héréditaire, bouc welsche

répugnant et puant, et toi, son frère, ivre de vodka, ver-
mine mi-cosaque, mi-tartare, et toi aussi, qui trahis toute
la race blanche, maniaque du gros sou, menteur dans
l'âme, hypocrite insolent, Anglais brailleur de psaumes!
Vous allez sentir ce qu'il en coûte de jeter dans une
ivresse sacrée le peuple le plus doux du monde... Nous
n'aurons de repos que lorsque, courbant vos grêles osse-
ments, vous tomberez à genoux devant les glaives alle-
mands. Allons, la poigne du maître allemand dans le dos
de ces esclaves!

Tremble, France, tremble!... Des géants blonds s'a-
vancent, ils vont t'écraser, te réduire en bouillie, petit
bouc aux franges noires, marteler ton mince crâne d'avor-
ton, l'enfoncer dans ton insolente cervelle de chien!

Dieu de justice et d'amour! quelle reconnaissance ne
vous devons-nous pas pour avoir fait des Allemands
le peuple le plus doux du monde; — mais, au fait, que
pourraient-ils bien inventer au delà du traitement qu'ils
nous promettent?

Leur rage ne sera apaisée que quand ils auront plongé
leurs mains dans nos entrailles fumantes et qu'ils auront
définitivement cloué dans sa tombe ce misérable peuple
de France qui, tant de fois déjà, s'est relevé des blessures qu'ils lui ont faites.

Mon père, revenant de France, en 1870, m'a appris un
chant qu'il rapporta de la guerre. Ce chant n'a qu'un vers
sans strophe et sans rime :
Nach Paris! Nach Paris! Nach Paris!

Nach Paris! Mon père porta son premier coup, et déjà
un Français gisait gémissant à terre. Nach Paris! Son
fusil vise, sa main était sûre, un tireur ennemi tombe.
Nach Paris!...

Maintenant, je sens la rage de mon père contre l'ennemi
héréditaire; elle revit dans mon sang. Nous marchions

vers la France, des millions d'hommes, et j'entonnai le chant de mon père. Aucun chant n'est plus bref et plus éclatant. Toute l'Allemagne le chante.

Nach Paris ! Nach Paris ! Nach Paris ! (*Hellmuth Unger,* cité par Ruplinger.)

*
* *

Quand les ennemis de l'Allemagne auront roulé sur le sol, rompus, éventrés, exsangues, et qu'ils ne songeront plus à discuter la loi du vainqueur, alors — mais alors seulement — la paix régnera dans le monde. De loin en loin, quelques âmes débiles ont un moment d'hésitation et de tristesse en présence des hécatombes qui se renouvellent chaque jour ; elles se raidissent contre cette pitié malsaine, indigne d'un Germain de pure race, se ressaisissent aussitôt et se font une raison en songeant aux nécessités fatales de l'évolution humaine : n'est-ce pas une loi éternelle que le progrès ne s'accomplit que par la violence ? L'Allemagne, comme le sacrificateur divin, patauge dans le sang pour préparer sa voie à l'avenir.

Le germanisme a une mission civilisatrice, le monde doit guérir encore une fois au contact de l'âme germanique ; ce n'est pas là seulement une phrase retentissante... Il ne pourrait certes rien arriver de plus heureux à l'univers que de devenir allemand d'un pôle à l'autre... La paix universelle viendra, n'ayons aucun doute sur ce point, mais sur le tonnerre des canons... De cette guerre, l'Allemagne sortira maîtresse du monde. Elle imposera sa volonté à ses ennemis. (Hugo Jungst, *Der Weltkrieg und die deutsche Kultur,* 1915.)

L'Allemagne est la conscience du monde ; en elle, disait déjà Hegel, se réalise l'idée divine. Elle verse ses torrents de lumière sur ses blasphémateurs. *De même que l'aigle, l'oiseau allemand, plane haut dans les airs, au-dessus des bêtes qui rampent sur le sol, l'Allemagne doit se sentir élevée au-dessus du ramassis des peuples qui l'entourent et qu'elle aperçoit à des profondeurs insondables au-dessous d'elle.* (Sombart, *Händler und Helden.*)

M. Sageret (*la Guerre et le Progrès*) propose une ingénieuse explication de l'hypertrophie du patriotisme germanique. « La formation de l'Empire, dit-il, imposait aux diverses tribus qui le composent une sujétion et comme une abdication, puisqu'elles ont été obligées de renoncer à une partie de leur autonomie. Pour se consoler de leur subordination, les habitants des divers États ont éprouvé le besoin de se créer une patrie supérieure aux patries ordinaires, une surpatrie. Ils l'ont parée des beautés les plus mirifiques, et ils ne voient ses vertus qu'à travers une sorte de microscope qui les grossit au centuple. » Le patriotisme germanique, constate encore M. Sageret, est flambant neuf; il n'a pas été soumis aux phénomènes d'érosion; avec la naïveté de l'enfant qui ne juge pas ses parents, l'Allemand « situe l'Allemagne au-dessus de tout. Il n'a pas seulement pour elle une immense préférence; il la classe vraiment à part dans la catégorie des collectivités humaines ».

Ajoutons que l'Allemand manque à un degré effrayant de sens critique, de tact et d'intelligence, en donnant à ce mot sa valeur propre, qui n'a rien de commun avec les connaissances acquises ou avec les facultés spéciales. L'intensité de ses sentiments est en raison inverse de sa puissance d'analyse, — qui est nulle, — et en proportion directe de son respect pour la tradition et pour la parole du maître, — qu'il pousse jusqu'à l'aveuglement.

De Wyzeva, qui a longtemps aimé les Allemands, qui les connaissait bien et qui a porté sur eux des jugements extrêmement perspicaces, écrivait, en 1895, que ce qui les distinguait du reste de l'humanité, c'était l'extrême grossièreté de leurs sens, qui leur interdisait de percevoir les nuances des sensations. Leur esprit, comme leurs instincts, « est resté à l'état primitif, rudimentaire, sans s'affiner, se bornant à devenir toujours plus tenace et plus impérieux ». Ils n'ont à aucun degré le sens de l'ironie, la perception du ridicule et, avec une parfaite inconscience, ils poussent jusqu'à la plus criante absurdité les conséquences logiques des principes qu'ils ont une fois admis ou qu'on leur a inculqués. Dénués à un degré incroyable d'imagination créatrice, ils continuent indéfiniment à suivre la direction qui leur a été imprimée, jusqu'au moment où une impulsion extérieure les incline dans un autre sens; ils sont inertes : « Les choses inertes ne se meuvent pas d'elles-mêmes; mais, une fois en mouvement, elles ne s'arrêtent plus. » En partant de ces observations, on retrouve sans peine les étapes de leur pensée et le développement de leur système. — Aimons l'Allemagne, — plus que tout, — contre tous, — et puisque l'Allemagne est sans conteste supérieure aux autres peuples, forçons ceux-ci à participer à ses bienfaits, ou anéantissons-les.

Les sermons de guerre de Houston Stewart Chamberlain ne sont pas un mauvais spécimen de ce procédé de raisonnement. Stewart Chamberlain est un imbécile, en dépit de son érudition peu commune; on s'en aperçoit vite à l'arrogante outrecuidance de ses affirmations arbitraires. Par là même, excellent spécimen, très représentatif, comme on dit, de la majorité de ses compatriotes d'adoption.

Une liberté qui n'est pas allemande, nous apprend-il, *n'est pas une liberté. La liberté allemande est un produit tout à fait original. Pour la première fois dans l'histoire du monde, la liberté, en tant que phénomène général, durable, est vraiment possible. Pourquoi?* — Parce que

L'Allemagne l'impose au monde. *Quelle liberté pourrions-nous attendre de la pauvre France, trahie, pourrie,
foyer purulent de la corruption politique et de la phraséologie creuse? — Et l'Angleterre? Tordez son immense
empire colonial, vous n'en tirerez pas une goutte de vie
spirituelle.*

*Et de même qu'il n'y a de liberté que l'allemande, la
langue allemande est unique; c'est par elle que, depuis
des siècles, l'esprit de Dieu s'est révélé avec une telle
richesse et une continuité si ininterrompue que l'essence
de cette langue est désormais unique. Aujourd'hui, un
Montaigne devrait se taire ou parler en allemand. Il est
impossible d'exprimer en anglais une pensée profonde
ou tendre.*

Je lisais ce passage stupéfiant, il y a quelques semaines, avec un Alsacien. « Oh! sur ce point, me dit-il, il
a raison. Il y a une telle puissance dans *Ich liebe dich,*
qu'il suffit de murmurer ces voluptueuses syllabes à
l'oreille d'une jeune Allemande pour qu'elle sente tres-
saillir un enfant dans ses entrailles. » *La décadence de
l'Angleterre,* continue notre auteur, *s'est révélée depuis
le début de cette guerre d'une manière effrayante. Mensonge, brutalité, violence, vantardise, manque de tenue,
d'esprit de justice, de dignité, de courage. Quel affligeant
spectacle! Comment l'anglais pourrait-il devenir la langue
universelle? Il faut donc que ce soit l'allemand. Il n'y a
pas de tâche plus importante que d'imposer la langue
allemande au monde. La charité évangélique nous y
oblige. Après tout, dans les races étrangères, quelques
individus peuvent naître qui ne soient pas incapables par
nature de sentiments élevés et de pensées supérieures :
sans la connaissance de l'allemand, ils resteraient exclus
de la haute culture. En dehors même des hommes supérieurs, sur l'être le plus simple, le plus primitif, la langue allemande agit comme une bénédiction qui descend*

directement de la main de Dieu dans le cœur. Notre devoir envers l'humanité, plus que notre intérêt, nous ordonne de la répandre et d'amener les hommes à cette conviction, que quiconque ne sait pas l'allemand est un paria. Les étrangers l'apprendront par envie, par intérêt, par ambition, par contrainte : peu importe. Avec la langue allemande nous leur faisons un cadeau si inappréciable que nous n'avons pas à nous inquiéter du mobile qui les détermine à l'accepter.

Les convoitises et l'insolence germaniques ne s'étalent pas toujours avec la même effarante candeur, et surtout elles ne revêtent pas partout ces formes mysticoapocalyptiques. Les hommes politiques évitent — non quelquefois sans laisser percer leurs secrètes intentions — de révéler le mépris que leur inspirent les autres races, et ils parlent le moins possible de l'asservissement moral auquel doivent s'attendre les nations inférieures. Ils savent que les peuples se résignent à tout plutôt qu'aux expropriations morales, qui les chassent de leur histoire et les dépouillent de leur patrimoine le plus cher et le plus précieux; à les prévenir trop vite du sort qui les attend, on les pousse à une résistance désespérée. Les revendications de ces réalistes sont plus concrètes. Elles sont ainsi moins indéfinies, plus déterminées; ils admettent qu'elles ne seront réalisées que par degrés. — Elles sont tout aussi fantasques et aussi exubérantes. Même, parmi ces prétendus modérés, beaucoup, emportés par la fougue d'un tempérament excessif, étendent éperdument leurs prises, et leur boulimie insatiable espère avaler d'une lampée les pôles et l'équateur. — *Devant nous, trois mondes,* écrit Rohrbach. *A qui, des grandes puissances occidentales, l'honneur reviendra-t-il de guider ces continents vers la civilisation de l'avenir? La fortune hésite encore. Si nous sommes pleinement vainqueurs, c'est à nous*

qu'il appartiendra de verser l'essence de notre pensée na-
tionale sur ces territoires de l'Orient, de l'extrême Asie et
de l'Afrique qui appellent une direction et qui sont sus-
ceptibles d'une absorption illimitée. Voilà l'immense hori-
zon qui s'ouvre aujourd'hui à l'homme d'Etat allemand.
Son esprit doit être assez vaste pour embrasser d'un même
coup d'œil la Chine et l'Inde, l'embouchure de l'Euphrate,
le Cap et le Congo.

La censure allemande est vigilante; quand elle laisse
passer un article, c'est qu'elle y aperçoit un avantage et
en attend quelque profit. Paul Rohrbach et ses amis
servent à préparer l'opinion, à entretenir dans les âmes
des espoirs immenses, et les diplomates se réservent
de s'appuyer sur eux par la suite quand il s'agira
d'exiger de leurs adversaires de très larges concessions. Pour le moment, les diplomates et les ministres
sont moins abondants en confidences et ils préfèrent
les formules anodines. — *La paix*, écrit M. de Bülow,
doit apporter à l'Allemagne, avec une indemnité suffi-
sante, des garanties; il faut qu'à l'avenir nous ne soyons
plus exposés à subir des guerres dans des conditions sem-
blables ou analogues d'infériorité. Il faut que, sur nos
frontières et sur nos côtes, nous soyons plus difficiles à
attaquer. Non certes dans le prétendu désir de domination
mondiale qu'on nous impute, mais pour nous maintenir.
Le résultat du conflit actuel ne saurait être négatif, mais
positif. Il ne suffit pas que nous ne soyons pas détruits,
diminués, morcelés ou dépouillés; il faut qu'en compen-
sation de peines et de souffrances sans égales, nous obte-
nions des sûretés et des garanties. En face des animosités
qui continueront à nous poursuivre après la guerre, un
retour au statu quo *constituerait une perte pour nous. Il*
est nécessaire que notre situation politique, économique
et militaire, soit améliorée, pour compenser les inimitiés
dont nous continuerons à souffrir; ainsi seulement nous

*pourrons dire en conscience que notre position n'a pas
diminué dans le monde.*

Pressez un peu le sens de ces phrases bénignes, et
essayez de traduire en clauses diplomatiques ces formules onctueuses et patelines; la modestie du ton dis-
simule mal l'énormité des exigences : l'Allemagne occupera dans le monde une situation telle que personne ne
pourra discuter sa prépondérance. M. de Bülow, Rohrbach, les politiques comme les pangermanistes, les
diplomates et les visionnaires partent du même principe
et aboutissent aux mêmes conclusions. Qu'ils dissimulent ou qu'ils étalent leurs desseins, qu'ils protestent
pudiquement contre les ambitions qu'on leur prête ou
qu'ils avouent cyniquement leurs convoitises, tous nourrissent les mêmes projets et réclament pour l'Allemagne
une situation privilégiée. Dans le partage du monde, ils
entendent se tailler à leur guise la place qui leur convient, sans que personne ait le droit ou les moyens de
fixer des limites à leurs prises et de s'opposer à leurs
volontés. C'est ainsi qu'ils comprennent la liberté spé-
cifique allemande, qui n'est rien de moins que le droit
de l'Allemagne de fixer à son gré la destinée du monde.

*
* *

Ces points essentiels de la psychologie germanique,
les pacifistes qui nous invitent à écouter ses propositions et qui sont à chaque instant prêts à entrer en conversation avec elle, les ignorent ou les oublient volontairement. « Je me défie des Grecs, même s'ils se présentent la main pleine, » disait le vieux Laocoon aux
soldats de Priam. Les Troyens n'écoutèrent pas leur
vieux grand prêtre, et ils s'en repentirent. — Pour ne
pas sortir des souvenirs classiques, rappelons-nous que
la première victoire des Germains, celle dont ils sont

peut-être le plus fiers, la bataille de Teutobourg, fut préparée par une trahison et que Varus perdit ses légions pour avoir cru aux protestations d'Arminius. Dix-huit siècles plus tard, après Lützen et Bautzen, la Prusse était aux abois; Napoléon lui accorda l'armistice de Pleswitz, « la plus grande faute de ma vie », a-t-il écrit; elle lui coûta le trône, et à la France la rive gauche du Rhin.

Comme on connaît les saints, on les honore. — Un banqueroutier de profession vous propose un contrat; quelle sottise si vous n'exigez pas de sérieuses garanties et vous en fiez à ses belles paroles. Quand il vous aura ruiné, qui donc vous plaindra?

L'Allemagne est entre les mains d'un parti militaire qui exerce une autorité sans conteste et dont le peuple entier est habitué à accepter les ordres sans réserve et sans discussion. Ce parti, délibérément, sans provocation, sans prétexte, a déclaré la guerre. Cette guerre a procuré à la caste féodale et aux grands industriels qui se groupent autour d'elle d'immenses bénéfices matériels en même temps qu'elle lui a fourni l'occasion d'établir plus solidement son pouvoir à l'intérieur; grâce à la guerre, la fédération impériale est devenue définitivement une extension de la Prusse; les partis démocratiques, déjà très faibles auparavant et rongés depuis longtemps par le chauvinisme, ont été définitivement démoralisés; discrédités par leurs compromissions et leurs apostasies, ils n'ont plus ni cohésion, ni doctrine, ni partisans.

La fraction de la population qui souffre de la prolongation imprévue des hostilités et qui éprouve le besoin instinctif d'arriver à la fin de ses misères, est absolument hors d'état de faire entendre sa voix; sans direction, sans cadres, sans tradition, elle est tout au plus capable de gémissements que personne n'écoute, ou de mouvements isolés que répriment aisément quelques policiers. D'autant plus qu'elle n'est pas sûre de sa pensée, et qu'elle juge lâches et impies les révoltes de sa misère.

L'ensemble de la nation, en effet, depuis longtemps travaillée par une propagande savante, est dominée par un ensemble de préjugés et d'idées fixes qui la livrent sans défense aux suggestions des annexionnistes. On lui a enseigné que la guerre est nécessaire, qu'elle est sainte, que la force est la seule loi du monde et que la Germanie est l'épée de l'Eternel ; elle est convaincue qu'elle ne saurait, sans trahir la cause de la civilisation, renoncer à une primauté que la Providence lui a promise de toute éternité et qu'elle a le devoir d'imposer sa volonté aux peuples, pour leur propre bonheur. Elle supportera encore de longues épreuves avant de s'avouer la cause de ses malheurs, et elle n'est pas près d'arracher le bandeau qu'on lui a passé sur les yeux.

Les pacifistes — et c'est leur erreur et leur crime — s'entêtent à nier l'évidence ; ils mettent la plus étrange obstination à ne pas reconnaître des faits qu'il suffit cependant d'une observation sommaire pour constater et dont aucun ne saurait être mis en doute. Par faiblesse, par entêtement puéril, par myopie, ils font le jeu de l'ennemi en énervant nos forces de résistance et en suscitant des espoirs fallacieux. Comme le prouve l'exemple des révolutionnaires russes, ils trahissent la cause de la démocratie, qui a pour condition d'existence la défaite du militarisme prussien ; sous prétexte de hâter l'éclosion de l'avenir, ils lui barrent la route, puisque leur pusillanimité et leur sottise livreraient l'exploitation du monde à un peuple qui, aux époques les plus diverses de son histoire, s'est toujours révélé comme réfractaire au progrès, et à des groupes sociaux qui se font gloire de représenter les doctrines les plus rétrogrades.

Que ceux qui veulent encore croire à la sincérité de nos adversaires quand ils nous parlent de paix, se donnent seulement la peine d'étudier leurs manœuvres ; ils discerneront vite le but réel que poursuit l'Allemagne. Une étude, même sommaire et rapide, de sa psychologie actuelle nous conduit théoriquement à la conviction mathématique *qu'il est impossible* qu'elle se résigne à un traité équitable tant qu'elle n'aura pas subi une défaite incontestable, écrasante. Ce serait un événement paradoxal, une de ces conversions radicales dont l'histoire ne fournit aucun exemple.

Les faits nous montreront que ce raisonnement *a priori* est absolument confirmé par la réalité. Dans les négociations, elle n'a jamais cherché qu'un moyen de nous diviser et de nous affaiblir. Par moments, elle affecte des poses attendrissantes, et, à l'instar de son Empereur, elle lève les bras au ciel et supplie ses ennemis d'abjurer leurs colères et de ne pas être plus longtemps les artisans de leur propre ruine. Son patois de Chanaan ne saurait tromper que ceux qui ont la très ferme volonté *d'être dupes. Elle ne se repent de rien, elle ne renonce à rien.* Ses ouvertures sont un leurre, ses offres sont un piège, et les congrès où elle voudrait nous entraîner sont des coupe-gorge. M. de Bülow, qui a des lettres, a donné pour devise à ses diplomates : « *J'embrasse mon rival, mais c'est pour l'étouffer.* » Les Allemands — vertueux et chastes par définition — parlent volontiers de Paris comme de la Babylone moderne : que notre expérience légendaire de la corruption nous serve au moins à quelque chose. Ne nous laissons pas entôler.

Il serait terriblement long et prodigieusement fastidieux de suivre dans le détail les tentatives innombrables que l'Allemagne a renouvelées depuis 1914 pour nous décider à interrompre le combat. La simple énumération de ces avances — directes ou maquillées — exigerait plusieurs volumes, et la lecture en serait monotone. D'ailleurs, dans l'état actuel de nos connaissances, le menu des événements nous échappe souvent.

Les documents publiés nous permettent du moins de dégager le développement général et les lignes essentielles de la manœuvre pacifiste, et ils sont assez clairs pour nous en révéler l'idée maîtresse et le véritable dessein. Quand on rapproche les faits prouvés et les textes authentiques, une conclusion en ressort, éclatante, nécessaire. Jamais, à aucun moment, l'Allemagne n'a été sincère, et ses tentatives de négociations n'ont toujours été qu'une des variétés de cet art du mensonge qu'elle n'a jamais cessé de pratiquer.

CHAPITRE IV

LE MENSONGE ALLEMAND

**Le mensonge érigé en règle morale et en doctrine diplomatique. —
Les offres de paix de l'Allemagne coïncident toujours avec ses
échecs. — Elle n'a jamais apporté de propositions précises.**

Le 4 septembre 1914, M. de Bethmann-Hollweg remettait à l'ambassadeur des Etats-Unis une note qu'il le
priait de communiquer aux journalistes neutres : —
L'Allemagne a épuisé tous ses efforts pour éviter la
rupture ; elle a échoué parce que la Russie était résolue
à la guerre, coûte que coûte ; elle y était poussée par
l'Angleterre, jalouse de la prospérité économique de
sa voisine. L'armée allemande a été forcée d'entrer en
Belgique pour prévenir l'invasion imminente des troupes
françaises. Les femmes et les jeunes filles belges ont
poussé l'ingratitude et la sauvagerie jusqu'à crever les
yeux aux blessés ; pendant la nuit, elles ont coupé la
gorge aux soldats logés chez elles. « *Tout le monde sait,*
disait le chancelier en terminant, *que le peuple allemand
est incapable de commettre une cruauté inutile ou un acte
quelconque de brutalité.* »

En écrivant cette note, le chancelier mentait, et il
savait qu'il mentait, comme il savait qu'il mentait en
déclarant au Reichstag, pour justifier la déclaration
de guerre en août 1914, que les avions français avaient
bombardé Nuremberg. Depuis le début de la guerre,
l'Allemagne a fait du mensonge un système ; à diverses
reprises, ses procédés lui ont valu les mésaventures les

plus humiliantes, sans qu'elle ait un moment songé à les modifier. Le mensonge est plus qu'une méthode pour elle et une habitude; il est un besoin. — Le *Sussex* n'a pas été torpillé, écrit le chancelier en avril 1916. — Il avait été si bien torpillé que, quelques semaines plus tard, M. de Bethmann-Hollweg devait présenter des excuses. — Quand il s'agit de justifier le meurtre du capitaine Fryatt, on allègue qu'on a trouvé sur lui une montre qui lui aurait été envoyée par le gouvernement anglais, parce qu'il avait essayé de couler un sous-marin. — Où est cette montre? qui l'a vue? Sur quelle preuve se fonde l'accusation?

Le 6 janvier 1917, M. Gérard, qui voit imminente la rupture avec les Etats-Unis et voudrait l'éviter, prononce un discours pacifique dans un grand banquet où assistent plusieurs ministres et quelques-uns des membres les plus influents du monde berlinois. Le sous-secrétaire d'Etat, M. Zimmermann, le fait venir le lendemain, pour le féliciter et le remercier; il l'accable de caresses et de protestations : l'Allemagne ne songe nullement à reprendre la guerre sous-marine à outrance! — Pendant qu'il parle ainsi, le sous-secrétaire d'Etat sait que les capitaines des sous-marins ont, depuis plusieurs jours, l'ordre de recommencer leurs opérations sans s'inquiéter des représentations du président Wilson et des promesses qu'il a reçues.

L'ambassadeur américain se plaint au chancelier que, contrairement aux lois internationales, on oblige des déportés belges à fabriquer des munitions. — « Nous ne faisons pas cela, et vos informations sont inexactes. — J'ai mon auto à votre porte, venez avec moi, et, avant cinq minutes, je vous montrerai trente Belges en train de travailler aux obus. » — M. de Bethmann-Hollweg ne devait jamais trouver le temps d'accompagner M. Gérard. De tels exemples, il serait facile de les multiplier par dizaines. Même les mots que l'Allemagne emploie sont de nature à créer des idées fausses. Elle offre un traité honorable, lisez : qui lui apporte une moisson d'honneur (*ehrenvoll*).

Dans cet art du mensonge, elle est passée maîtresse. Pour dérouter les esprits et pour dissimuler ses véritables intentions, elle brouille les pistes, multiplie les artifices, varie les inventions : c'est du très bon travail, et il serait tout à fait injuste d'en contester la perfection. Il serait d'ailleurs vraiment humiliant pour elle qu'après de si longues études et un apprentissage si laborieusement poursuivi, Bethmann, ses comparses et ses successeurs fissent toujours preuve de la même balourdise que les quatre-vingt-treize intellectuels que le manifeste d'octobre 1914 a signalés à la risée du monde.

*
* *

Une observation préliminaire se présente aussitôt à l'esprit, quand on examine d'un peu près les campagnes diplomatiques de l'Empereur et de ses valets.

S'ils sont vraiment résignés à nous soumettre des conditions que nous puissions accepter, il est évident qu'ils choisiront, pour nous proposer un colloque, le moment où la victoire semblera pencher de leur côté, et où, par conséquent, les Alliés seront sans doute moins intraitables et plus accessibles. — Vous persistez à nous imputer, nous diront-ils alors, des projets de domination et de conquête qui sont fort loin de notre esprit; vous demandez des preuves de notre bonne foi et de notre modération. Quelle meilleure garantie pourrions-nous vous apporter de notre loyauté que notre démarche actuelle, puisque nous vous tendons la main au moment précis où la fortune se prononce contre vous ? Cette coïncidence seule démontre assez que nous n'entendons pas abuser de notre supériorité. — Les Alliés auraient sans doute encore bien des raisons de se tenir sur la plus

extrême réserve. Il n'en est pas moins vrai que ce raisonnement serait spécieux, et on comprendrait qu'il
exerçât quelque action sur les esprits.

Est-ce ainsi que les choses se passent? Pas le moins
du monde, mais exactement le contraire. Chaque fois
que les Allemands remportent un succès un peu retentissant, ils rengainent leurs propositions et, pendant
un laps de temps plus ou moins long, ne parlent plus
que de nous dicter leurs conditions. Par la suite, quand
ils voient encore s'éloigner la victoire définitive et qu'ils
s'aperçoivent que notre résolution demeure inébranlable
et que nos ressources sont loin d'être épuisées, ils
reviennent à leur tactique de séduction, remplacent le
fouet par des morceaux de sucre et recommencent à
nous décocher leurs aimables sourires et à couler vers
nous des regards prometteurs. Lovelaces balourds qui,
pour avoir la dot et la fille, promettent d'aller jusqu'au
mariage, si vraiment il n'y a pas moyen de les avoir
autrement, et, dès qu'on les presse, s'aperçoivent qu'ils
n'ont pas le consentement de leur famille et se dérobent.

La diplomatie de Berlin n'apparaît ainsi que comme
un succédané de la marche sur Paris, un *Ersatz*. Quand
Ludendorff et Hindenburg ont tâté notre front sans succès et subi des pertes un peu trop sévères, ils appellent
à la rescousse Bethmann ou Hertling. Le but ne varie
jamais, qui est de nous passer la corde au cou; seulement quand ils désespèrent de briser notre résistance,
ils voudraient nous amener à déposer bénévolement les
armes; ils nous méprisent assez pour nous réserver le
rôle de guillotinés par persuasion. Ils préféreraient,
sans doute, la victoire par les armes, plus éclatante et
plus franche, *fraîche et joyeuse*. Le plaisir de duper ses
adversaires n'est pourtant pas à dédaigner, et, faute de
mieux, les plus exigeants peuvent s'en contenter.

*
* *

Si leurs intentions étaient sincères et droites, ils joueraient cartes sur table, nous convieraient à une discussion publique, présenteraient des conditions précises et claires. Au lieu de cela, ils n'admettent que les conciliabules, les conversations détournées, les colloques dans une embrasure de fenêtre, les entretiens confidentiels, dont on ne rédige pas de procès-verbal, qui laissent la porte ouverte aux démentis savants et aux retraites adroites. Ils ont une préférence marquée pour la politique de cabinet particulier. « Toute action qui vise les droits d'autrui, et qui ne supporte pas la publicité, a écrit Kant, est injuste par définition. » Pourquoi, en effet, chercherait-on à la dérober à la connaissance d'autrui, sinon parce qu'elle a besoin de mystère pour réussir et qu'elle ne saurait être révélée sans soulever nécessairement une réprobation unanime?

Pour amorcer ces pourparlers mystérieux et presque anonymes, où des agents de carnaval, qu'on est toujours maître de désavouer, servent d'appeaux, ils multiplient les manifestations diffuses et vagues, les promesses sibyllines et les ordres du jour savamment nuancés, réponses d'oracles que chacun interprète à sa manière et dont il est toujours loisible de détourner le sens. « Nous avons souvent offert la paix à nos ennemis, clame Hertling, et l'écurie des Streseman, des Sudekum et des Preyer, à l'exemple de ce noble étalon, hennit à l'unisson et secoue tristement les oreilles en nous reprochant notre intransigeance. — Quelle paix? — La nôtre. C'est un peu obscur, — ou trop clair.

On voyait dans les rues de Berlin, en août 1914, une caricature dont le succès était énorme. Guillaume, dans un uniforme flambant neuf, les bottes jusqu'au ventre, la moustache poignardant le ciel, dominant de sa haute taille Georges V, Nicolas II et Poincaré, presque agenouillés devant lui, leur faisait signe de s'approcher de la table où il allait leur dicter ses ordres : « Messieurs, écrivez!... » C'est de cette façon que l'Allemagne comprend le congrès. Elle a répété à plusieurs reprises qu'elle étonnerait le monde par sa grandeur d'âme. Pourquoi n'en précise-t-elle pas l'étendue? Craint-elle peut-être que le monde, stupéfait de sa magnanimité, ne lui permette pas de se dépouiller trop complètement, fasse violence à sa modestie et la contraigne à conserver une partie du butin qu'elle ne demande qu'à abandonner? Si elle veut traiter, qu'elle abatte son jeu.

Trop de finesse nuit, surtout quand il s'agit de la finesse allemande, et il faut vraiment quelque complaisance pour se laisser prendre aux roueries d'un Kühlmann ou d'un Czernin.

CHAPITRE V

L'OFFENSIVE DE PAIX

Les premières tentatives : M. de Wangenheim et M. Morgenthau (1914). — L'agitation annexionniste. — L'amiral Tirpitz et l'ambassadeur des Etats-Unis. — Les discours. — Programmes de Bethmann-Hollweg (décembre 1915, avril 1916). — Le message impérial (31 octobre 1916). — L'Allemagne et la Belgique. — La note du 27 décembre 1916. — Guillaume et le président Wilson. — La proclamation du kaiser (12 janvier 1917).

La manœuvre de paix allemande, le *Friedensturm* (l'attaque pour la paix), pour me servir du mot qui restera attaché à la mémoire de Ludendorff, n'a pris toute son ampleur qu'à partir de 1916 ; mais elle était préparée de longue date, et nous en saisissons les origines dès l'automne de 1914. A ce moment, les chefs de l'Empire se rendent compte qu'ils ont engagé une mauvaise partie. Leurs prévisions sont déçues ; la bataille de la Marne a bouleversé leurs plans. La France n'est pas abattue, l'Angleterre lève des millions de volontaires, la faiblesse de l'Autriche apparaît. Au lieu de la *Strafexpedition*, de l'*expédition punitoire* qu'on avait en vue, on se trouve en face d'une guerre formidable qui sera longue, coûtera cher, et il paraît dès lors très peu probable qu'elle aboutisse à la ruine complète et immédiate de l'Angleterre. Le mieux serait de sortir vaille que vaille d'une affaire qui s'annonce si mal. — Comment ?

Les stratégistes enseignent qu'un des problèmes les plus délicats dans l'art militaire est de rompre le combat sans subir trop de dommages. L'Allemagne est

prise dans un engrenage. Son agression a réveillé des
questions qui sommeillaient et qu'il n'est plus en son
pouvoir de supprimer; et quel effet ne produirait pas à
l'intérieur un brusque retour en arrière, qui serait un
aveu de défaite! déchaînement des pangermanistes, fureur des militaires qui mesurent la situation au nombre
des kilomètres occupés, déception de l'opinion publique
que l'on a surchauffée! Au lieu de l'arrêter court, tentative qui ne serait pas sans danger, on continue les opérations militaires et on cherche, sur l'Yser, un dédom-
magement de la Marne.

L'Empereur y voit un moyen de gagner du temps
pour reprendre en mains le cheval emballé. Et puis,
après tout, la fortune n'a pas dit son dernier mot. La
France est fort durement atteinte. Pourquoi ne pas agir
sur son moral par l'épouvante, surtout si on accompa-
gne de clignements d'yeux et de sollicitations à voix
basse le fracas des mitrailleuses et des canons? — Donc
pas de négociations officielles, mais des insinuations,
indirectes et discrètes.

Personne n'ignorait qu'à l'automne de 1914 des tentatives avaient été faites auprès de notre gouvernement,
qui ne s'y était pas arrêté. Nous avons aujourd'hui les
révélations qu'a publiées le *Worlds Work*.

M. Morgenthau, ancien ambassadeur des Etats-Unis,
a raconté qu'au début de 1915, M. de Wangenheim, qui
représentait l'Allemagne à Constantinople et qui paraît
avoir été initié de très près aux secrets de son gouvernement, avait essayé d'obtenir une intervention de l'A-
mérique. M. Morgenthau fut entrepris un peu plus tard
par M. de Kühlmann. Kühlmann avait été partisan de la
guerre tant qu'il avait cru que l'Angleterre demeurerait
à l'écart. Déçu dans ses prévisions, il s'abandonnait à
de sombres pensées et il avouait que la partie était gravement compromise.

Pas plus que M. de Wangenheim, il ne manifesta d'ailleurs le moindre repentir. Ils voulaient suspendre le combat pour disloquer la coalition, afin de reprendre un jour l'affaire dans des conditions plus favorables. « Dans la bouche de M. de Wangenheim, dit M. Morgenthau, un mot revient sans cesse : la prochaine guerre.

« Ne parlons pas d'avance des conditions, ajoutait-il ; ce qu'il faut, c'est s'asseoir au Congrès. » Il indiquait ensuite les transactions possibles : l'Egypte à l'Angleterre et la Mésopotamie à l'Allemagne ; à la France un morceau de Lorraine et une tranche de Belgique ; elle payerait une indemnité de guerre et ne s'opposerait pas à ce que l'Allemagne occupât des bases navales sur la mer du Nord, afin de faire respecter la liberté des mers.

Dès ces premières conversations, apparaissent clairement les méthodes de la diplomatie impériale et son machiavélisme cynique. Elle propose le dépècement de la Turquie qu'elle a entraînée dans la guerre, et elle nous invite à spolier la Belgique. En retour, nous lui abandonnerons Anvers. L'Empereur a-t-il pu admettre un seul moment que la Grande-Bretagne lui permettrait de s'établir à l'embouchure de l'Escaut ? — Quelque invraisemblable qu'elle doive paraître à tout esprit sensé, une semblable hypothèse n'est pas absolument inadmissible. « Ce qu'il y a de particulièrement exaspérant chez les Allemands, confiait à un ami le président Wilson, c'est leur indécrottable stupidité. » Stupidité qui a son origine dans leur complète absence de sens moral et de critique, dans l'effronterie de leurs convoitises, et qui n'exclut pas d'ailleurs une rouerie vulgaire. — Qu'en France un homme d'Etat, timide ou accessible aux turlutaines des grands desseins, ou simplement trop pressé de revenir au pouvoir et de jouer un rôle, fasse mine de mordre à l'appât, et voilà l'alliance anglo-française compromise.

Pour cette fois, MM. de Wangenheim et Kühlmann en

furent pour leur courte honte. Les cabinets de l'Entente opposèrent aux suggestions de l'Allemagne une dédaigneuse question préalable, et M. de Kühlmann se retira sous sa tente, pour y guetter une occasion plus propice. Les socialistes eux-mêmes, que travaillaient les émissaires de Berlin, s'étaient montrés fort réservés. L'Empereur jugea prudent d'ajourner ses projets, d'autant plus que l'opinion publique en Allemagne était absolument dominée par les pangermanistes, qu'aurait indignés une paix trop rapide.

*
* *

A ce moment, dans l'intérieur du pays, les manifestes des annexionnistes se succédaient avec une abondance singulière. Journalistes, généraux, industriels, syndicats ouvriers et patronaux, associations de toutes couleurs et de toutes confessions rivalisaient d'audace, aiguisaient leurs dents et étalaient leurs coudes. Ils avaient senti l'odeur du sang, et leurs appétits se donnaient carrière. Ils les exprimaient sans pudeur et sans fard dans des programmes dont quelques-uns sont demeurés célèbres et méritent de ne pas être oubliés. Un des plus connus et des plus significatifs est celui des six plus puissantes ligues économiques et sociales de l'Empire : agrariens, paysans, grands industriels, représentants des classes moyennes, etc. (10 mars et 20 mai 1915); un autre réunissait 1.400 signatures, et groupait les noms les plus célèbres de l'Empire, dans les genres les plus divers (352 professeurs d'enseignement supérieur; 252 artistes et écrivains, des généraux, des amiraux, des diplomates, de hauts fonctionnaires, etc.).

On trouvera le texte des plus importants de ces libelles dans le précieux recueil de Grumbach (*l'Allemagne annexionniste*), dont on ne saurait trop recommander la lecture aux pacifistes, et qui nous donne une courbe

exacte de l'opinion publique outre-Rhin depuis 1914,
ou dans l'excellente brochure publiée dans les Pages
d'histoire de Berger-Levrault, par M. Pariset : *Leurs
Buts de guerre.*

Au milieu de cet hallali, les voix discordantes qui si-
gnalaient les périls d'une arrogance prématurée étaient
rares et timides ; même les plus hardis ne se haussaient
guère jusqu'à combattre les idées directrices des annexionnistes, insinuaient seulement qu'il n'était pas
nécessaire d'élever le ton et que l'on pouvait arriver
au but poursuivi par des chemins moins abrupts. Pour
être plus discret, leur zèle n'en était pas moins brû-
lant ; ils conseillaient seulement à leurs compatriotes
de voiler leur concupiscence d'un honnête prétexte et
*de sanctifier le mal de l'action avec la pureté de leurs
intentions.* M. Pariset est un des Français qui connaissent
le mieux l'Allemagne, et, comme beaucoup de ses contemporains, il n'a pas toujours été insensible au prestige des vertus dont elle faisait profession ; sa jeunesse
enthousiaste admirait dans Wagner plus qu'un compo-
siteur de génie, un rénovateur de l'humanité et le fondateur d'une religion qui compléterait et supplanterait
le christianisme suranné. Son opinion n'en a que plus
de poids quand il nous dit que, si l'on néglige quelques socialistes minoritaires et quelques démocrates
que l'on peut compter sur les doigts et qui n'ont dans
leur pays ni crédit ni disciples, l'opinion chez nos adversaires ne varie que dans l'expression et qu'ils sont
unanimes à réclamer « une paix allemande, qui ne saurait être par conséquent la paix du monde ».

Le cabinet prussien tenait la main à ce que les manifestations annexionnistes franchissent la frontière et
pénétrassent à l'étranger ; il y voyait un moyen de préparer les Alliés aux sacrifices qu'on exigerait d'eux et
de les convaincre que leur intérêt leur conseillait de
s'entendre avec le gouvernement de Berlin avant qu'il

fût débordé par l'opinion. Il se réiouissait que les chauvins lui fissent la partie belle. Que ne réclamaient-ils pas ! Au moment opportun, le chancelier consentirait quelque rabais, qui, en lui laissant encore un très honnête bénéfice, serait accueilli avec gratitude par les diplomates des peuples vaincus.

Comme cependant les rodomontades des pangermanistes laissaient l'Entente parfaitement calme et qu'aucun de ses représentants ne faisait mine de prendre la route de la Wilhemstrasse, l'Allemagne, impatiente, revint à une manière moins détournée, sinon encore tout à fait directe. L'offensive de Pologne n'avait pas donné les résultats attendus ; l'armée russe, durement éprouvée, n'était pas détruite ; l'Italie déclarait la guerre à l'Autriche (24 mai 1915). A Souchez et en Champagne, les Anglais et les Français avaient infligé aux Allemands des pertes très lourdes. La situation économique s'aggravait. A l'encontre de Noé, Guillaume ne lâche ses colombes que quand le temps se trouble et que les nuages s'amoncellent à l'horizon.

Il détacha à l'ambassadeur américain un messager de paix (février 1916) : l'Allemagne était disposée à entamer des pourparlers ; le tendre cœur de Tirpitz était incapable de supporter plus longtemps le spectacle des souffrances de l'humanité ; quelle tristesse que la France et la Russie ne se rendissent pas un compte exact de la situation ! Evidemment, elles étaient mal renseignées ; ce serait un crime que de ne pas éclairer leur conscience ; l'émissaire officieux s'offrait pour cette sainte tâche. Que M. Gérard lui fournît seulement les moyens de s'aboucher avec les représentants de la France et de la Russie ! Il leur démontrerait la force invincible de l'armée germanique, la grandeur des résultats qu'elle avait obtenus, la puissance des positions qu'elle occupait. Comme avec cela l'Allemagne n'avait que des désirs fort modestes, la réconciliation suivrait facilement. Pourquoi se buter contre l'impossible et se ruiner à poursuivre des buts irréalisables?

M. Gérard abominait la guerre et il avait vu de ses yeux les horreurs qu'elle entraînait, *les tortures sans nom infligées aux prisonniers* anglais et russes, le débordement des passions les plus basses, le flot montant de la criminalité. Il fut touché, — et étonné. Tirpitz, l'âme damnée des pangermanistes, l'ennemi implacable de la Grande-Bretagne, *l'auteur principal de la piraterie sous-marine*, transformé en berger d'églogue et modulant sur ses pipeaux une cantate en l'honneur de la réconciliation des peuples! L'ambassadeur se rappela que saint Thomas avait demandé à mettre ses doigts dans *les plaies du Sauveur, ce qui ne l'avait pas empêché de garder sa place parmi les apôtres. Il demanda des preuves.

On le conduisit au palais en grand mystère, de nuit, par des escaliers dérobés.

« *Je constatai que l'amiral n'avait aucune proposition précise à me faire, pas même une offre à formuler. En somme, il s'agissait d'exercer une pression sur les gouvernements alliés et de décider la France ou la Russie, peut-être les deux, à sortir de la coalition.* » (Mémoires de *l'ambassadeur Gérard.*) —

Le coup raté, on en revient aux opérations militaires. Mais la campagne de 1916 n'apporte toujours pas la décision attendue. Si la Roumanie, trahie par Stürmer, est en partie conquise, elle *n'est pas hors de combat; son armée se réorganise* rapidement grâce à la mission française, et, sous l'habile et énergique direction du général Berthelot, elle sera bientôt en mesure d'apporter aux Alliés un appui plus efficace que jamais. Sur le Carso, les Italiens remportent *des succès importants;* le 21 novembre, le vieil empereur d'Autriche meurt, et sa disparition accroît l'âpreté des luttes intestines qui mettent aux prises les diverses races de la monarchie; elle menace de s'effondrer à la moindre secousse, et, juste à ce moment, l'offensive foudroyante de Broussilov lui porte un coup terrible. Les nouvelles du front occidental ne sont pas plus favorables. L'attaque du prince impérial sur Verdun aboutit à un désastre éclatant, inflige à l'Allemagne des pertes immenses, et laisse dans les âmes un découragement qu'accroît encore le succès franco-britannique sur la Somme.

Le moment est grave. On appelle de nouveau les diplomates à la rescousse. On confie au chancelier l'ingrate mission de réparer les bévues du Kronprinz.

M. de Bethmann-Hollweg — il est permis de le dire sans insulter sa mémoire — unissait à une extrême bonne volonté une rare pauvreté de génie. Sa médiocrité n'avait pas nui à son avancement, et l'Empereur appréciait en lui un serviteur obéissant qui n'avait aucune pensée personnelle et exécutait les yeux fermés les consignes les plus extravagantes. Il manquait d'invention à un degré inouï; il reprit purement et simplement le plan ébauché en 1914 en lui donnant plus de précision et en essayant d'y mêler plus directement les Etats-Unis. Il se faisait d'ailleurs du caractère du président Wilson une idée radicalement fausse. Incapable d'admettre qu'un chef d'Etat pût être guidé par des préoccupations morales, il lui attribuait une vanité folle, et il était persuadé qu'il sauterait avec empressement sur l'occasion qu'on lui offrait de jouer un rôle retentissant. Malgré les concessions apparentes consenties par l'Allemagne dans la question des sous-marins, ses relations avec Washington étaient assez froides, et il était difficile qu'il en fût autrement, si l'on songe à la différence absolue des conceptions juridiques des deux gouvernements. M. de Bethmann-Hollweg méconnaissait la gravité de ces froissements, parce qu'il n'en apercevait pas la racine profonde, et il espérait ramener l'Amérique par quelques marques de sympathie. Il s'est toujours cru fort habile, et il comptait faire d'une pierre deux coups.

Au mois de décembre 1916, comme Mme Gérard se préparait à aller passer quelques semaines aux Etats-Unis, M. de Jagov invita l'ambassadeur à l'y accompagner : il réussirait peut-être à décider le président à intervenir en faveur de la paix. M. Gérard savait, comme tout le monde, que M. Wilson se chargerait avec empressement d'une pareille mission, qui répondait à ses désirs. Le président, qui n'avait encore qu'une idée fort incomplète des passions diaboliques qui agitent l'Allemagne et dont l'âme loyale se débattait dans l'angoisse, aimait à croire qu'il serait facile de trouver un terrain d'entente, et il ne demandait pas mieux que de s'y employer. Encore fallait-il qu'il connût les intentions de l'empereur. L'ambassadeur, à plusieurs reprises, le donna clairement à entendre au chancelier.

Longtemps celui-ci fit la sourde oreille, et son silence était d'autant plus décourageant qu'il ne déguisait pas sa sympathie pour les annexionnistes et laissait libre cours à leurs manifestations les plus tumultueuses.

Quand il sortait de son mutisme, ses paroles n'indiquaient pas des intentions bien conciliantes. Ses discours du 9 décembre 1915 et du 5 avril 1916 sont une sentine de sophismes et de mensonges, et, avec sa lourdeur coutumière, il y avait ramassé les thèses abracadabrantes que les orateurs officiels ressassent sans se lasser depuis 1914 : — *L'Allemagne n'a pas voulu la guerre; elle dormait du plus pur des sommeils et souriait aux anges quand elle a été troublée dans son innocente quiétude par la plus odieuse et la plus gratuite des agressions. Elle a le devoir de se protéger à l'avenir contre de pareilles attaques. « Que pourrait offrir à l'Europe la coalition ennemie? — La Russie? Le sort de la Pologne et de la Finlande. — La France? Ses prétentions à cette hégémonie qui a causé notre misère. — L'Angleterre? Le morcelle-*

*ment et cet état de perpétuelle agitation qu'il lui convient
de baptiser du nom d'équilibre européen et qui est la cause
suprême et profonde des calamités qui se sont abattues
sur le monde.* » — Confidence précieuse à retenir. L'aveu est clair, quelque enveloppée que paraisse d'abord
la forme, et il projette un jour sinistre sur les intentions de nos ennemis : plus de balance des pouvoirs;
une seule puissance chargée de maintenir l'ordre; l'univers organisé par l'Allemagne, — naturellement suivant ses méthodes et à son profit.

*Le passé est passé, continuait le chancelier; il ne reviendra pas... Après des événements aussi inouïs, il ne
saurait être question de* statu quo ante. *L'Allemagne formera avec l'Autriche une union plus étroite; la Pologne
ne sera pas rendue à la Russie. M. Asquith part du principe des nationalités; qu'il se mette à la place de son
adversaire invaincu et invincible, et il admettra que l'Allemagne ne saurait rendre à la réaction russe les peuples
qu'elle vient d'affranchir depuis la Baltique jusqu'aux
marais de Volhynie, qu'ils se nomment Polonais, Lituaniens, Baltes ou Lettons. Quant aux pays que nous détenons à l'ouest et sur lesquels le sang allemand a coulé à
flots, nous ne les abandonnerons pas sans nous être assuré
des garanties complètes pour l'avenir. Nous ne tolérerons
pas què la Belgique devienne un Etat vassal de la France
et de l'Angleterre, et qu'au point de vue militaire ou économique on la transforme en un bastion contre nous. Ici
aussi pas de* statu quo ante. *Pas plus qu'elle ne sacrifiera
les Baltes aux Russes, l'Allemagne ne laissera welschiser
la race flamande; elle a le devoir de lui procurer un développement normal, conforme à sa langue et à son caractère... Etions-nous avant la guerre les ennemis de la Belgique? A Anvers, le travail allemand, l'activité pàcifique
allemande ont-ils cessé de contribuer visiblement à la prospérité du pays? Même pendant la guerre, ne nous sommes-*

nous pas efforcés de restaurer la vie du pays, dans la mesure ou les circonstances le permettent? Nous savons, malgré cela, que les souvenirs actuels ne s'effaceront pas vite dans ce pays si cruellement éprouvé. Les circonstances nous obligent donc à prendre nos précautions. Notre intérêt, ou plutôt l'intérêt des deux peuples, exige que le traité futur abolisse les germes de nouveaux conflits, en établissant un ordre définitif... Nos ennemis nous menacent de destruction et d'extermination; leurs desseins criminels retomberont sur leurs têtes : plus leurs paroles sont violentes, plus nos coups seront terribles. Ils nous ont enlevé nos colonies; mais le sort de l'Afrique se décidera en Europe, et nos victoires ouvriront à l'inépuisable esprit d'entreprise de l'Allemagne un vaste champ de féconde activité. Qui donc pourrait croire que c'est la soif d'acquérir de nouvelles terres qui anime nos colonnes d'assaut devant Verdun? A qui persuadera-t-on qu'un peuple qui a fait largesse au monde de tant de richesses intellectuelles; qui, pendant quarante-quatre années, a été la plus pacifique des nations, s'est transformé du coup en une horde de barbares, de voleurs et de Huns?

Les passages les plus saillants de ce discours, que j'ai abrégé, mais dont j'ai soigneusement conservé l'incohérence saccadée et l'accent, avaient été salués dans le Reichstag par des applaudissements enthousiastes. Hors de l'Allemagne, il fut beaucoup moins bien accueilli. Il causa moins de scandale encore que d'étonnement par son ahurissant mépris de la logique et le cynisme de ses affirmations; l'âme dominatrice de l'Allemagne s'étalait, sans voile, à tous les yeux, et le spectacle n'était pas beau.

Quelles raisons avaient décidé le chancelier à nous découvrir ainsi son cœur? Bien que ses malheurs de tribune soient légendaires et qu'il ait donné maintes preuves de sa maladresse impériale et royale, on était

généralement d'accord pour penser que, cette fois, cette
maladresse était calculée. Les pangermanistes, qui l'ac-
cusaient de combattre discrètement leurs projets et le
soupçonnaient de s'opposer à la guerre sous-marine à
outrance, avaient entrepris depuis quelque temps une
campagne active contre lui. Le chancelier n'était pas de
taille à accepter la lutte contre Hindenburg et Tirpitz.
Pour les ramener, il leur avait donné des gages. Il réussit à leur arracher quelques applaudissements, mais ne
les amadoua que pour un jour, et ils ne gardèrent pas
longtemps le souvenir de ses belles promesses.

Le président Wilson et les Alliés oublièrent plus difficilement ses déclarations. Ils en tirèrent la conclusion
— parfaitement juste — que les pangermanistes demeuraient les maîtres du pouvoir et qu'ils couchaient
sur leurs positions. Comme ils n'étaient nullement résignés à passer sous les fourches-caudines de l'Allemagne, ils se tinrent sur leurs gardes. La première grande
offensive pacifique de l'Empereur (novembre 1916 à
janvier 1917) commença ainsi sous des auspices assez
peu favorables.

* *
*

Brusquement, le 31 octobre 1916, la *Nord Deutsche
Allgemeine Zeitung* apprend au monde que l'Empereur
a daigné, de sa main souveraine, adresser un message
à son chancelier.

*Mon cher Bethmann, j'ai encore réfléchi à notre conver-
sation, sérieusement (gründlich,* un de ces mots révéla-
teurs où le sérieux, la gravité, la solidité de l'Allemagne
s'opposent à la légèreté welsche); *la situation est claire :
les peuples ennemis, prisonniers de la psychose belliqueuse, maintenus dans la haine et la fureur du combat
par le mensonge et la mauvaise foi, n'ont pas d'hommes*

capables de trouver le courage moral de prononcer la parole libératrice. Proposer la paix est un acte moral nécessaire pour délivrer le monde — les neutres aussi — du poids accablant qui écrase l'humanité. Un tel acte demande un souverain qui ait une conscience, se sente responsable devant Dieu, ait un cœur pour ses hommes (seine Menschen) et les ennemis, et qui, indifférent aux diverses et fausses interprétations que l'on donnera volontairement à sa démarche, ait la volonté de libérer le monde de ses souffrances. J'ai ce courage, j'ai cette audace, en me confiant en Dieu! Présentez-moi les notes et préparez tout.
— GUILLAUME, I. R.

Tout Guillaume et toute l'Allemagne contemporaine sont dans ce manifeste, dont chaque mot mériterait un commentaire abondant. — *Meine Menschen!* Le courage que seul possède l'Empereur! les sympathies pour les neutres, dont on coule les navires et dont on assassine les sujets! Hypocrisie, orgueil, insolence! Pour trouver des textes qui puissent être comparés à cette étrange missive, il faut remonter aux inscriptions des souverains de Ninive et de Babylone!

Bethmann, frappé d'admiration en face de tant de générosité et de grandeur d'âme, se met aussitôt à l'œuvre, et, le 9 novembre, prononce un grand discours devant la commission centrale du Reichstag. — Après une longue et vide diatribe contre sir Edouard Grey qui a osé rejeter sur l'Allemagne la responsabilité de la guerre : *Messieurs, nous ne redoutons aucun tribunal...* — le chancelier aborde le fond du débat :

L'idée d'établir une ligue internationale des peuples pour garantir la paix, nous a toujours inspiré beaucoup de scepticisme. Au moment cependant où la guerre se terminera, et surtout par la suite, quand les peuples se rendront complètement compte des épouvantables dévastations qu'elle aura causées, « l'humanité sera traversée par un appel vers des conventions de paix et d'entente qui soient de nature à empêcher, autant du moins que les conditions humaines le permettent, le retour d'un cataclysme aussi inouï. Ce cri sera si fort et si justifié, qu'il faudra bien qu'il conduise à un résultat. L'Allemagne examinera avec une pleine loyauté (ehrlich) *toute tentative de trouver une solution pacifique et travaillera à sa pleine réalisation, surtout si la guerre, comme nous en avons la pleine confiance, amène une situation politique qui respecte le libre développement de toutes les nations, grandes ou petites. Il faut pour cela que ce principe de droit et de libre et plein développement soit appliqué non seulement sur la terre ferme, mais sur la mer »... Dès l'origine, nous n'avons mené qu'une guerre de défense contre une politique qui, au point de vue diplomatique, visait à nous encercler ; au point de vue militaire, à nous anéantir; au point de vue économique, à nous boycotter. Le peuple allemand combat pour défendre son existence nationale et son libre développement. Comment expliquer sans cela les forces gigantesques qu'il déploie, son esprit de sacrifice inépuisable, résolu à tout, si merveilleux que les Annales de l'humanité n'offrent rien de comparable? Les victoires ne l'ont pas aveuglé, et il n'a pas désappris la modération. L'Allemagne est toujours prête à s'associer à une ligue pacifique, bien plus, à se mettre à la tête d'une telle ligue, qui tienne en bride quiconque menacerait la paix.*

Curieux phénomène, jamais peut-être l'impossibilité d'une paix de conciliation avec l'Allemagne n'apparaît plus clairement qu'au moment où elle affecte de faire des avances aux Alliés. Sa manie de domination a faussé son esprit à tel point qu'elle est littéralement incapable même de comprendre nos désirs. Les mots pour elle et pour nous n'ont pas le même sens. Elle s'accroche à son rêve d'hégémonie avec une obstination d'autant plus furibonde que les difficultés s'entassent sur sa route, et ses concessions apparentes sont viciées par l'exigence fondamentale dont elle ne se départ pas, puisqu'elle prétend d'abord créer un monde où personne n'ose se risquer à s'inscrire en faux contre ses résolutions, et exercer ensuite la police sur l'univers ainsi façonné à son image. A force de vivre dans les ténèbres du despotisme, ses yeux se sont éteints, et quand on lui parle de liberté, elle répond : organisation pangermanique.

Le discours de Bethmann devant la commission centrale n'offrait ainsi aucune base acceptable de négociation, et les Alliés le relevèrent aussitôt. Quelque soin qu'il eût pris pour ne pas froisser les partis de droite, ceux-ci cependant l'accusèrent de faiblesse, si bien qu'il crut nécessaire de faire amende honorable en séance publique, et ce trait en dit long sur l'état des esprits outre-Rhin et sur l'omnipotence des militaires. Hindenburg avait aussitôt rappelé à l'ordre le chancelier :

Aucun peuple, avait-il dit dans une interview retentissante, *si une goutte de sang viril* (Mannesblut) *et d'honneur coule dans ses veines, ne soumettra jamais son existence et son honneur national à l'arbitrage d'autres peuples... Tout peuple viril doit être préparé à défendre son existence, à protéger son chef et à maintenir ses droits. C'est ce que l'Allemagne fait aujourd'hui. De là, l'unanimité merveilleuse du peuple allemand : une pensée, une volonté.*

A bon entendeur salut! Le ministre était dressé de longue date à l'obéissance ; dûment averti, il change de gamme et coupe ses fioritures humanitaires, que nous avons vu qui n'étaient guère compromettantes. Dans son discours au Reichstag (12 décembre 1916), pas l'ombre d'une allusion à la société des nations. Le chancelier a de nouveau embouché le clairon et il sonne allégrement la charge. — « *Avec l'aide de Dieu, nos admi-rables troupes ont créé une situation qui nous donne une sécurité complète, plus grande que jamais. Les coups de notre épée ont assuré notre ravitaillement économique sur des bases plus solides. Aux grands événements sur terre répondent les exploits merveilleux de nos sous-marins. Le spectre de la faim, que nos ennemis voulaient évoquer contre nous, les menace à leur tour, et ils ne se débarras-seront pas de son étreinte. Des chefs de génie et des hauts faits d'un héroïsme inouï nous ont valu une position d'ai-rain... »* Dans ces conditions, l'Allemagne ne sollicite pas la paix, elle l'impose ; elle ne discute pas avec ses adversaires, elle leur dicte ses lois. *Nous sommes tou-jours prêts à nous défendre et à nous battre pour l'exis-tence de notre peuple, pour son avenir libre et assuré, et c'est sous ces conditions que nous sommes toujours prêts à tendre la main vers la paix...* Après cette fanfare mili-taire, la conclusion parut un peu inattendue : durant ces longues et dures années de guerre, terminait le chancelier, une seule pensée a dominé l'Empereur : comment, après un combat qu'il n'a accepté que par devoir et avec douleur, rendre la paix à l'Allemagne garantie dans ses droits ? —

C'est dans cet esprit qu'était conçue la note officielle qu'il remit aux puissances neutres. Elle est strictement conforme aux lois de la rhétorique hindenburgeoise : après l'élégie sur la catastrophe qui réduit en ruines le progrès matériel et moral qui faisait l'orgueil de l'Eu-rope, l'hymne triomphal sur les succès étourdissants de l'Allemagne ; pour couronner le tout, une ode pseudo-pindarique sur la sublimité du Kaiser qui oublie ses injures et répand sur ses ennemis vaincus la splendeur de son pardon. — A quel prix ? Quelle pénitence exige-t-il de leur remords ? — Sur ce point, pourtant capital, ni un mot, ni une allusion.

Les quatre puissances alliées proposent d'entrer dès à présent dans des négociations de paix. Elles sont persuadées que les propositions qu'elles y apporteront, et qui auront pour but d'assurer l'existence, l'honneur et le libre développement de leurs peuples, seraient propres à servir de base au rétablissement d'une paix durable. — Un point, c'est fini. « Il n'y a pas autre chose dans la note, remarquait avec une spirituelle ironie M. Sonnino devant la Chambre italienne; tout le reste se réduit à des raisonnements sur la guerre. » D'un coup d'épingle, la finesse romaine dégonflait la saucisse berlinoise. — M. Lloyd Georges disait de son côté (19 décembre 1916): « Aller à une conférence, sur l'invitation de l'Allemagne qui proclame sa victoire, sans connaître les propositions qu'elle veut faire, ce serait nous mettre la tête dans le nœud coulant dont elle tiendrait la corde... Le discours de M. de Bethmann-Hollweg prouve que nos ennemis n'ont pas encore appris le *B A ba* du respect du droit des autres. »

La naïveté de certains hommes n'a pas de limites. A la Chambre des lords, un honorable membre regretta les sarcasmes de lord Curzon qui avait stigmatisé les hâbleries impériales. « Pourquoi ne pas indiquer clairement nos désirs? déclarait l'honnête pacifiste. Que l'Allemagne abdique ses prétentions, qu'elle entre dans la fraternité des peuples comme une égale au milieu des égales et non comme un maître qui écrase tout devant lui. Elle pourrait nous donner des preuves de sa bonne volonté en évacuant la Belgique et la Serbie, et en restaurant les pays qu'elle a envahis. »

Elle n'y songeait guère, et il fallait vraiment que les illusions de lord Courtney fussent indéracinables pour ne pas être détruites par les divers incidents qui accompagnaient immédiatement la note du 12 décembre et en éclairaient le sens.

Avant de se hasarder à sa tentative officielle de dé-

cembre, l'Allemagne avait tâté beaucoup de portes, et
ses émissaires, plus ou moins accrédités, s'étaient
adressés à la France, à la Russie, aux Etats-Unis surtout. M. Gérard, dans le gilet de qui Jagov, Zimmermann, Bethmann et Cie venaient périodiquement verser
leurs larmes de crocodiles, ne refusait pas ses bons
offices, mais ne voulait s'engager qu'à bon escient et
demandait quelques renseignements supplémentaires.
Ses interlocuteurs apportaient une habileté déconcertante à tromper sa curiosité. En janvier 1917, comme
le chancelier revenait sur ses thèmes perpétuels, l'ambassadeur impatienté prit la balle au bond et résolut
d'en avoir le cœur net. Quelles sont vos conditions ?
Et d'abord, voulez-vous évacuer la Belgique ? — Oui,
avec des garanties. — Lesquelles? — Les forts de
Liège et de Namur, sans parler d'autres forts. Nous
maintiendrons des garnisons sur tout le territoire; les
voies ferrées, les ports, les autres moyens de communication demeureront entre nos mains. La Belgique
n'aura pas d'armée; son commerce sera contrôlé par
nous. — C'est tout? Je comprends, vous permettrez au
roi Albert de résider à Bruxelles avec une garde d'honneur. — Nous ne saurions tolérer que la Belgique
soit une sorte d'avant-poste de l'Angleterre. — Et la
France? — Nous l'évacuerons, moyennant une rectification de frontières (comprenons Briey, Longwy et
peut-être une partie des Vosges). — Et du côté de la
Russie ? — Importantes rectifications de frontières.
— Et la Roumanie? — C'est l'affaire de la Bulgarie. —
Et la Serbie? — On pourrait admettre l'existence
d'une petite Serbie; cela regarde l'Autriche, qui aura
aussi à s'entendre avec l'Italie. Nous exigerons des
indemnités de guerre de tous les pays, et nous rentre-
rons en possession de nos navires et de nos colonies. »
(*Mémoires* de l'ambassadeur Gérard, traduction française, p. 296.)

Le chancelier a démenti ces affirmations, mais il y a beau temps que tout le monde sait ce que vaut un démenti de l'Allemagne : « Je n'ai pas voulu cela! — Je n'ai pas brûlé Louvain. — Je n'ai pas déporté de Belges. — Je n'ai pas martyrisé les prisonniers serbes, russes ou anglais. — Je n'ai pas écrit cette lettre, affirme Charles Ier. — Cependant, nous l'avons vue, de nos yeux; elle a été recopiée par les soins de vos agents; elle a traîné dans tous les cabinets! — C'est possible, mais je ne l'ai pas écrite! — Pauvre Guillaume! Pauvre Charles! Pauvre Bethmann! — Mais plus pauvre encore serait le peuple qui, après tant d'avertissements, serait pris aux grimaces de ces Escobars de pacotille!

Le démenti que Bethmann-Hollweg a opposé aux affirmations de l'ambassadeur des Etats-Unis est d'ailleurs si amphigourique et si nuancé qu'il équivaut à un aveu. Comment nierait-il, quand les faits mêmes démontrent la véracité du témoignage de M. Gérard? — Le 5 novembre 1916, c'est-à-dire moins d'une semaine avant le jour où l'Allemagne lançait ses propositions de paix, elle créait une prétendue Pologne indépendante, qui n'était en réalité qu'un Etat vassal. Dans un mémoire présenté ces derniers jours (3 août 1918) à l'Académie des sciences morales, M. Mérignhac, le savant juriste de Toulouse, rappelait qu'en vertu des lois internationales les mieux reconnues jusqu'aujourd'hui, la conquête d'un territoire par un belligérant lui crée un droit d'occupation, non de possession. Tant que ce territoire n'a pas été régulièrement cédé par traité, il demeure la propriété de son ancien maître, et le possesseur ne saurait en disposer ni en modifier le statut essentiel. En fondant ainsi de sa seule autorité un nouvel Etat polonais, l'Allemagne donnait une nouvelle preuve de son mépris souverain du droit public, en même temps qu'elle avouait ses intentions conquérantes.

Vers la même époque, elle montrait la même désinvolture à l'ouest; elle y préparait ouvertement l'annexion de la Belgique par une réorganisation administrative, essayait de susciter un mouvement séparatiste flamingant, inaugurait une université flamande et tentait de briser la résistance nationale en déportant des milliers d'ouvriers. « Près de 550.000 ouvriers belges sollicitaient l'indemnité de chômage plutôt que de travailler; on les contraignit d'abord au travail forcé (*Notstandsarbeiten*); dans le cours de l'automne cependant, comme de semblables travaux ne sont pas illimités, on les emmena par force en Allemagne. » Qui parle ainsi? — Un historien connu, Gottlieb Egelhaaf, pangermaniste fervent et avocat semi-officiel de la politique allemande. Ce qui dépasse Egelhaaf, c'est que ces ouvriers ne se réjouissent pas de leur sort : on les comble de grâces; on ménage leurs susceptibilités jusqu'à ne pas les employer dans des usines de guerre. — Nous avons déjà vu ce qu'il convient de penser de ces allégations. — Ils touchent des salaires supérieurs à ceux qui étaient usités dans leur pays. Faut-il vraiment que ces Belges aient un damné caractère pour ne pas être satisfaits et reconnaissants, et de quel ridicule se couvre le baron Beyens quand, à leur propos, il parle d'esclaves blancs! Ce qui porte au comble la stupéfaction et la mélancolie de M. Egelhaaf, c'est que la Suisse et les États-Unis aient été assez mal inspirés pour prendre ces ragots au sérieux et faire des représentations au chancelier : il leur prouva sans difficulté qu'ils avaient été mal informés. — Furent-ils aussi convaincus que l'affirme notre historiographe? — Il semble bien au moins que M. Gérard conserva quelque scepticisme, et il ne fut pas autrement surpris quand le chancelier lui révéla les vues qu'il avait sur l'Occident.

Dans tout le courant de la guerre, l'Allemagne n'a guère pris la peine d'ailleurs de dissimuler ses plans,

et, dans leurs grandes lignes, ils concordent parfaitement avec les renseignements que nous fournissent
les Mémoires de l'ambassadeur américain. Au mois de
mai 1917, la revue *das Grössere Deutschland* publiait
un article du général baron von Bissing, le gouverneur
général de sinistre mémoire, qui fut très commenté et
goûté : — *Une nécessité cruelle, ou plus exactement un
devoir sacré, nous oblige à garder la Belgique sous
notre domination et à la maintenir dans notre sphère
d'influence. Une Belgique restaurée, que l'on proclame
ou non sa neutralité perpétuelle, sera nécessairement
jetée par une attraction irrésistible dans le camp de nos
ennemis. La frontière que l'on désigne, tout à fait à
tort, comme la ligne de la Meuse, est absolument insuffisante... Il faut que la population, qui, actuellement,
nous est hostile, s'accoutume et s'accommode peu à peu
à notre domination. On nous invite à protéger les Flamands, et nous n'y manquerons pas, ce qui ne veut pas
dire que nous leur laisserons une complète indépendance...
Cela, à aucun prix! Les fautes que nous avons commises
ailleurs nous serviront de leçon, et nous n'adopterons pas
une politique d'hésitation et de bienveillance, analogue à
celle qui nous a été si funeste en Alsace et en Pologne.
Dans les négociations, nous éviterons de nous lier les
mains par des conventions gênantes, et nous nous place-
rons exclusivement sur le terrain de la conquête. L'avenir
de l'Empire est à ce prix. Il exige que nous conservions
pendant des années l'état de dictature actuel. Quiconque
reste dans le pays doit accepter la domination de l'Allemagne, et, dans un temps donné, se convertir au germanisme. Les mesures d'expropriation sont indispensables
pour nous épargner des difficultés semblables à celles
qui nous embarrassent aujourd'hui dans le Reichsland.*
— Dira-t-on par hasard que le programme du général
gouverneur de Belgique n'était pas celui de son gouvernement? — A qui fera-t-on croire que des déclara-

tions aussi forcenées auraient été autorisées si les
meneurs de la politique impériale les avaient désap-
prouvées?

La vérité, c'est que l'Allemagne, à l'ouest comme à
l'est, ne conçoit les intérêts des peuples qu'en fonction
de sa puissance. A la fin de 1916, comme dans les négociations ultérieures, elle était toujours prête à répéter la question célèbre du tsar Alexandre à Talleyrand :
que vient faire le droit ici? On lui parlait d'honneur,
de morale, de traité ; elle répondait : carte de guerre.
Fière de ses victoires, mais inquiète des brusques
inconstances de la fortune, lasse aussi d'un conflit dont
elle n'apercevait pas l'issue et qui imposait à ses peuples de cruelles privations et des pertes accablantes,
elle n'avait d'autre pensée que de mettre son butin à
l'abri, en amenant ses ennemis à reconnaître son triomphe ; comme elle n'était pas parvenue, en dépit de ses
succès, à les réduire à merci, elle travaillait à leur soustraire frauduleusement leur consentement en les atti-
rant subrepticement à des conférences où ses diplomates parferaient l'œuvre de ses généraux.

Wilson la mit au pied du mur : « La guerre est atroce,
finissons-en. Que demandez-vous ? (Note du 21 décembre
1916.) — *Ce que nous demandons*, répondirent sèche-
ment les Empires centraux, *rien n'est plus simple. Nous
voulons que personne ne se mette entre nous et nos ennemis. Quand ils seront venus à la conférence, nous leur
révélerons nos projets. Quant à la société des nations,
nous en causerons plus tard, après la paix, lorsque nous
aurons désarmé nos adversaires.* » (Réponse de l'Allemagne à la note des Etats-Unis, 27 décembre 1916.) « Quand
la Prusse aura fait sa fortune, écrivait déjà Frédéric II,
elle observera fidèlement les traités. » Livrons-lui d'a-
bord le monde, reconnaissons-lui une situation telle que
toute tentative d'insurrection soit d'avance vouée à l'impuissance, et elle daignera prendre la présidence d'une

société des nations qui lui garantira la permanence de son hégémonie et la protégera contre le réveil possible des vaincus.

Le président Wilson ne pouvait que dresser un procès-verbal de carence; il prit acte du vide de la réponse allemande encore souligné par les notes parfaitement claires des Alliés : « Les Puissances centrales, dit-il au Sénat, ont déclaré purement et simplement qu'elles étaient prêtes à se rencontrer dans une conférence avec leurs antagonistes pour discuter les conditions de paix. » (Message du 23 janvier 1917.)

Comme cependant il était bien résolu à pousser l'esprit de conciliation jusqu'à l'extrême et qu'il jugeait nécessaire de mettre ses compatriotes en face d'une situation nette et qui ne prêtât à aucune controverse, il ne rompit pas les conversations et il esquissa lui-même le programme général de la paix future.

Il y apporta les plus extrêmes ménagements, et le ton de son message était visiblement calculé de façon à ne pas mécontenter l'Allemagne : il préconisait une paix sans victoire, il condamnait la politique d'encerclement, parlait de la liberté des mers, condition de l'apaisement des esprits et de la réconciliation des peuples. Inutile complaisance et qui fut mal récompensée. Du Rhin à l'Oder, un tollé général lui répondit : *Nous ne voulons pas entendre parler de la paix Wilson,* s'écriait au Reichstag Stresemann, un des chefs des nationaux libéraux. *Le président Wilson,* écrivait un grand journal de Stuttgart, *ne comprend rien à l'esprit du peuple allemand. S'il en avait la moindre notion, il n'aurait jamais posé en principe que le droit des gouvernements est subordonné au droit des gouvernés.* La presse saxonne faisait écho à la presse wurtembergeoise : *Jamais l'Allemagne n'admettra une pareille théorie.*

Le chancelier avait lâché sa meute et il se gaudissait de ses superbes coups de gueule. Il mit dans sa réponse au président plus de politesse, et il fit en passant la révérence à ses principes. Révérence un peu courte et raide : *Sur beaucoup de points, nous sommes d'accord avec M. Wilson : liberté des mers, abandon de la politique d'équilibre qui ne saurait produire que de nouveaux conflits.* — En tout, cinq lignes. — Sur les points essentiels, silence complet. Rien sur la formation d'une société des nations, sur les mesures qui auraient pour objet d'empêcher les guerres futures ; rien sur la limitation des armements ou l'introduction des principes démocratiques dans les gouvernements. — En revanche, les divagations ordinaires sur la mauvaise foi des Alliés qui ont provoqué la guerre et qui la prolongent ; jérémiades sur le funeste destin de l'Allemagne dont on méconnaît cruellement la loyauté et la modestie ! Ses exigences sont si bénignes et ses intentions si pures. *Que la guerre se termine par une paix durable qui la dédommage de tous les torts qu'elle a subis et qui lui apporte un avenir tranquille et une existence assurée ! Nous n'en demandons pas davantage, rien de plus et rien de moins* (31 décembre 1916).

Vraiment ? Et que pourraient bien souhaiter de plus les ambitions les plus déchaînées et les imaginations les plus aventureuses ? Le monde nouveau où l'on nous presse de prendre la place inférieure que l'on assigne à notre faiblesse, ne subsistera que par l'Allemagne devenue l'axe de la terre, le cerveau de l'univers et la suprême distributrice des rangs. — Voilà justement le point qui nous sépare. C'est toujours la tragique antithèse d'août 1914 où Bethmann se lamentait sur l'inconcevable attitude de l'Angleterre, sur son humeur pointilleuse et méticuleuse : — Un traité qui ne vous concerne même pas directement ! S'engager dans une guerre terrible pour un chiffon de papier, on n'a jamais vu folie semblable ! — L'on n'était pas plus près de s'entendre en 1917 qu'en 1914. Bonar Law mettait le doigt sur le point essentiel du débat quand il disait : « Nous avons repoussé la paix, non pas par haine ou par esprit de vengeance, mais parce qu'aujourd'hui la paix serait fondée sur la victoire allemande, qu'elle laisserait intacte la machine militaire prussienne, et qu'elle nous arrêterait avant que notre but essentiel soit atteint (24 janvier 1917). — M. Balfour, quelques jours plus tôt, traduisait la même pensée (16 janvier) : « La catastrophe a été provoquée par l'existence d'une grande puissance que travaillait l'esprit de domination, au milieu de nations mal préparées pour leur défense, et parce que ni les frontières des divers Etats ni leurs constitutions ne répondaient aux aspirations des populations. »

« Les écrivains et les philosophes de l'Allemagne, disait-il encore, lui ont prêché la magnificence de la guerre; ils voyaient dans la volonté de puissance l'honneur et l'essence de l'Etat; ses états-majors ont forgé avec une infatigable industrie les armes qui devaient lui permettre, au moment opportun, de réaliser son plan d'hégémonie. Tant que l'Allemagne demeurera cette Allemagne qui, sans ombre de raison, a envahi et maltraité le pays qu'elle avait pris l'engagement de défendre, aucun peuple ne peut se regarder comme en sécurité. Les méthodes de férocité réfléchie et calculée de nos ennemis visent non seulement à briser et à dépouiller les peuples avec lesquels elle est en guerre, mais à intimider et à avilir les nations mêmes avec qui elle est en paix. La Belgique n'a pas été seulement une victime, l'Allemagne a voulu en faire un exemple. Ses généraux se réjouissent de jeter l'épouvante dans le monde, pourvu que cette terreur le leur soumette. Si les Empires centraux sont victorieux, leur victoire sera le fruit et la consécration de ces méthodes. Comment une réforme quelconque des rapports internationaux serait-elle fondée sur une semblable paix ! »

Avant le message de Wilson au Sénat, la manœuvre allemande était déjouée. Guillaume, démasqué et dépité, rompit les chiens et se retira en faisant claquer les portes (12 janvier 1917).

« J'ai proposé la paix, les ennemis l'ont refusée. Leur boulimie de puissance veut la destruction de l'Allemagne. » — Il va sans dire, et les ministres de l'Entente l'ont répété à satiété, que, si les Alliés veulent soustraire l'Europe aux convoitises brutales du militarisme prussien, « il n'a jamais été dans leur dessein de poursuivre l'extermination du peuple allemand ou son asservissement politique. » (Réponse des Alliés à M. Wilson, 10 janvier 1917.)

« La guerre continue, poursuit l'Empereur. Devant Dieu et devant l'humanité, c'est sur les gouvernements ennemis seuls que retombe la lourde responsabilité des épouvantables sacrifices que j'avais la volonté de vous épargner et que leur inflexible insolence impose au monde. » Le sophisme est patent, mais Guillaume connaît ses Pappenheimer et il sait qu'ils ne discuteront pas ses affirmations, si puériles soient-elles. Peut-être après tout est-ce pour avoir l'occasion de placer cette phrase qu'il a fait son geste théâtral du 31 octobre, et pour réveiller chez ses sujets une fidélité qu'il sent chancelante et une ardeur qui commence à s'éteindre, en leur persuadant qu'ils combattent pour leur indépendance et la sécurité de leurs foyers. Qui sait même s'il n'a pas réussi à se persuader lui-même de sa grandeur d'âme? Il ne lui reste qu'à brandir contre l'insolent ennemi son gantelet de fer et à appeler sur sa tête la colère de ses vieux copains du Walhalla.

Dans votre juste indignation contre l'arrogance criminelle de nos ennemis, vous deviendrez d'acier. Nos ennemis n'ont pas voulu l'entente que je leur offrais. Avec l'aide de Dieu, nos armes les y contraindront.

***

Quand l'Allemagne annonce aux échos qu'elle a rompu les ponts et qu'elle est définitivement revenue de certaines vanités, entendez qu'elle est déjà en train de reprendre ses intrigues. — Et c'est bien ainsi que tout le monde interprète ses paroles.

« Qu'y a-t-il de commun entre ces hommes et moi ! » avait théâtralement déclaré Guillaume. Après l'échec des tentatives de novembre 1916 aussi bien qu'avant, ses diplomates ont beau revenir bredouilles ; pêcheurs obstinés, ils ne cessent de nous tendre l'hameçon. Mis à la porte, ils rentrent par les fenêtres, et si on les chasse encore, ils descendent par la cheminée. Ne raillons pas ! C'est une rare vertu que la patience, et fort efficace ; les négociants allemands lui ont dû plus d'une précieuse commande ; nos industriels jugeaient que leur insistance manquait un peu de dignité ; ils auraient été peut-être mieux inspirés en imitant des méthodes qui rapportaient des bénéfices appréciables, sinon honnêtes, à ceux qui les pratiquaient. Nous disons volontiers que, de sa chasse à la paix, l'Allemagne est revenue la carnassière vide. Notre optimisme est assez mal fondé. Il est vrai que le gros gibier qu'elle visait ne figure pas au tableau ; mais, en battant les buissons, elle n'a perdu ni son temps ni sa peine, et tous les coups qu'elle a tirés n'ont pas manqué le but.

***

Depuis le début de 1917, son gouvernement, instruit par une pénible expérience, s'est en général abstenu des attaques directes. Il a poussé en avant des mercenaires ou des enfants perdus, l'Autriche de Czernin, la Russie de Lénine. Il a essayé d'agir sur les partis internationalistes, socialistes ou cléricaux intransigeants, qu'il supposait moins avisés et plus faciles à manœuvrer, parce que chez eux l'instinct patriotique ne s'accorde pas sans difficulté avec les doctrines et les préjugés, que leur sens critique est médiocre et que, dressés à une discipline inflexible, ils sont exposés à subir aveuglément l'influence de quelques chefs qui ne sont pas toujours francs du collier. Nous avons eu ainsi, depuis quinze mois, tour à tour ou simultanément, l'offensive pacifique de Charles Ier, des maximalistes russes, de Scheidemann, d'Erzberger, de Benoît XV, sans parler des conciliabules mystérieux dont nous connaissons très vaguement le détail, mais dont l'existence est certaine. Il n'y a aucune témérité à affirmer qu'il ne s'est pas écoulé de mois, peut-être de semaine, sans que nos hommes d'Etat aient eu à repousser quelques assauts captieux ou aient été l'objet des sollicitudes d'une amitié envahissante, encombrante et perfide. Que quelques-uns n'aient pas été tentés, je n'oserais pas l'affirmer : les saint Antoine sont rares parmi eux, et le grand saint lui-même, si nous en croyons les bons auteurs, faillit plusieurs fois succomber. Parmi les Alliés, les événements antérieurs avaient préparé le chemin à l'Allemagne; et si nous devons nous étonner de quelque chose, ce n'est pas que des défaillances individuelles se soient produites, c'est qu'elles soient demeurées isolées et qu'elles aient été aussitôt réprimées par la réprobation générale.

Jusqu'à la veille de 1914, l'Europe, écrasée sous la botte tudesque, vivait dans l'angoisse et l'épouvante. Pour éviter une catastrophe dont ils n'osaient pas se représenter l'immensité et l'horreur, nos diplomates s'exténuaient à flatter et à apaiser l'orgueil germain. Ils savaient que leur condescendance et leur humilité ne désarmeraient pas des adversaires dont les exigences étaient insatiables; ils continuaient cependant par acquit de conscience leur travail de Sisyphe et s'acharnaient à retarder l'épouvantable tempête dont l'approche troublait leurs nuits et empoisonnait leurs jours. Trop avisés pourtant pour ne pas prévoir la vanité de leurs efforts, ils se préparaient de leur mieux à l'heure terrible.

Comme il leur était impossible, sans précipiter la crise, d'avouer leurs anxiétés, leur labeur était gêné par la molle insouciance de la foule que quelques hommes entretenaient dans un optimisme aveugle. Par ignorance et faiblesse, ou bien hypnotisés par des considérations égoïstes, — intérêt personnel, ambition ou combinaisons de partis, — ces saboteurs de la défense nationale se refusaient à reconnaître le danger qui crevait les yeux, et avec une candeur qui nous étonne chez des politiques vieillis sous le harnais et que l'on aurait supposés moins naïfs, ils se portaient garants des sentiments évangéliques de l'Allemagne et de la loyauté de son Empereur. Ils nous demandaient d'oublier nos deuils pour hâter l'heure de la réconciliation définitive, nous suppliaient de tendre la main à nos ennemis, et emmaillotaient les âmes enfantines dans la guenille de leurs décevantes chimères. Ils renforçaient leurs prédications émollientes par des enquêtes savantes et des statistiques irréfutables. En même temps qu'ils nous affirmaient que la guerre entre grandes nations civilisées était désormais impossible et que les misérables qui oseraient la déclancher seraient balayés par l'indignation universelle, ils nous démontraient que les liens économiques qui rapprochent les peuples sont si multiples et si forts qu'ils entraveraient les fantaisies sanguinaires des souverains mégalomanes, — si par hasard il s'en rencontrait.

Nous n'avons pas à scruter les intentions de ces conteurs de sornettes et de ces songe-creux de la politique et de la science ; nous laissons le soin de les juger à

Dieu et à la postérité. Il est probable qu'elle sera sévère pour eux. Même si leurs motifs étaient purs, ils n'en demeurent pas moins responsables en grande partie des deuils et des ruines de la catastrophe actuelle. Ces vendeurs d'orviétan qui nous juraient leurs grands dieux que l'Allemagne n'avait pour nous qu'une fraternelle affection, ont mis leur influence, qui était réelle et trop souvent prépondérante, à engourdir notre vigilance. Leur imprévoyance criminelle a retardé et compromis l'œuvre de la défense nationale.

Qu'en présence des suites abominables qu'a entraînées leur ineptie, ces organisateurs de la défaite ne se soient pas pris eux-mêmes en horreur et qu'ils persistent à revendiquer un rôle dans les affaires publiques, la conscience s'en indigne plus que l'expérience ne s'en étonne. Il est plus fantastique et déconcertant que ces endormeurs possèdent encore un certain crédit sur une partie de l'opinion qui tolère ces récidivistes et se prête à l'énorme prétention de ces morts récalcitrants. C'est qu'ils avaient peu à peu substitué au patriotisme naturel et simple une phraséologie vague et décevante qui avait ouvert les âmes aux sophismes et aux paradoxes. La guerre produira sans doute à la longue une révolution profonde dans les idées et les mœurs, et il est vraisemblable qu'elle nous délivrera d'un romantisme pathétique et creux qui ne s'accorde guère avec le tempérament français, et qui s'est introduit dans nos esprits depuis Napoléon III. Les idées généreuses ne sont pas nécessairement des idées vagues; au contraire, peut-être est-il permis de dire que toute idée vague est une idée fausse, et par conséquent une cause de trouble et de malheur. Mais cette évolution ne s'accomplira que lentement et par degrés. Nous demeurons encore la proie des théoriciens et des théologiens, dont beaucoup se recrutent parmi les libres penseurs les plus intransigeants.

Ces attardés oublient facilement les crimes de l'Allemagne et épient avec une sympathie courtoise et prévenante ses moindres signes de contrition. On dirait d'une mère indulgente jusqu'à la faiblesse qui ferme volontairement les yeux sur les peccadilles d'un enfant terrible et qui n'attend que le moment de lever la punition qu'elle a prononcée. Ils ont sans cesse sur les lèvres les mots de fraternité, de solidarité humaine, sans ajouter que l'Allemagne s'est mise en dehors de l'humanité. La société des nations qu'ils se proposent de fonder perdrait tout agrément pour eux du moment où ils n'y frayeraient pas avec les Hohenzollern et les Habsbourgs, comme si, dans n'importe quel cercle qui se respecte et qui veut vivre, on ne blackboulait pas les candidats tarés qui ont l'impudence de se présenter.

Ces tolstoïsants de diverse observance offrent aux agents de l'Allemagne un terrain terriblement favorable. Leur myopie congénitale, systématique, s'entête à nier les faits les plus manifestes; leurs narines bouchées ne distinguent pas le relent d'infection que dégagent les Camarades d'outre-Rhin; ils croient à la sincérité des Scheidemann et des Parvus, des Ebert, des Hænisch et des Lensch. Au moment où les Allemands, par une férocité plus absurde encore que criminelle, continuent à bombarder Paris, ils n'ont pour eux que des caresses et réservent leurs rigueurs aux défenseurs du pays. Ces derniers jours encore, quand toutes les âmes étaient tendues vers la Marne et l'Oise, des journaux qui se prétendent populaires n'avaient-ils pas la provocante insolence et l'impudence cynique de reléguer au second plan les batailles de Reims, de Soissons et de Château-Thierry pour mettre en vedette les débats de la Confédération générale du travail, où quelques forcenés parlent d'insurrection et prêchent la trahison!

C'est pour empêcher ces hallucinés et ces forbans

de contaminer les cerveaux fragiles et les cœurs incertains que l'étude de la diplomatie impériale depuis 1914 est nécessaire, et quelques vérités s'en dégagent avec une telle évidence qu'il n'est pas possible qu'elles n'agissent pas sur les résolutions.

Quand l'Allemagne parle d'une paix honorable, elle entend par là que nous accepterons sa domination, que nous subirons sa tutelle, que nous nous contenterons d'être des citoyens de deuxième catégorie et que nous nous résignerons à un véritable servage politique, intellectuel, économique et moral. Ses offres ne sont qu'un leurre ; sa prétendue magnanimité, un piège. Elle prétend nous amener de bonne grâce à nous laisser passer la corde au cou ; elle espère ce suprême triomphe que nous tendions nous-mêmes les poings pour qu'elle nous passe les menottes.

Elle n'a jamais procédé que par réticences et équivoques. « Ce n'est pas mentir, écrivait le jésuite Sanchez, que d'user de termes ambigus en les faisant entendre en un autre sens qu'on ne l'entend soi-même. » Personne n'a poussé cet art du mensonge au même degré de raffinement que nos ennemis : ils pratiquent avec une incomparable maîtrise les restrictions mentales, les directions d'intentions, les amphibologies, l'art de solliciter et d'interpréter les textes, de manière à en extorquer le contraire de ce qu'indique le sens commun. Leur unique souci est de nous amener à nous engager, sans se lier eux-mêmes.

En 1914, nous avons pu apprécier leurs méthodes et mesurer l'étendue de leur loyauté ; depuis lors ils n'ont pas plus varié leurs desseins qu'ils n'ont modifié leurs mœurs ; tout au plus ont-ils perfectionné leurs moyens tactiques.

*
* *

L'affaire autrichienne fut filée de loin et savamment
machinée. —

> Sans doute il est bien tard pour parler encor d'elle.

Je veux dire de cette très vieille et peu respectable dame
que l'on nomme la dynastie des Habsbourgs, et il y a
plus de quinze jours qu'elle est morte. Nombre de gens,
même parmi les Alliés, feignent de ne pas s'en apercevoir, ou se figurent de bonne foi qu'ils la ressusciteront :
— partisans de l'ancien régime qui voient en elle, avec
raison, un des bastions du passé; défenseurs du pouvoir temporel du Pape, qui se consolent de leurs pires
tristesses en songeant que François-Joseph a toujours
refusé de venir à Rome rendre à Victor-Emmanuel II
la visite qu'il en avait reçue; snobs de haut vol et de
grande allure que consternerait la disparition de ce
conservatoire consacré des belles manières et de la correction protocolaire; Anglais qui se croient encore à
l'époque des Kaunitz et des Thugut; Français qui ont
arrêté leurs pendules en 1756, et qui font chaque matin
leurs oraisons devant le portrait de Louis XV, ce parangon des vertus chrétiennes, et génuflexent devant le
buste de Mme de Pompadour qui eut à un si haut degré
l'intelligence des intérêts de la France et le souci de sa
dignité. En tout, une escouade, mais agitée, bruyante,
infatuée, tumultueuse, piaillante et piaffante.

Ces sympathies persistantes qui demeurent accrochées à une maison qui s'est souillée de tous les crimes
et dont l'existence entière n'est qu'un défi à la morale
et à l'honneur, sont incompréhensibles, prodigieuses,
extravagantes. Passe encore quand il ne s'agit que de
vieux diplomates, si vieux sans doute qu'ils sont excusables d'être retombés en enfance. Mais que des hom-

mes qui se réclament des partis avancés osent sournoisement prêter leurs services à de pareils clients, de
telles lubies — si paradoxales et grotesques — renversent l'imagination. Peut-on rêver un spectacle plus
bouffon que les grimaces pudiques de nos radicaux à
tous crins qui se voilent la face quand Clemenceau bouscule sans façon Czernin et ses suppôts ! Et comment ne
pas s'esclaffer quand les purs, qui nous reprochent notre
peu de sympathie pour les bolcheviks, mouillent leur
voix pour nous supplier de ménager Charles I⁰ʳ l'ahuri
et de baiser la main qu'il fait semblant de nous tendre !

Berlin connaissait de longue date les faiblesses de
nos agités funambulesques, toujours prêts, pour éviter
l'averse, à se jeter sous les gouttières, et qui se donnent mal de mort pour trouver des arguments à l'Allemagne. Elle comptait sur eux pour faire un sort à ses
propositions et favoriser son mouvement tournant. *La
question capitale aujourd'hui, c'est la paix,* écrivait le
Berliner Tageblatt, au risque de découvrir avec quelque maladresse le jeu de l'Empereur. Pour décider les
Alliés à entrer dans la salle du Congrès, les promesses
et les engagements ne coûtaient rien, puisqu'on était
fermement résolu à les renier quand nous aurions donné
dans le panneau.

François-Joseph, de sinistre mémoire, n'était pas
encore refroidi (21 novembre 1916) que, par un accord
touchant, la presse à la solde des Empires centraux
entonna le panégyrique de Charles I⁰ʳ. Quel bon jeune
homme, si doux, époux fidèle, père si tendre ! il avait
horreur de la guerre. Ce n'est pas lui qui aurait commencé les hostilités, ni ordonné les massacres qui
avaient déshonoré la monarchie : son unique ambition,
ancienne et indomptable, était de rendre la paix à l'Europe et la liberté à ses peuples. Ses sujets, à quelque
race qu'ils appartinssent et quelque langue qu'ils par-
lassent, trouveraient en lui la même ouverture de cœur.

Il serait pour tous le plus attentif des protecteurs et le plus tendre des amis. — Et Zita! Elle aimait tant la France! — Et les beaux-frères de l'Empereur! Ils n'avaient pas voulu combattre dans l'armée autrichienne. — Le ministre hongrois nous a appris depuis qu'en réalité ils avaient demandé à l'Empereur de prendre du service, mais qu'on les en avait détournés. Il a dédaigné de nous dire par quels arguments on avait apaisé la généreuse ardeur de leur bouillante adolescence. Dans certaines familles de Bohême, la prudence paternelle envoie l'aîné des fils à l'école allemande, tandis que le cadet suit les cours de l'école tchèque. On ne sait jamais ce que réserve l'avenir, et il n'est pas mauvais d'avoir un pied dans tous les camps. Au début des hostilités, le Comité tchèque de Paris, qui avait été chargé de délivrer des permis de séjour, se vit ainsi sollicité par des dizaines d'individus qui, pour éviter l'internement, se découvraient animés d'un ardent patriotisme slave. « Mais vous ne savez pas un mot de tchèque. — Je l'ai un peu oublié, mais mon frère le parle si bien! » La cour de Vienne avait eu de même la prudence de ne pas compromettre les princes Sixte et Xavier de Bourbon; elle se réservait en eux des intermédiaires dont elle utiliserait les services au bon moment.

Les apologies de Charles Ier firent d'abord assez peu d'impression. Les sceptiques étaient légion qui haussaient les épaules en entendant ces ritournelles; leurs doutes de mauvaise compagnie leur valurent de sévères réprimandes qui ne les émurent guère. Les hagiographes, piqués au jeu, corsèrent leurs arguments. — Vous voulez des preuves? Le roi ne vient-il pas de nommer chancelier le comte Czernin? — Et qui charge-t-il de former le ministère autrichien? — Tenez-vous, vous allez recevoir un coup, — le comte Clam-Martinits. Vous voilà cloués. Qu'avez-vous à répondre? Clam-Martinits, le neveu de l'ami de Rieger! Czernin, Marti-

nits ! Ces noms ne fleurent-ils pas un parfum de slavisme !
Le roi se débarrassera le plus vite qu'il pourra de Tisza ;
il établira le fédéralisme et proclamera les droits égaux
des nations. Nous savons de source authentique que le
président Wilson est ravi, et il serait vraiment bien
difficile de ne pas se montrer satisfait. Charlés Ier est
l'homme de l'avenir, le réconciliateur des peuples !

En même temps, une série d'agents habsbourgeois
s'abattaient sur la Suisse, de tout poil et de tout acabit :
Mensdorff-Pouilly, Revertera et leurs suppôts assié-
geaient nos agents, qui les accueillaient sans bonne grâce.
Pour triompher de leur froideur, on risqua le paquet,
et, le 31 mars 1917, le prince Sixte de Bourbon, beau-
frère de l'empereur d'Autriche, remettait à M. Poincaré la lettre autographe qui a été publiée par M. Clemenceau le 12 avril 1918.

Cette lettre, quelque connue quelle soit, on ne me
reprochera pas d'en reproduire les passages essentiels ;
elle est savoureuse, digne d'être relue, et elle nous permet de saisir l'Allemagne et l'Autriche en flagrant délit
de jésuitisme.

En manière d'exorde, pour frapper l'attention, un
préambule, à la fois menaçant et langoureux. — Les
Empires centraux sont invaîncus et invincibles, mais
quelle mélancolie leur laissent leurs victoires !

*La fin de la troisième année de cette guerre qui a ap-
porté tant de deuils et de douleurs dans le monde approche. Tout les peuples de mon Empire sont unis plus chaleureusement que jamais dans la volonté commune de
sauvegarder l'intégrité de la monarchie au prix même des
plus lourds sacrifices. Grâce à leur union, au concours
généreux des diverses nationalités de mon Empire, la
monarchie a pu résister depuis bientôt quatre ans aux plus
graves assauts. Personne ne pourra contester les avantages militaires remportés par nos troupes, en particulier*

sur le théâtre des guerres balkaniques. — Qu'elle vienne de Berlin ou de Vienne, l'invite à la paix part toujours de la carte de guerre, telle que les Allemands veulent qu'on la voie.

En réalité, ce tableau de la situation générale n'est pas seulement flatté, il est radicalement faux ; en Autriche la révolution gronde, l'anarchie menace, et chaque heure semble près de sonner le glas de la monarchie ; la Turquie est ébranlée par les victoires des Anglais en Mésopotamie et en Palestine. Les Etats-Unis viennent de rompre avec l'Allemagne, et les premiers soldats américains vont débarquer en France. — Pour empêcher le triomphe de la coalition de la liberté, il faut la disloquer. — Guillaume nous croit vaniteux ; Charles, sur son conseil, nous passe la main dans le dos.

La France a montré de son côté une force de résistance et un élan magnifiques. Nous admirons tous sans réserve la bravoure traditionnelle de son armée, l'esprit de sacrifice de tout le peuple français.

De semblables paroles, pensent les impériaux rhétoriciens, sont toujours agréables à entendre, et elles disposent l'esprit de l'auditeur à écouter avec sympathie l'interlocuteur qui sait les trouver. Les instructeurs de Charles Ier l'ont cependant averti que, depuis quelque temps, nous sommes revenus de l'esprit de gloriole et de frivolité et que nous nous piquons de réalisme et de bon sens. Charles Ier, discrètement, chatouille notre manie récente et nous donne à entendre qu'un rapprochement avec l'Autriche serait une garantie de paix et d'équilibre.

Momentanément adversaires, aucune véritable divergence de vues et d'aspirations ne sépare mon Empire de la France, et je suis en droit de pouvoir espérer que mes vives sympathies pour la France, jointes à celles qui rè-

*gnent dans toute la monarchie, éviteront à tout jamais le
retour d'un état de guerre pour lequel aucune responsabilité ne peut m'incomber.*

Perspective séduisante, un peu lointaine. MM. Ribot
et Briand se contenteront-ils de cette viande creuse ?
Charles et Guillaume jugent nécessaire de s'avancer
davantage et de forcer la dose de boëtte qu'ils jettent au
poisson : *Pour manifester d'une façon précise la réalité de
ces sentiments, je te prie,* écrit Charles à son beau-frère,
*de transmettre secrètement et inofficiellement à M. Poin-
caré que j'appuierai par tous les moyens et en usant de
toute mon influence personnelle auprès de* MON ALLIÉ *les
justes revendications françaises au sujet de l'Alsace-
Lorraine.*

Quand M. Clemenceau publia cette missive, Charles,
qui avait eu l'impudence et l'incroyable sottise d'en nier
l'existence, —*je repousse cette assertion avec indignation,*
— fut en mauvaise posture devant la galerie, et il eut la
piteuse contenance d'un enfant pris en flagrant délit
de mensonge, qui lève le coude pour parer la calotte
qu'il sent venir. Son émoi prouve surtout son extrême
inexpérience, et sa défense était facile.

Que nous offrait-il, en effet? — D'user de son influence personnelle. — Et puis? — Suivant l'expression
populaire, cela nous aurait fait une belle jambe! Guillaume, en admettant qu'il ne fût pas le metteur en scène
de ce fantastique imbroglio, — et quand on étudie de
près l'affaire, on acquiert la conviction morale absolue
que l'initiative venait de Berlin en droite ligne, — restait toujours libre de décliner l'invitation de son cousin
de Vienne. Qu'aurions-nous répondu quand Charles Ier
serait revenu à nous les mains vides : « Ma parole! je
n'ai ménagé ni mon éloquence ni l'encre de mes ministres pour convertir mon frère de Prusse; il est buté;
je le regrette, et je vous tire ma révérence. » Le texte

même de sa lettre trahissait avec une insistance maladroite la pensée secrète de Charles Ier et sa volonté de se réserver une porte de retraite : *j'appuierai par tous les moyens et en usant de mon influence personnelle auprès de* MON ALLIÉ *les justes revendications françaises.* Que d'interprétations ne permettait pas l'expression : *les justes revendications françaises?* Que l'Allemagne consentît à étendre dans quelque mesure les libertés constitutionnelles de l'Alsace, qu'elle lui concédât une apparence de garantie contre les persécutions auxquelles ses habitants étaient sans cesse exposés; la France auraitelle le droit de ne pas se déclarer satisfaite?

Le lendemain du jour où la lettre de Charles Ier fut connue, le *Fremdenblatt* écrivait : « Cette lettre, dans sa teneur authentique, est un document qui établit la volonté de l'Empereur de combattre de toutes ses forces pour que l'Alsace-Lorraine reste à l'Allemagne. » C'est une interprétation, mais elle n'est pas absurde, et il suffisait qu'elle pût être défendue pour que la pièce que nous avions entre les mains n'eût aucune valeur. Mais, objecte-t-on, en pareille matière, si délicate et si grave, — puisqu'il s'agit d'arrêter l'effusion du sang, — pourquoi précipiter les choses et briser les vitres? N'eût-il pas été plus sage de poursuivre la conversation? — A quoi bon, et quel avantage y découvre-t-on? — Nous avions un texte précis, muni de tous les sacrements officiels, certifié par les témoins les plus dignes de foi. Mis au pied du mur, Charles a-t-il un moment hésité à renier sa signature? A-t-il éprouvé le moindre embarras à affirmer que ce qu'il écrivait était le contraire de ses sentiments réels? Dans quelle situation se serait trouvée la France si elle n'eût pas éventé la mèche? La négociation engagée, avec quel sans-gêne élégant le monarque autrichien ne nous aurait-il pas tourné le dos et laissés en plan! Nous serions sortis de l'équipée ridicules, amoindris, suspects, *ad majorem Prussiæ gloriam.*

*
* *

L'affaire autrichienne rebondit à plusieurs reprises, et elle dura plus d'un an. — Est-elle tout à fait terminée ? Des observateurs bien informés penchent à croire que non ; mais il est évident que le pauvre Charles Ier ne va plus à l'assaut avec le même élan. Chat échaudé craint l'eau froide.

L'Allemagne, tout en suivant l'intrigue habsbourgeoise, ne s'y enfermait pas. Elle a d'habitude plusieurs fers au feu, et il n'est pas très facile de se débrouiller au milieu de ses parades, de ses feintes et de ses attaques qui se croisent et s'enchevêtrent.

Le printemps de 1917 lui avait apporté quelques déceptions graves. Les Alliés, malheureusement mal renseignés, timides, irrésolus et divisés, ne tirèrent pas de la situation les avantages qu'elle contenait. Ils ne surent pas combiner à temps une offensive générale qui, vigoureusement poussée sur les divers fronts, aurait amené dès lors des résultats peut-être décisifs. — A qui la faute ? L'avenir le dira, et peut-être la postérité, plus équitable que nous, parce que nos souffrances la laisseront indifférente, trouvera-t-elle à notre inaction relative des causes raisonnables, ou du moins des excuses suffisantes.

Il est certain dans tous les cas que l'opinion en Allemagne était très déprimée, et les ministres fort préoccupés.

La Révolution russe avait eu au début le caractère d'une révolte du patriotisme, et ses premiers chefs, le prince Lvov, Milioukov, et même Kerenski constituaient un gouvernement de défense nationale qui se donnait pour tâche de réparer les erreurs de Nicolas II ; ils proclamaient leur résolution inébranlable de poursuivre la guerre sans répit ni défaillance. L'armée sans doute était déjà minée par l'indiscipline et la propagande

défaitiste des soviets. Il n'était pas démontré cependant
que l'ardeur et le dévouement de quelques bataillons ne
rendraient pas aux soldats, à la masse indécise et tour-
mentée, la force et la volonté de vaincre ; au début de
juillet, l'offensive brusque et les triomphes inattendus
de Broussilov causèrent à Berlin de très graves soucis.

La chute du tsarisme avait d'ailleurs enlevé au gouvernement de Berlin un des arguments dont il usait
avec le plus de succès près des masses ouvrières, et une
certaine fermentation révolutionnaire se manifestait
dans les grands centres manufacturiers d'Allemagne.
L'agitation paraissait assez sérieuse pour que l'Empereur crût nécessaire de la désarmer par quelques pseudo-
concessions. Le 8 avril, il adressait au chancelier un
rescrit où il lui ordonnait de préparer une réforme de
la Constitution prussienne qui datait de la réaction de
Frédéric-Guillaume IV. On commencerait par modifier
la loi dite des Trois-Curies, de manière à se rapprocher du suffrage universel. Le régime électoral prussien,
— « un des plus stupides et des plus misérables que
le monde ait jamais connus », disait déjà Bismarck, —
en assurant aux Junkers une majorité factice dans la
Diète, arrêtait les progrès les plus anodins ; depuis un
demi-siècle, les libéraux les moins exigeants en réclamaient l'abolition. Jusqu'alors, leurs efforts étaient demeurés stériles, et les promesses qu'ils avaient à diverses
reprises arrachées aux ministres s'étaient invariable-
ment évanouies en fumée. L'Empereur jugeait le moment venu de leur donner satisfaction. — « Après les
sacrifices gigantesques de la nation, écrivait-il à Bethmann-Hollweg, il ne saurait plus être question d'une
loi électorale de classes. » — Ici aussi d'ailleurs il ne se
compromettait pas, usait de termes larges et équivoques, avec l'intention manifeste de se réserver les moyens
de limiter ses concessions et de les retirer, si l'occasion le lui permettait. Déjà en 1908, il avait solennel-

lement reconnu la nécessité d'une réforme électorale ;
il ne lui en coûtait guère d'étaler une fois de plus un
libéralisme qui s'épuisait en paroles.

Le 11 juillet 1917, comme l'opinion publique ne se
calmait pas, il fit un pas de plus, parla du droit de vote
égal ; « le projet devrait être déposé assez à temps pour
que les prochaines élections puissent avoir lieu d'après
la nouvelle loi ». — Les élections prochaines, dans l'hypothèse la plus favorable, n'auraient certainement pas
lieu avant plusieurs années ; — on en était encore assez
éloigné pour que les conservateurs eussent le temps
d'organiser leur résistance ; l'Empereur d'ailleurs ne
parlait que de déposer la loi, non pas de la faire voter ;
il écartait les mots de suffrage secret et de suffrage universel. Il savait bien malgré tout que même la plus
légère modification d'un système qui était un des bastions de l'autorité des Junkers provoquerait dans les
partis de droite une très vive irritation ; il ne s'était
décidé à braver leur colère que parce que le sol lui paraissait miné sous ses pas.

Soucis à l'intérieur, menaces au dehors. La situation
militaire des Empires centraux n'était pas très bril-
lante. Suivant les indications du ministère anglais, du
9 avril au 24 août, les Anglo-Français avaient fait 90.000
prisonniers, les Italiens 41.000, et 37.000 les Russes.

Surtout, l'Allemagne était sérieusement préoccupée
des événements qui s'accomplissaient dans le monde.
Le 27 juin, Vénizélos était chargé en Grèce de la formation d'un ministère, et le 30, il rompait les relations
avec les Empires centraux. Fait autrement grave ! le
2 avril, le président Wilson demandait au Congrès de
reconnaître que l'état de guerre existait entre les Etats-
Unis et l'Allemagne. Son exemple allait rapidement être
suivi par la Chine, le Siam, le Brésil, une partie des
républiques sud-américaines. Les manœuvres de l'ambassadeur allemand à Buenos-Ayres provoquaient un

violent mouvement d'opinion qui semblait devoir amener à brève échéance une rupture avec l'Argentine. L'Allemagne risquait de se trouver isolée dans le monde.

Sans doute, au point de vue strictement militaire, l'entrée en ligne de ces nouveaux adversaires la laissait assez indifférente, et elle ne prenait pas encore très au sérieux l'intervention des armées américaines. Elle redoutait fort, en revanche, les conséquences indirectes de ces ruptures lointaines. Elle avait accepté avec sérénité les résolutions de la Conférence de Paris (juin 1916) qui avait décrété l'unité de front économique, et elle avait longtemps gardé la conviction qu'elle retrouverait sans trop de peine la situation qu'elle occupait dans le monde avant la guerre. Si les étrangers, pensait-elle, nous achetaient nos produits, c'est qu'ils les jugeaient supérieurs ou plus avantageux, et leur intérêt nous ramènera nos clients : les ennemis nous menacent de tarifs de prohibition : ils y regarderont à deux fois avant de les promulguer, parce qu'ils se frapperaient eux-mêmes.

Elle s'émut beaucoup plus quand elle entrevit la possibilité de mesures qui gêneraient ou interdiraient ses importations. Avec quelque minutie qu'elle eût pris ses précautions, la prolongation des hostilités avait déconcerté ses calculs, et trois ans de guerre et de blocus avaient réduit ses stocks au minimum; il lui fallait à tout prix se ravitailler, trouver des engrais pour rendre leur fécondité à ses champs épuisés, et surtout fournir à son industrie la laine, le coton, les minerais qui lui étaient indispensables. Quelle serait sa situation si, au lendemain du traité, les matières premières qui alimentaient ses usines étaient accaparées par ses ennemis ? Comment démobiliserait-elle ses armées, si elle était hors d'état d'assurer du travail aux millions d'hommes qu'elle renverrait dans leurs foyers ? Elle risquait de se trouver acculée à une révolution. Des conquêtes continentales, même très larges, ne la mettraient pas à l'abri de ces difficultés. Il fallait à tout prix qu'elle imposât aux alliés des conditions qui la garantissent contre un « blocus pacifique ». Ses ministres avaient ainsi devant eux une double tâche qu'il n'était pas très commode de mener en même temps à bonne fin : d'une part, obtenir des Alliés qu'ils reconnussent la situation qu'elle avait créée en Europe et renonçassent à discuter son hégémonie politique et militaire, et de l'autre, leur soutirer des traités de commerce qui lui permettraient de reprendre sa suprématie économique. Pour atteindre ce résultat complexe, un seul moyen : jeter le désarroi dans l'Entente, la désarmer en la divisant, y creuser des lézardes pour s'y infiltrer, et profiter de sa dissociation pour arracher à son imprévoyance des concessions suffisantes qu'on étendrait habilement par la suite.

L'Allemagne fit donner ses réserves. Pendant que l'Autriche, sous son inspiration, poursuivait obstinément ses travaux de sondage direct près des cabinets et s'appuyait sur certains groupes de la finance cosmopolite, — les financiers ont toujours eu un faible pour les Etats besogneux qui ne lésinent pas sur les commissions, — Bethmann-Hollweg poussa en avant l'Internationale et le Vatican.

Au début de la guerre, l'immense majorité des socialistes français et anglais s'était groupée autour du drapeau national. Le réflexe patriotique avait momentanément étouffé les préjugés de classes, et les intentions agressives de l'Allemagne étaient si scandaleuses qu'une indignation unanime avait emporté les consciences ; quelques extrémistes russes persistaient bien dans leurs anathèmes contre les gouvernements capitalistes qu'ils déclaraient également coupables et entre lesquels ils se refusaient à faire la moindre différence ; leurs sophismes étaient balayés par l'indignation universelle.

Les niais ou les fanatiques qui avaient résisté au courant national ne cessèrent pourtant pas leur propagande, et ils furent malheureusement trop bien servis par l'inertie ou les coupables compromissions de certains représentants du pouvoir, par la maladresse ou les complaisances de la censure et par la faiblesse ou la sottise de nombre de leurs coreligionnaires qui, sous prétexte de ne pas rompre l'unité du parti, se mirent peu à peu à la remorque de la minorité ou du moins n'osèrent pas la combattre ouvertement. Les socialistes français avaient pris l'habitude dans les Congrès de se laisser traiter en petits garçons par leurs camarades d'outre-Rhin; ils s'extasiaient sur leur organisation, admiraient la force de leurs bataillons, sans s'apercevoir qu'il ne s'agissait là que de troupes de parade qu'il était impossible de mobiliser, et vénéraient dans les Kautsky, les L. Quessel, les Noske et les Südekum les héritiers directs du Prophète et les détenteurs de la loi. On ne rompt pas aisément avec de vieilles mœurs de servitude. Habilement stylés par la bureaucratie impériale, les complices de Scheidemann, allemands ou neutres, raillèrent l'idéologie bourgeoise des socialistes-patriotes anglais, français ou italiens, et les rappelèrent au respect des principes que, d'ailleurs, ils piétinaient allégrement eux-mêmes. Leurs succès furent rapides.

Dès la fin de l'été 1915, des centres de défaitisme s'organisaient dans certains départements où les partis extrêmes avaient depuis longtemps des adhérents nombreux et intransigeants. En même temps, à Zimmerwald d'abord (septembre 1915), puis à Kiental, des congrès internationaux se rassemblaient, sous couleur de rétablir l'union ouvrière et de reprendre la lutte de classes. On y maudit congrûment le capitalisme anglais, russe et français, et, sous l'inspiration d'un agitateur suisse, Robert Grimm, agent de l'Allemagne, une trinité socialiste rompit l'Union sacrée, flétrit le patriotisme et dénonça comme traîtres les camarades qui oubliaient leurs haines, ajournaient leurs rancunes et collaboraient avec les gouvernements bourgeois.

La théorie des Zimmerwaldiens et des Kientaliens était aussi simple que grossière. Elle ne résistait pas à l'examen, mais était de nature à exercer quelque impression sur des esprits peu capables de critique, émasculés par la discipline du parti, et depuis longtemps dominés par des formules creuses et des théories pseudo-scientifiques : — La guerre est le résultat fatal des rivalités des ploutocraties bourgeoises que crée le régime capitaliste; tous les belligérants sont également coupables, et il est inutile de déterminer leurs responsabilités respectives. Les révolutionnaires doivent donc refuser les crédits de guerre et réclamer la paix immédiate sans annexions ni indemnités. — La formule n'est devenue célèbre que depuis qu'elle a été adoptée par les Soviets bolcheviks, mais elle était contenue en germe dans les déclarations de Zimmerwald et de Kiental. Les congressistes, au début, admettaient encore que les dommages causés fussent réparés; mais comme ils désiraient avant tout une paix immédiate, ils allaient être amenés très vite à écarter en fait des revendications qu'ils savaient que l'Allemagne repousserait.

Tant que subsiste le régime capitaliste, affirmaient les extrémistes, la pensée de prévenir les guerres en limitant les armements et en instituant l'arbitrage obligatoire est une simple utopie. Tout effort pour affranchir les nationalités opprimées n'aboutirait qu'à créer de petits Etats dont l'indépendance serait purement apparente; les socialistes condamnent l'exploitation des nations faibles et demandent l'autonomie des diverses races sur la base économique la plus large, mais ils ne jugent pas nécessaire pour cela de modifier la carte de l'Europe, parce qu'elle correspond aux véritables intérêts des peuples. —

Dans la pratique, ces propositions extravagantes aboutiraient à condamner à une éternelle sujétion les races les moins nombreuses et elles tendraient à livrer le monde à la tyrannie des Hohenzollern. Leur triomphe arrêterait pour des dizaines d'années le progrès des idées démocratiques, dont se réclament les défaitistes. Pour le moment, l'Allemagne tirait grand avantage d'une doctrine qui, en écartant toute discussion sur les origines de la guerre, lui refaisait une virginité et frappait d'un même anathème la Serbie et l'Autriche, le roi Albert et les assassins de la Belgique.

L'attitude des socialistes allemands aurait été cependant de nature à éclairer leurs camarades de l'Entente.

En août 1914, ils avaient voté à l'unanimité les crédits de guerre ; ils n'avaient protesté ni contre la violation de la neutralité belge, ni contre les déprédations des armées allemandes, ni contre les abominables attentats par lesquels elles s'étaient déshonorées. Les rares minoritaires qui, par la suite, à l'exemple de Liebknecht ou de Haase, avaient osé s'élever contre les procédés de l'état-major général, n'étaient que des isolés dont la voix se perdait au milieu des hurlements enthousiastes que poussaient en l'honneur de Hindenburg les Scheidemann, les Lensch, les Hænisch, les Ebert ou les Südekum. — Encore au début de mars 1918, le *Vorwaerts,* l'organe officiel du parti, écartait avec un sourire de dédain l'appel que lui avaient adressé les socialistes de France ou d'Angleterre : *Soyons sérieux,* écrivait-il ; *il ne s'agit pas d'idéal, mais de réalité. Il est extraordinairement difficile pour le parti socialiste des pays victorieux de maintenir les principes de l'Internationalisme. Un négociateur allemand qui voudrait faire des concessions relativement à l'Alsace et à Posen n'aurait personne derrière lui. Ce n'est pas une question de morale, c'est une question de fait. Quant à affranchir les Slaves d'Autriche, c'est une simple plaisanterie, qui n'est même pas très drôle.* — Le *Vorwaerts* se rallie d'ailleurs sans amertume aux idées nationalistes des bourgeois qui ne découvrent aucune raison militaire de reviser la question d'Alsace : « On parle du droit des peuples. Sans doute, et c'est une idée généreuse, bien qu'elle réponde surtout à une conception vieillotte et petite bourgeoise. Et dans la réalité, que de difficultés ne soulèverait-elle pas ! Vous affirmez que les Alsaciens-Lorrains veulent revenir à leur ancienne patrie. Encore faudrait-il le démontrer. Par quel moyen? — Un plébiscite ? — La France victorieuse n'en ferait qu'une parodie. Et puis, la volonté même d'une fraction d'un peuple ne saurait supprimer le passé et prévaloir contre les droits de la majorité de la nation. Ethnographiquement, ces populations appartiennent à l'Allemagne. D'après la conception démocratique que vous poussez à des conséquences abusives, elles peuvent réclamer la liberté à l'intérieur de l'Allemagne, non se séparer d'elle. C'est une manie des Français — et combien regrettable ! — de s'attacher à des principes généraux qu'ils appliquent aux espèces les plus diverses. Avec l'esprit de système, on ne résout aucun conflit. Foin des théories! Assez d'abstractions. Serrons de près la réalité; tenons-nous-en aux faits et cherchons *les bases d'un accord pratique qui réponde aux conditions actuelles.* »

En d'autres termes, la carte de guerre. — Je vous ai volé votre porte-monnaie; vous êtes malvenu à me le réclamer, puisque je le possède. — Le socialiste G. Bernhard était bien sûr de ne pas être démenti par ses amis quand il écrivait que la Sozialdemokratie saurait se faire une raison et accepterait les conditions que fixeraient les généraux : « Les exigences qui, après mûre réflexion, seront reconnues nécessaires par les chefs de notre armée et de notre flotte, nous ne les regarderons pas comme des annexions auxquelles on doit s'opposer en principe. Rien n'est plus éloigné de notre pensée que

l'esprit de conquête. » Mais quoi! la vie est dure, il faut
bien se défendre, et quel meilleur moyen de prévenir la
guerre future que d'assurer à l'Allemagne une force
telle que personne ne soit tenté de l'attaquer!

En quoi les socialistes d'outre-Rhin se séparent-ils
des militaristes et des féodaux? En dehors d'un ver-
biage métaphysique dont l'hypocrisie papelarde rend
leurs convoitises plus répugnantes, bien fin qui marquera la différence. Comme fiche de consolation ils offrent à leurs camarades de France la perspective d'une
rénovation intégrale du monde. — La Prusse se transformera. — Quand? — Comment? — En vertu de quel
miracle? — Ils ne l'indiquent pas. Ils s'étonnent seulement du scepticisme qu'ils rencontrent, et qu'ils attribuent à notre lamentable pauvreté d'esprit. Les Wel-
sches, pensent-ils, ont l'esprit naturellement épais, et ils
ne sortent pas vite de la gangue de leurs traditions
surannées. Karl Marx le savait bien, qui parlait des Français « ignorants, vaniteux, prétentieux, bavards, gonflés
d'emphase, et des ouvriers parisiens qui, sans s'en douter,
appartiennent très fort à la vieille ordure ». Ces *crapauds
ont besoin d'être rossés périodiquement.* Que devien-
draient-ils s'ils n'étaient dominés par la Germanie et ses
docteurs? Ils se sont frottés à ses philosophes, sans saisir le sens de leurs principes essentiels? Qu'est-ce que
le matérialisme historique, sinon une exhortation à s'a-
dapter à la fatalité de l'évolution contre laquelle ne sauraient s'élever sans folie les résistances individuelles?
Hegel, le maître de Karl Marx, n'a-t-il pas enseigné
que la Raison éternelle s'incarne dans le fait accompli?
Si les Français avaient une ombre de sens commun, ils
rougiraient de s'opposer à la victoire de l'Allemagne,
puisqu'elle est inévitable. Il n'y a de droit que le fait, il
n'y a de loi que le succès. — Je n'exagère rien, et il suffit
pour s'en convaincre de parcourir la revue hebdoma-
daire sociale *la Cloche,* un des organes du parti social-

démocrate; la lecture en est édifiante, et les journaux pangermanistes n'ont guère d'accents plus pathétiques pour célébrer les exploits de l'armée et nous vanter les joies sereines de l'incomparable avenir qu'ils ouvrent à l'humanité.

M. Paul Lensch a résumé les idées de son parti dans un petit volume, *Drei Jahre der Weltrevolution*, qui mériterait d'être traduit, pour l'instruction des relaps qui persistent encore à nous parler des bonnes intentions des démocrates d'outre-Rhin.

« *La guerre, écrit M. Lensch, a formé au centre de l'Europe un groupe de 130 millions d'hommes contre lequel toute guerre à l'avenir sera impossible. Le vieux système de l'équilibre des forces s'est définitivement écroulé. Les petits peuples voisins ne résisteront pas à l'attraction du bloc austro-germanique, et l'Europe centrale, soutenue par le génie organisateur de l'Allemagne, nourrie par la force économique de l'Allemagne, imprégnée par la science de l'Allemagne, exercera sur le monde une influence irrésistible. La Russie ne se relèvera pas de sitôt; quant à la France, comme puissance mondiale, elle est condamnée à disparaître dans l'abîme de l'insignifiance. ... Les socialistes allemands eurent tort, en 1871, de protester contre l'annexion de l'Alsace-Lorraine ; sans cette annexion, il est vraisemblable que l'Allemagne n'eût pas été en état de maintenir son front actuel. Aujourd'hui, recouvrât-elle l'Alsace et créât-on même un Etat tampon sur le Rhin, la France n'éviterait pas son destin... Représentez-vous une Allemagne unie à l'Autriche-Hongrie par une alliance étroite et permanente, et dégagée sur ses frontières de toute pression à l'est et à l'ouest; ce serait un Empire romain moderne de nation germanique. En face de cet Empire, que pèseraient les autres peuples? Ils n'auraient qu'à s'incliner et à courber la tête devant notre domination. Cette domination, le bien de l'humanité l'exige*

*et la justice la commande. Nous y sommes prédestinés par
notre génie et notre force économique, intellectuelle et morale. Nous ne pourrions renoncer à cette prépondérance
qu'en trahissant notre mission et en compromettant nos
intérêts vitaux. Nous serions bientôt acculés en effet à une
situation extrêmement dangereuse. La division du travail,
qui est une des lois de la civilisation et une des conditions
du progrès, nous fait dépendants du reste de l'univers.
Or, l'Angleterre et l'Amérique refuseraient de nous vendre ou ne nous vendraient qu'à des conditions onéreuses les
matières premières dont notre industrie et notre agriculture
ne sauraient se passer. Notre agriculture, en particulier,
devait en grande partie sa prospérité aux importations
étrangères : pour ne citer qu'un exemple, la production
laitière a baissé presque de moitié, faute des tourteaux
que nous recevions des régions tropicales. L'Allemagne
est donc obligée, si elle ne veut pas périr, de mettre l'Angleterre hors de combat.*

*On nous accuse d'égoïsme. — Calomnie ridicule. — On
flétrit notre esprit de conquête. — Oui, nous voulons nous
étendre, mais parce que nos conquêtes sont la condition
du progrès général. Notre triomphe profitera au monde
entier, et avant tout à la démocratie, parce qu'il marquera
en même temps la victoire du socialisme. L'organisation
de l'Afrique, par exemple, ne saurait être effectuée que par
le socialisme d'État, et le capitalisme, qui a commencé la
guerre pour affermir son autorité, la terminera comme
prisonnier du socialisme. Si l'Allemagne a résisté trois
ans à la redoutable coalition qui l'encerclait, elle ne le doit
qu'à son organisation économique relativement plus avancée et qui la prépare à l'évolution socialiste. La conception individualiste de l'État est condamnée; elle disparaî-
tra par la défaite de la France et de l'Angleterre où elle
est née et où elle continue à exercer sur les esprits une
influence néfaste. Nos adversaires, quand ils sont sincères, sont aveugles : ils se laissent tromper par la façade*

*politique, qui n'a en réalité qu'une importance secondaire.
En Allemagne, le pouvoir n'a jamais été, comme en Angleterre, au service d'une classe : il s'est toujours maintenu au-dessus des intérêts particuliers pour servir l'intérêt public. La mission historique de l'Allemagne est de
réaliser pour la première fois dans l'histoire l'entente entre l'Etat et le peuple. La conception individualiste rétro-
grade des puissances occidentales ne peut pas être l'idéal
de l'Allemagne... La défaite de l'Entente ne sera pas la
défaite de la démocratie, mais celle de la réaction mondiale représentée par l'Angleterre... Combien misérable
apparaît la révolution française en face de la révolution
universelle qu'accomplit l'Allemagne! Pour retrouver l'é-
quivalent de la ruine de la puissance anglaise par l'Allemagne, il faut remonter jusqu'à la ruine de l'empire
romain par les Teutons. Une ère nouvelle s'ouvre pour
l'humanité. »*

En présence de semblables fariboles, les bras vous
tombent, et on est vraiment désarmé. Contradictions
palpables, invraisemblances criardes, défi au sens
commun, est-il possible qu'un cerveau sain accouche
d'aussi déconcertantes inepties! — Et cependant, on
ferait injure à Lensch et à ses émules, je crois, si on ne
voyait en eux que les complices volontaires de Guillaume II. Ils n'en sont que plus dangereux, parce qu'il
y a dans leur cas une certaine dose de sincérité. Ce
sont des esprits gauchis, déjetés, dont la déformation
s'explique par le milieu où ils ont vécu. Sous la pression continue des traditions bismarckiennes qui, depuis
un demi-siècle, règnent en Allemagne, les tendances
fondamentales de la race se sont exagérées en anoma-
lies pathologiques. Les hommes qui se croient le plus
affranchis n'ont pas échappé à l'empreinte du maître.
Comme lui, ils adorent dans la force matérielle le Dieu
omnipotent qui gouverne le monde ; ils parent seule-

ment sa doctrine de fanfreluches à la mode du jour et
ils lui ajoutent un vernis de mysticisme dont le robuste
bon sens du fondateur de l'Empire s'est toujours soigneusement gardé. Par là, ils poussent jusqu'à l'absurde
la doctrine du Chancelier de fer, et ils rendent inévitable la ruine de son œuvre.

En attendant, ils sont les instruments de l'Empereur
et des généraux. Quand il leur arrive par moments de
rougir de la livrée qu'ils ont endossée, ils se justifient
auprès des autres et pallient à leurs propres yeux leur
déchéance en affirmant qu'ils n'oublient pas leurs principes et que la victoire leur permettra de les réaliser.
« Ne nous arrêtons pas, écrit le *Vorwaerts,* à la façade
honteuse de l'autocratie prussienne. Elle cache mal le
style nettement démocratique de l'architecture intérieure de l'Allemagne. Tout ce qu'il faut, c'est abattre
cette façade aussi rapidement et aussi complètement que
possible. » — En réalité, ce n'est pas la façade seulement qu'il est nécessaire de démolir, mais l'Allemagne
entière qu'il s'agit de transformer, et la besogne n'est
pas mince. — En admettant même les prémisses du
Vorwaerts, il tombe sous le sens que cette guerre, bien
loin de préparer la chute de l'autocratie prussienne, l'a
si solidement étayée que, s'il ne succombe pas à la poussée du dehors, le despotisme des Hollenzollern est en
mesure de supporter au dedans les plus rudes secousses
sans en être le moins du monde ébranlé.

La guerre a accru dans des proportions énormes la
puissance de l'aristocratie foncière et des grands industriels; elle a ployé à la discipline les fronts les plus rebelles, elle a disloqué les organisations socialistes et
énervé pour longtemps leur résistance. Ces terribles
briseurs de trônes, où sont leurs troupes et quel est leur
courage? — Ces farouches révolutionnaires, qui ne veulent pas laisser debout une pierre de l'ancien monde,
quelle preuve d'énergie ont-ils jamais donnée? — Ces

fiers à bras se cachent dans un trou de souris dès que Guillaume aiguise ses moustaches.

Pour apprécier à leur juste mesure leur vaillance et leur rôle, rappelons-nous les événements qui se sont déroulés au Reichstag et plus encore à la diète prussienne depuis 1917 et qui ont démontré jusqu'à l'évidence la fragilité des espoirs qu'affectait le *Vorwaerts*. Jamais le Parlement n'a été moins écouté; les conservateurs du Landtag ont écarté par la question préalable le projet de réforme — pourtant ridiculement modeste — que le gouvernement lui avait présenté; plus que jamais, il n'y a qu'un roi en Prusse, et ce n'est pas Scheidemann, mais Hindenburg.

Il est extraordinaire d'ailleurs que les socialistes ne se rendent pas compte de certaines vérités élémentaires. La conquête est inséparable du despotisme, puisqu'elle ne peut se soutenir que par la violence. Tout le monde comprend que même la victoire complète de l'Allemagne ne supprimerait pas du coup les résistances populaires dans les territoires conquis; pour les mater et contraindre les vaincus à l'obéissance, il lui faudrait entretenir une armée considérable et établir un régime de dictature dans les provinces occupées; admirables conditions pour inaugurer un régime de liberté à l'intérieur! Les socialistes n'ont-ils pas expérimenté depuis un demi-siècle les conséquences qu'a entraînées dans la politique de l'Empire l'oppression de la Pologne, du Sleswig et de l'Alsace? — On ne fait pas au militarisme sa part. Il y a une évidente contradiction à vouloir que von Reuter soit proconsul à Saverne et simple citoyen à Berlin. Le système que préconise Lensch n'a rien de nouveau, c'est celui de Napoléon. Encore Napoléon apportait-il avec lui le legs de la Révolution : la liberté de conscience, l'égalité des personnes et l'émancipation du sol. Qu'apporterait au monde l'hégémonie germanique? — La domination d'une caste égoïste et bornée, la sup-

pression de toute liberté intellectuelle et morale, l'omnipotence d'une bureaucratie hargneuse et tracassière.
Belle perspective et singulièrement alléchante pour sé-
duire les fils de l'Angleterre de la Grande Charte et du
bill des droits, ou de la France de 1789!

Par quel aveuglement insensé les Raffin-Dugens,
les Brizon, les Blanc, les Mayéras et *tutti quanti* n'ont-
ils pas vu du premier coup d'œil que les propositions
de l'Allemagne tendaient à réduire leurs compatriotes
à un irréparable avilissement? — Ils se piquent de réalisme; par quelle aberration n'ont-ils pas aussitôt calculé que la formule que leur présentaient les plus généreux de leurs adversaires : la paix sans annexions ni
indemnités, condamnerait les ouvriers de l'Entente à
une longue et lourde misère! — Comment! — Nous avons
été traîtreusement assaillis, sans cause, sans prétexte!
Nos départements les plus riches ont été transformés
en déserts; nos stocks de matières premières ont été
enlevés; nos machines, déménagées ou détruites. —
N'en parlons plus; passons l'éponge. — En présence
d'aussi infâmes propositions, la raison s'indigne et le
cœur se révolte. — Malheureusement, l'expérience démontre que les raisonnements les plus absurdes ne sont
pas toujours sans effet, que les causes les plus ineptes
recrutent des défenseurs et que, quand on les répète
avec obstination, les arguments les plus stupides finissent par faire impression sur les cerveaux faibles.

A la suite d'une propagande sourde, adroite, continue, les idées kientaliennes s'insinuèrent çà et là dans
les esprits et, comme on négligea de les combattre, elles
infectèrent quelques adeptes. Peu nombreux, ils étaient
fort arrogants, traitaient de haut les vieux chefs du parti,
se donnaient comme les représentants authentiques de
l'Evangile marxiste et trouvaient de tumultueuses sympathies parmi les adolescents qui, leurs aînés dans les
tranchées, donnaient le ton dans les réunions. Parmi

ces extrémistes, la société était assez mêlée. A côté de
très braves gens qui ne supportaient pas la vision des
hécatombes quotidiennes, quelques poltrons qui avaient
peu de goût pour la bataille, et pas mal d'agents étrangers grassement payés et groupés autour de quelques
journaux, le *Bonnet Rouge,* la *Tranchée républicaine,* etc.
Il était visible pour tout le monde — sauf malheureusement pour les ministres — que l'enthousiasme unanime
de 1914 faiblissait et que certains éléments se déta-
chaient de l'Union sacrée.

L'Allemagne qui, dès l'origine, avait préparé et dirigé
la manœuvre défaitiste, la subventionnait largement.
Elle fut servie dans son jeu par l'échec relatif de notre
offensive au printemps de 1917 ; les espoirs excessifs
que l'on avait imprudemment encouragés furent déçus,
et, pendant quelques jours, une vague de pessimisme
ébranla l'armée et le pays. En même temps, les fractions
les plus radicales subissaient la contagion de la révolution russe : convaincues de la chute imminente de la
société capitaliste, elles étaient prêtes, pour la précipiter, à contracter les alliances les plus scabreuses et
les moins reluisantes, sans se préoccuper de savoir où
elles les conduiraient.

Pour le moment, c'était à Stockholm que Grimm,
Parvus, Troelstra et les sinistres gouapes déguisées par
Bethmann-Hollweg en gardes-rouges, comptaient mener
les innocents et les illuminés qui se laisseraient prendre à
leurs invites. On les sermonnerait, on les cuisinerait, on
réduirait par des promesses fallacieuses ou d'agréables
avances les dernières résistances de ces consciences
déliquescentes ; on flatterait leur vanité, on exciterait
leurs convoitises et leurs haines, jusqu'au moment où on
les aurait si bien compromis que tout retour en arrière
leur serait fermé. Quand on les tiendrait à merci, on
se servirait d'eux pour peser sur les gouvernements et
pour obtenir l'ouverture de négociations officielles.

*
* *

La lecture des communiqués a appris aux moins clercs en stratégie que la tactique préférée de l'état-major allemand est la manœuvre sur les ailes. En même temps que l'Empereur lançait sur l'extrême gauche sa brigade socialiste, il mobilisait pour l'assaut de la droite catholique ses légions pontificales. — Il n'y a pas à dire, l'affaire était bien combinée. Pour comprendre le sens et l'importance de l'offensive germanique, il faut en voir l'ensemble et la saisir dans son multiple développement. Ainsi seulement on en apprécie la savante ordonnance, — et aussi on en mesure le danger. Le service de la propagande est admirablement conduit en Allemagne, et il est un de ceux qui ont donné les meilleurs résultats. Pour le moment, en France, en Angleterre et en Italie, la campagne socialiste était bien lancée : conférences, grèves, agitations dans l'armée, toute la lyre; l'argent ne manquait pas, ni les complicités. Il n'y avait plus qu'à laisser mûrir le fruit.

Il était essentiel que l'œuvre du défaitisme ne fût pas paralysée par la vigilance des patriotes qui représentaient l'immense majorité de la nation et qui eussent vite fait de ramener au drapeau les quelques ouvriers qui se laissaient prendre aux pipées des charlatans et des espions. Les Allemands se demandèrent s'il n'y aurait pas moyen de jeter un certain désarroi parmi les groupes qui avaient jusque-là apporté à la défense de la patrie le plus de dévouement.

Après Scheidemann, Benoît XV. Certains rapprochements sont pénibles et peu flatteurs. Tant pis pour qui s'y expose.

M. Alfred Loisy — dans sa brochure : *Guerre et Religion,* assez courte, mais qui vaut plus d'un gros

volume — a parfaitement montré que, dans son sens
étroit et primitif, le Christianisme, précisément parce
qu'il offre aux victimes de l'iniquité la revanche de
l'éternité, passe assez facilement condamnation sur les
injustices terrestres. L'Eglise ne s'est jamais échauf-
fée pour le droit particulier des divers peuples, puisqu'elle ne connaît en eux que des frères en Jésus-Christ.
A son origine, le Christianisme est fondé « sur l'idée
transcendante et invérifiable d'une économie du salut
éternel instituée par le Maître de l'univers pour ceux
qu'il a bien voulu y appeler; par la suite, il est devenu
la religion de l'Empire romain, dont il conserve les
traditions à travers les âges. Sous une forme ou sous
l'autre, il est anational ». — On comprend bien que je
parle du Christianisme et de l'Eglise en soi, non des
Chrétiens. Je crois me rappeler qu'il y a eu dans l'histoire un certain Richelieu, qui fut cardinal, pas toujours
peut-être très bon prêtre, mais chrétien fervent et catholique convaincu, et qui a rendu quelques services à
la France. Nous avons tous dans la mémoire le souvenir de ces centaines d'ecclésiastiques qui sont tombés,
héroïques, pour la patrie. J'admire leur courage, je me
prosterne devant leur dévouement, d'un cœur d'autant
plus sincère et fervent qu'il y eut dans leur sacrifice
un soupçon d'inconséquence.

Les Allemands, qui ont poussé fort loin l'étude des
religions et qui y ont obtenu quelques-uns de leurs
plus durables succès, n'avaient pas pu ne pas s'apercevoir de cette antinomie; ou, si l'on veut, en sondant
le mur de notre défense, ils avaient cru découvrir un
point de fissure, où la brèche serait peut-être plus facile.
— Oh! ils ne s'exagéraient pas leurs chances de succès
chez nous, et ils étaient convaincus d'avance que les
catholiques de France ne se laisseraient guère entamer.
On leur avait bien dit que, dans certaines provinces, quelques zélotes insistaient plus que de raison sur l'into-

lérance des républicains et sur l'impiété maçonnique
qui avait attiré sur nous la colère céleste. Ils attachaient
à ces manifestations indiscrètes d'un piétisme peu clair-
voyant l'importance qu'elle méritait et qui était nulle.
Ils ont l'habitude cependant — fort louable — de ne
rien négliger qui peut leur servir; peut-être rencon-
treraient-ils parmi ces intransigeants isolés quelques
enfants perdus dont le courage vacillant et la conscience
troublée ne résisteraient pas à un appel tombé du haut
de la chaire romaine, si le Pape se prononçait contre
la prolongation de la guerre. En Italie, les catholiques
ne s'étaient pas tous ralliés autour du gonvernement.
En Irlande, en Espagne, en Hollande, dans certaines
républiques de l'Amérique du Sud, une intervention
pontificale pouvait donner des résultats appréciables.
Guillaume II fit avancer le *Centre*.

Depuis longtemps, le Centre, qui, à l'origine, avec les
Reichensperger, les Windthorst et les Ketteler, avait
été un parti de haute tenue morale, n'était plns qu'un
cloaque de marchandages et d'intrigues. Composé d'éléments hétérogènes que liait assez mal l'étiquette con-
fessionnelle, il louvoyait en cherchant le vent, et son
opposition intermittente et calculée était prête à toutes
les capitulations, pour peu qu'on lui en offrît un prix
avantageux. La force numérique dont il disposait dans
le Reichstag lui permettait d'obtenir des conditions
favorables; il n'avait garde d'abuser de ses avantages,
parce qu'il tenait par-dessus tout à ne pas s'aliéner les
sympathies de l'Empereur. Quand, en 1906, Bülow, dans
un accès de mauvaise humeur, l'avait exclu de la majorité, la fidélité de ses électeurs lui avait fourni l'occasion
de prouver sa solidité; il avait triomphé modestement,
en indiquant qu'il ne gardait pas rancune au gouvernement et lui rendrait son concours, dès que le ministre se
départirait de ses injustes rigueurs et lui reconnaîtrait
sa part légitime d'influence. En dehors des nationaux-

libéraux qui, au milieu de leurs palinodies, s'ankylo-
saient dans un anticléricalisme *homaisien* et qu'il
dédaignait parce qu'il jugeait à leur juste mérite leur
autorité et leur valeur morale, le Centre, malgré les
passes d'armes de tribune qui avaient surtout pour
objet de donner le change aux spectateurs mal avertis,
entretenait des relations amicales avec les partis les
plus opposés. Il faisait le jeu des agrariens et des conservateurs sans rompre avec les socialistes, ondoyant
et flexible, adroit à trouver les formules vagues qui
dissimulent les conflits d'idées; parfumé d'humilité et
confit en douceur, de l'ombre où il se reléguait volontairement, il exerçait sur la marche des affaires une
influence qui, pour être souterraine, n'en était pas moins
souvent prépondérante. Il avait l'oreille du monarque
et la confiance des généraux, qui lui savaient gré de
l'appui discret et décisif qu'il leur avait prêté lors du
vote des lois militaires de 1911, 1912 et 1913.

A la déclaration de guerre, le Centre, sans hésitation ni réserve, avait approuvé la politique de Bethmann-
Hollweg, et ni l'invasion de la Belgique, ni les abominables persécutions dont le clergé belge avait été
victime, n'avaient provoqué parmi ses membres l'ombre d'une protestation. Ses journaux avaient accueilli
avec une rare inconscience les fables absurdes par lesquelles l'état-major allemand cherchait à excuser ses
massacres. Dans le *Tag,* qui n'était pas un des plus
violents, ses chefs, Bachem, le professeur Martin Spahn,
— un des signataires du manifeste des 93, — Brausewetter, etc., brûlaient à l'Allemagne un encens sacrilège. —
Je te salue, Allemagne, sauveur du monde, écrivait Rein-
hold Stein (7 avril 1915), et Brausewetter parlait du
*Sauveur qui est Allemand; dans le Christ, tout est pure-
ment allemand (urdeutsch). L'Univers ne peut être guéri
que par la substance allemande; il ne peut aussi trouver appui et force que dans un Sauveur allemand.* Bien

entendu, pas plus dans le domaine moral que sur le terrain économique, l'Allemagne ne saurait tolérer aucune concurrence. *Malheur aux cœurs partagés qui voudraient épargner la France catholique... C'est la gloire des peuples et des Etats qu'ils ne peuvent accomplir leur destin sans se heurter à de sanglantes résistances: leur devoir est de les écraser sans pitié : il faut jeter la France à terre si bien qu'elle cesse une fois pour toutes d'entretenir des visées quelconques sur l'Europe centrale.*

Dans le chœur de ces Macchabées, où Jésus de Nazareth aurait sans doute quelque peine à reconnaître ses disciples, la voix d'Erzberger perçait de temps en temps par des éclats tonitruants. L'abbé Wetterlé nous a tracé un tableau saisissant de ce « gros garçon trapu, large d'épaules et joufflu », qui ne serait pas un mauvais symbole de l'Allemagne contemporaine. Sorti d'un milieu assez humble, son instruction est courte et son ambition extrême; il n'est venu au Centre, après avoir traversé rapidement des partis assez divers, que parce qu'il a cru y voir le meilleur moyen de satisfaire sa passion de commandement. En 1906, il avait été un des plus fougueux adversaires de Bülow, mais depuis longtemps il avait fait pénitence, et il n'avait rien ménagé pour s'assurer les bonnes grâces de l'Empereur. En août 1913, il donnait sa parole d'honneur, *en faisant de sa véracité comme catholique un cas de conscience,* que, dans les communications les plus secrètes du Parlement, il n'avait jamais été question d'envahir la Belgique ou de menacer, si peu que ce fût, son indépendance et l'intégrité de son territoire. « *Ni le gouvernement allemand ni les autorités militaires à aucun degré n'ont jamais fait entrer dans leurs plans une infraction quelconque aux devoirs que les traités imposent à l'Allemagne... La Belgique peut toujours compter sur les sympathies fidèles des catholiques allemands; elle peut toujours compter sur le*

*parti du Centre du Reichstag, qui travaille à faire res-
pecter les engagements internationaux.* »

Ces paroles sont bien connues ; elles ont été repro-
duites cent fois, et je les ai citées moi-même déjà. On ne
saurait trop les répéter, et leur saveur est de celles dont
on ne se lasse pas.

On ne dira jamais assez à quel point le mensonge est
devenu une habitude, un besoin, une manière d'être
pour les Allemands. C'est un point sur lequel il faut sans
cesse revenir. J'ai horreur du pharisaïsme et je ne répète
pas la fausse prière qu'a condamnée le Christ : « Je te
remercie, mon Dieu, de n'être pas comme le reste des
hommes, qui sont voleurs, injustes et adultères. » Ad-
mettons donc de bonne grâce qu'il nous arrive comme à
tout le monde de déguiser la vérité. Encore faut-il que
nous y ayons quelque intérêt, que nous y apercevions
un avantage. Ce qui est chez nous un accident, est chez
nos voisins une diathèse. Nous sommes protégés contre
le mensonge chronique par notre légèreté, rebelle aux
préméditations lentement calculées et étrangère aux
fourberies tirées de longueur, par la raison qui nous
avertit que le menteur finit toujours par se laisser
prendre, par un certain besoin aussi de dignité et de
propreté morale. L'Allemand ment par nature, par goût,
pour rien, pour le plaisir. Il n'est défendu par rien
contre son penchant, parce qu'il n'a pas l'instinct social
qui a pour conditions le respect de son voisin et un certain degré de confiance réciproque. La culture germanique, « qui n'exige de ses apôtres aucun désintéresse-
ment » et qui n'a d'autre critérium que l'égoïsme le plus
féroce, les dispense de toute morale et les élève au-
dessus de toute pudeur. Pris en flagrant délit, la main
dans le sac, l'Allemand ne ressent aucune confusion, et
il recommence. Il n'a à aucun degré le sens de l'honneur, tel que nous l'entendons. *Die Ehre,* ce n'est pas la
volonté de ne pas déchoir à ses propres yeux, l'impossi-

bilité d'accomplir un acte qui dégrade ; c'est la domination, l'exercice de la puissance. Il vaudrait la peine, si
nous en avions le temps, d'analyser à ce point de vue le
drame qui, en 1890, a sacré Südermann auteur drama-
tique (*die Ehre*). — Le président Wilson a tiré la conclusion qu'il convient de cette idiosyncrasie : « Comment la
paix pourrait-elle être fondée... sur la parole d'honneur
que le gouvernement allemand engagerait dans la conclusion d'un traité de paix?... Nous ne pouvons pas accepter
la parole des maîtres actuels de l'Allemagne comme une
garantie de quoi que ce soit de durable... Il n'y a pas
d'homme, pas de nation, qui pourraient aujourd'hui
compter sur les traités de paix, les ententes de désarmement, les arrangements territoriaux, si ces traités
étaient passés avec le gouvernement allemand. »

Erzberger, qui, pour faire sa cour à Guillaume, avait
engagé sa conscience de catholique que la Belgique ne
courait aucun danger, acheva de mériter la faveur du
maître par son intempérance belliqueuse. — *A la guerre*,
écrivait-il en 1915, *la plus grande absence de scrupules,
si elle est unie avec quelque intelligence, représente en
fait la plus haute humanité. Avez-vous un moyen d'a-
néantir Londres? Il y a plus d'humanité à le faire qu'à
laisser un seul de nos camarades allemands perdre son
sang sur le champ de bataille ; un semblable procédé, aussi
radical, amènerait la paix plus vite.* — Hésitations,
temporisations, pitié pour les vaincus, ménagement des
faibles, autant d'impardonnables faiblesses. *Une action
décidée et sans scrupules, voilà la force, que la victoire
suit.* Pour Erzberger, un bon diplomate se reconnaît
ainsi à ce qu'il est sans pudeur et sans remords.
Avouons sans barguigner qu'il applique de son mieux
ses principes et qu'il joint l'exemple à la leçon.

Dévoré du besoin de se dépenser, hâbleur, sûr de
lui-même, indifférent aux rebuffades, il s'agitait beaucoup. On le vit sur toutes les routes, en Suisse, en Au-

triche, où Charles Ier pleura dans son gilet, à Rome, où, suivant les mœurs de la chancellerie allemande, on l'avait chargé d'aider le prince de Bülow et de le surveiller. Il obtint du Vatican la fameuse note du 15 août 1917, où le Pape exhortait les belligérants à mettre fin aux sacrifices sanglants qui désolaient l'humanité.

Ce n'est pas le lieu d'examiner ici les motifs — très divers et très complexes — qui avaient inspiré Benoît XV : espoir d'obtenir la restitution du domaine temporel du Saint-Siège ou au moins de jouer le rôle d'arbitre dans le conflit et de relever ainsi le prestige un peu défraîchi de la Papauté; haine de la Russie schismatique; aversion instinctive pour le principe des nationalités qui date de la tour de Babel, ce monument de l'orgueil humain en révolte contre Dieu; hantise des souvenirs du moyen âge, où le Souverain Pontife dictait ses lois aux peuples agenouillés et avait l'Empereur pour vicaire; vision d'une Allemagne où les catholiques, grâce à l'annexion de l'Autriche-Hongrie, disposeraient de la majorité. Pour le moment, la psychologie de Benoît XV et les mobiles qui déterminèrent son intervention nous importent peu. Ce qui nous intéresse, c'est de retrouver dans sa note la pensée de l'Allemagne, puisqu'il est évident que ce n'était pas à l'instigation de l'Entente qu'il agissait et que, sans en avoir peutêtre une conscience très précise, il était le truchement de Berlin.

La note pontificale du 15 août offre-t-elle une base quelconque de négociations? — Exige-t-elle que les victimes soient indemnisées et les coupables punis? — Demande-t-elle au moins que les peuples qui réclament leur liberté soient écoutés? — En dehors de quelques gémissements sur le malheur des temps, une seule proposition précise. Par une singulière coïncidence, il se trouve que, sous des termes volontairement ambigus, elle correspond clairement aux intentions de l'Allemagne. La Belgique sera évacuée, et on lui garantira son indépendance politique, militaire et économique *vis-à-vis de n'importe quelle puissance.* — Promesse dérisoire et offense sanglante à la France et à l'Angleterre, qui sont ainsi mises sur le même pied que l'Allemagne. Benoît XV, sans peut-être démêler nettement les arrière-pensées de ses instigateurs, ouvre la porte à leurs revendications, puisqu'il leur fournit un prétexte d'exiger des garanties qui leur permettront de maintenir d'une manière ou d'une autre leur domination à l'ouest en même temps qu'ils poursuivront leur marche triomphale vers l'orient.

La réponse du chancelier à Mgr Gasparri (19 sept. 1917) ne laissa d'ailleurs aucun doute sur ses intentions : *Vous désirez une paix durable ! Admirable pensée, et combien elle répond aux sentiments de mon glorieux Souverain ! Depuis son avènement, quelle ambition a-t-il eue, sinon de mériter le titre d'Empereur de la paix ? Il ne s'est jamais préoccupé que de coopérer au progrès de l'humanité « par le libre jeu et la lutte pacifique des forces ». Hélas ! son œuvre a été interrompue par un abominable complot. Il est toujours prêt à la reprendre. Comme le Pape, son vœu le plus ardent est de voir « la force des armes remplacée par la puissance du droit ». Le Pape pense qu'on se rapprochera du but en limitant les armements et en établissant l'arbitrage obligatoire.* — *Peut-être.* — *Dans tous les cas, le gouvernement impérial appuiera toute proposition dans ce sens,* SI ELLE EST COMPATIBLE AVEC LES INTÉRÊTS VITAUX DE L'EMPIRE ET DU PEUPLE ALLEMAND. — C'est avec une clause semblable que l'Allemagne avait deux fois déjà fait échouer les conférences de la Haye. — Vous reconnaissez la compétence de ce tribunal ? — Parfaitement, toutes les fois qu'il me donnera raison.

Sa Sainteté, continue le chancelier, verse des larmes sur les souffrances de la Pologne. Avec quelle sincérité nous partageons sa tristesse! Malheureux pays, si terriblement maltraité par les fonctionnaires et les généraux russes! Mais, qu'il ne désespère pas. Nous ne l'abandonnerons plus, nous ne laisserons à personne d'autre le soin de l'organiser. — Mais Posen et la Galicie? — Benoît XV a dans son entourage des prélats qui, comme le général des Jésuites, Mgr Ledochowski, n'ignorent pas l'histoire de leur peuple; ils ont rappelé au Pape que la Prusse détient des provinces qui faisaient partie de l'ancienne république; elles sont habitées par des Polonais qui n'ont abdiqué aucun de leurs titres. — Très Saint-Père, ne parlons pas de ces récriminations périmées : vous nous désobligeriez et vous vous mettriez dans un mauvais cas. Rendons à César ce qui appartient à César. Ces pays sont à nous, puisque nous les avons conquis, et ils sont extrêmement heureux sous notre domination. Ils se plaignent de nos lois d'expropriation? — Mauvaises chicanes. — Elles nous ont été imposées par le souci du bien du pays, puisque nous remplaçons des paysans slaves, paresseux, ignorants, malpropres, par des Allemands qui introduisent les méthodes d'agronomie les plus perfectionnées et qui respectent les règles de l'hygiène la plus moderne.

Et la Serbie? — Vous n'en avez pas soufflé mot, Sacré Pontife, et ce silence est une preuve de votre insondable sagesse. Qui donc oserait s'intéresser à ce guêpier de régicides, qui de plus sont Orthodoxes? — Vous avez étendu, en revanche, votre main paternelle sur la Belgique. Quel beau geste! d'autant plus qu'il ne nous gêne en rien et que vous n'avez pas poussé l'indiscrétion jusqu'à nous parler de Louvain et de Dixmude. Vous savez que nous avons été désolés des violences qu'ont subies quelques dizaines de prêtres et quelques douzaines de religieuses : c'est la loi de la guerre, et nous nous consolons en pensant qu'ils jouissent prématurément de la gloire céleste. Nous ne voudrions à aucun prix cepend.

dant être condamnés à recommencer une pareille besogne ; pour cela il faut que nous soyons sûrs que la
France et l'Angleterre ne nous y contraindront plus
en faisant de cette pitoyable nation le jouet de leurs
caprices.

Admirable chose vraiment que le *métier,* l'art des
nuances et des demi-teintes, la subtile disposition de la
lumière, l'adroit maniement des équivoques et le don de
préparer ses effets et de graduer les doses ! — Dans sa
proposition, Benoît XV livre la Belgique en la prenant
sous sa sainte protection ; dans sa réponse officielle,
l'Allemagne, pour ménager l'opinion et ne pas découvrir trop vite le Pape, se garde de préciser ses vues sur
la question belge. Seulement, pour réserver ses droits,
elle charge le nonce à Münich, Mgr Pacelli, de prévenir
Sa Sainteté qu'avant de retirer ses troupes, elle demandera qu'on lui garantisse le maintien de la division administrative qu'elle a établie entre les pays wallon et fla-
mand, et le libre développement de ses entreprises économiques dans le royaume et en particulier à Anvers.
— La note s'ébruita et fit scandale. Comme elle n'était
pas officielle, le gouvernement se hâta de la démentir
avec indignation. — Invention et calomnie, s'épleurait la
Vossische Zeitung, et elle accusait l'Entente d'avoir acheté
les journaux suisses coupables d'avoir révélé *qu'une note
verbale avait suivi la réponse de l'Allemagne à Benoît XV.*
Sa protestation était naturelle. Vérification faite, on
dut en effet constater que M. de Kühlmann s'était
rendu à Münich le 17 septembre, tandis que la lettre
du chancelier était du 25. *La note verbale n'avait donc
pas suivi la communication officielle, puisqu'elle l'avait
précédée !*

« La proposition du Pape, soupirait amèrement le
comte Hertling à la Chambre bavaroise, a trouvé jusqu'ici un accueil peu encourageant chez nos ennemis. »
Leur mauvaise volonté était vraiment décourageante.

Qu'aurait-il donc fallu pour les satisfaire? — L'Allemagne ne venait-elle pas encore de montrer, par la résolution du Reichstag, qu'elle était disposée à conclure une paix honorable; — cette fameuse paix *ehrenvoll*, dont nos cerveaux obtus ne parviennent pas à goûter la beauté?

CHAPITRE VI

LA RÉSOLUTION DU 19 JUILLET 1917

Chute de M. de Bethmann-Hollweg. — Le parti du Centre. — Erzberger. — Majorité du 19 juillet. — Le jugement du président Wilson. — Les conquêtes sans contrainte. — La politique de M. de Kühlmann. — La débâcle russe et l'interruption de l'intrigue diplomatique.

L'Allemagne, assez peu satisfaite des premiers résultats de ces manœuvres, s'était résolue à faire à ses ennemis un suprême sacrifice : elle leur offrit en cadeau expiatoire la tête de Bethmann-Hollweg. Ce n'est pas un des épisodes les moins savoureux de l'offensive pacifique de l'Allemagne, et la naïveté de ceux de nos politiques qui se plurent à y voir le prologue d'une évolution radicale à Berlin et d'une contrition sincère de nos adversaires serait touchante, si elle ne trahissait une attristante débilité de cœur et d'esprit. Comme l'Allemagne elle-même, ils mourront dans l'impénitence.

Au début de juillet, le Reichstag s'était réuni. Les députés arrivaient à Berlin dans des dispositions fort maussades. La guerre se prolongeait, très dure, et les mauvaises nouvelles se succédaient. Les journaux, tout en célébrant les succès étourdissants des armées impériales, avouaient que la paix était nécessaire : *Ce qui importe en réalité,* écrivait la *Vossische Zeitung, c'est d'amener les hommes d'État de l'Entente dans la salle du congrès et d'établir les conditions dans lesquelles les négociations pourront s'ouvrir. — Il fallait,* suivant la *Germania,* le journal officiel du Centre, *à la fois fortifier les velléités pacifiques qui se manifestaient un peu partout et relever le moral à l'intérieur, en démontrant au pays que, si la guerre se poursuivait, la faute n'en était pas à ses chefs.*

Erzberger fut choisi pour cette mission. Le 6 juillet, devant la commission plénière du Reichstag, il se rua à l'assaut, et, d'une main vigoureuse, secoua Bethmann-Hollweg et von Capelle, qui avait remplacé Tirpitz au ministère de la marine : — On nous a trompés. On nous avait promis que la guerre sous-marine à outrance réduirait l'Angleterre à merci au bout de quelques mois. Que nous a-t-elle rapporté? La rupture avec les Etats-Unis. Magnifique succès en vérité et dont nous avons lieu de nous féliciter! Sans doute les pertes des Alliés sont sérieuses. Mais, en somme, elles ont eu pour principal effet d'activer leurs constructions navales et de rendre leur défense plus vigilante et énergique. Le nombre des sous-marins détruits ou capturés augmente rapidement; nous reconstituons péniblement leurs équipages, et le mécontentement de la flotte se traduit par des actes d'insubordination et par de regrettables révoltes.

Ainsi mis en cause, Bethmann-Hollweg fit une belle défense, et, jusqu'à la dernière minute, se cramponna. Il voulut satisfaire à la fois les libéraux et les pangermanistes, parla d'annexions qui n'asserviraient aucun peuple, de conquêtes qui ne léseraient personne, de liberté du monde assurée par l'hégémonie de l'Allemagne. L'assemblée assistait avec une curiosité sardonique à ces exercices de haute voltige et aux contorsions de ce valseur à bout de souffle. Elle attendait le moment où il tomberait en se cassant le nez.

Il avait pas mal d'ennemis, et de ces amis tièdes, plus perfides. Les conservateurs le soupçonnaient de faiblesse et, parce qu'il n'approuvait que du bout des lèvres leurs ambitions morbides et leurs tenaces illusions, ils le ren-

daient responsable de la lenteur avec laquelle se réali-
saient leurs desseins. Les catholiques lui en voulaient
de son obstination à interdire le retour des Jésuites;
les libéraux le soutenaient sans conviction et uniquement par crainte de tomber de fièvre en chaud mal; ils
le regardaient un peu comme un renégat et se souve-
naient avec amertume de sa hautaine désinvolture en face
de leurs votes de défiance. Contre tant d'adversaires,
que vouliez-vous qu'il fît ? — Il donna sa démission.

Le Reichstag accepta une résolution qui demandait
une transformation radicale de l'Allemagne dans le sens
de la démocratie et du parlementarisme et une paix sans
annexion ni indemnités. Catholiques, progressistes et
socialistes (plus de 200 députés contre 100) avaient
confondu leurs votes pour cette magnanime motion. Les
amis que l'Allemagne a semés un peu partout gloussè-
rent de joie et s'esclaffèrent d'admiration. — La voilà
donc, s'exclamaient les journaux à sa solde, cette nation
de Vandales et de Huns que Poincaré et Lloyd George
accablent de leurs sarcasmes et de leurs insultes! Quel
peuple au monde a jamais fait preuve d'un pareil esprit
d'abnégation et de sacrifice? En dépit de vos injures, il
vous tend la main; il consent à oublier ses griefs. Il ne
réclame même pas de la Belgique la restitution des sommes qu'il a dépensées pour l'occuper. Il ne lui demande
pas de payer le déménagement des machines qu'il a sai-
sies dans ses usines et fait transporter à grands frais
sur son territoire!

Ces concessions étaient si fantastiques que l'Allemagne elle-même recula bientôt devant elles, comme épou-
vantée de sa propre générosité. Les pangermanistes
avaient paisiblement écouté les invectives d'Erzberger
et de ses amis contre le Chancelier, si même ils ne les
avaient pas applaudies, — parce qu'ils étaient enchantés
de se débarrasser de Bethmann. Que les vainqueurs de
cette journée des dupes ne se méprissent pas cepen-

dant, et qu'ils n'allassent pas se figurer que l'état-major
abandonnerait à la majorité la direction des affaires.
Hindenburg et Ludendorff, dès l'ouverture de la crise,
étaient accourus à Berlin pour surveiller les événements
et dicter leur volonté au souverain et au Parlement.

Ce serait une très grave erreur de supposer qu'un
changement constitutionnel en Allemagne modifierait
aussitôt la politique extérieure de l'Empire ; des réformes
politiques, même très profondes, ne transforment pas
du jour au lendemain les mœurs d'un peuple et son
tempérament. Les radicaux et les socialistes ne sont pas
moins infectés que leurs compatriotes du virus annexionniste, et, au même degré que les conservateurs et les
nationaux libéraux, ils sont travaillés par la frénésie de
la conquête. De très longues années passeront avant
que la foule, grandie dans l'adoration de la force et le
mépris de la justice, s'élève à une conception plus équitable et plus généreuse du monde. L'évolution des esprits est partout lente, plus lente encore celle des cœurs,
et comment attendre une rénovation rapide de l'Allemagne, traditionaliste par essence, atteinte d'une sorte
de maladie du sommeil et qui ne s'est jamais détachée
du passé que sous l'impulsion de l'étranger ?

L'avènement du parlementarisme n'aurait donc aucune importance immédiate ; l'Allemagne n'en poursui-
vrait pas moins les hostilités avec la même furieuse
énergie, et elle ne rabattrait rien de ses exigences. Il
n'est pas cependant complètement absurde d'admettre
qu'il préparerait, — pour une échéance incertaine et
lointaine, — mais enfin qu'il préparerait un changement
progressif dans l'orientation générale des âmes et qu'il
entraînerait peu à peu l'affaiblissement des passions
chauvines. Le parti militaire a pour principe qu'il faut
couper le mal dans sa racine ; il avait lâché la bride aux
députés et leur avait permis de donner libre cours à leur
méchante humeur tant qu'il y avait vu son avantage ; il

ne leur laissa pas le loisir de s'enorgueillir de leur victoire et, d'un coup sec, rappela à l'ordre ces écoliers
qui s'émancipaient. Pour les ramener à un sentiment
exact de leur situation, Hindenburg, Ludendorff et le
Kronprinz imposèrent comme chancelier à l'Empereur
et au Reichstag un fonctionnaire qui n'avait d'autre
mérite que son esprit d'obéissance.

Fait caractéristique et qui, dans de semblables circonstances, se reproduit en Allemagne avec une parfaite régularité : les Titans révoltés qui étaient partis
pour escalader l'Olympe, ne songèrent pas une minute
à se cabrer sous l'éperon. Ils étaient déjà embarrassés
de leur contenauce et honteux de leur indiscipline. Le
Kronprinz, « ce sinistre hussard à la tête de mort »,
n'eut qu'à remuer sa baguette, et toutes les grenouilles
sautèrent dans leur marécage. Si, en Allemagne, le courage des soldats n'était pas supérieur à celui des parlementaires, leurs offensives ne seraient guère effrayantes.

Le nouveau chancelier, Michaëlis, n'avait ni talent
oratoire, ni expérience diplomatique, ni tact. Pour le
guider, le doubler et le remplacer au besoin, on plaça
à côté de lui, comme secrétaire d'État aux affaires exté-
rieures, M. de Kühlmann qui passait pour un fin limier.

Né en 1873 à Constantinople, où son père, un des
principaux agents de la pénétration économique allemand en Orient, avait été directeur des chemins de fer
d'Anatolie, Kühlmann, avait grandi à l'ombre de Stam-
boul, dans le milieu le mieux fait pour déniaiser un
diplomate. Il était à Tanger en 1905, au moment de la
célèbre descente impériale; le coup de tête et le coup
de gosier de Guillaume avaient été combinés à tête
reposée entre Bülow et le jeune secrétaire; celui-ci ne
triompha pas sans peine des hésitations du Kaiser, qui,
au dernier moment, avait été saisi d'un de ses accès ordinaires de poltronnerie et ne voulait plus débarquer.
Kühlmann le convainquit à force d'éloquence et d'a-

dresse; son intervention lui fit grand honneur, et, dès
ce moment, on lui prédit les plus hautes destinées. Premier secrétaire à Londres depuis 1908, il y avait été
chargé d'étudier le pays, de se créer des relations utiles
et surtout de surveiller son chef, le prince de Lichnovsky,
que l'on jugeait trop peu aventureux; très répandu dans
les milieux les plus divers, la bourse et la poignée de
main faciles, d'une activité exubérante, confiant dans
son génie jusqu'à l'outrecuidance, il avait persuadé ses
supérieurs, qui acceptaient ses rapports comme parole
d'évangile, que l'Angleterre, empêtrée dans ses difficultés intérieures, ne se résignerait dans aucun cas à la
guerre. Malgré le cruel démenti que lui avaient infligé
les événements, il n'avait rien perdu de son autorité, et
il est vrai qu'il ne manque ni d'entregent, ni de bon sens,
ni de souplesse.

Il connaissait assez la Grande-Bretagne pour avoir la
conviction que, du moment où elle était entrée dans le
combat, elle ne renoncerait pas à la partie avant de l'a-
voir gagnée; il savait l'immensité de ses ressources, qui
n'a d'égale que la fermeté inébranlable de son courage.
Il voyait l'Allemagne mal engagée et comptait, pour
échapper à une catastrophe fatale, sur l'habileté de ses
négociateurs plus que sur des victoires qui n'aboutis-
saient à rien. « Les relations officielles, dit-il au Reichstag, sont naturellement rompues avec l'ennemi; mais le
courant de l'opinion publique se fraye sa voie à travers
les frontières, en dépit des canons et des tranchées. Nos
journaux pénètrent chez nos adversaires; nous rece-
vons les leurs et nous les lisons avec attention; l'étude
de la psychologie de nos ennemis et des tendances
variables de leur opinion est pour nous un important
devoir. Nous devons garder le contact des épées. »

Il indiquait ainsi nettement son intention de continuer le système de ses prédécesseurs qui, en prenant
soin de ne pas se découvrir, avaient cherché à ne pas

rompre complètement les rapports avec l'Entente ; tout au plus se réservait-il de modifier leur manière et espérait-il être plus heureux. Il paraissait en somme parfaitement d'accord avec la majorité du Reichstag qui venait de renouveler ses protestations pacifiques. *De même que le 4 août 1914,* disait la résolution du 19 juillet 1917, *le peuple allemand déclare qu'il n'a pris les armes que pour défendre son indépendance et l'intégrité de l'Empire.*

Il repousse toute pensée d'accroître son territoire par la contrainte et poursuit une paix à l'amiable qui aboutisse à la réconciliation durable des peuples. Une semblable paix est incompatible avec les actes de violence politique, économique et financière. Le Reichstag repousse également tous les plans qui tendraient au boycottage d'un peuple ou à des prohibitions économiques après la guerre. Seule la paix économique et la liberté des mers garantiront des relations amicales durables entre les nations.

Une minute de réflexion suffit pour se rendre compte qu'une semblable formule n'était qu' « hypocrisie, tromperie tangible, déguisement grossier de la force brutale » (Discours du président Wilson, 14 juin 1917)... « L'Allemagne, après avoir comploté secrètement de soumettre le monde, avait, pour y réussir, foulé aux pieds les traités les plus sacrés, ainsi que les habitudes et les principes les plus respectés du droit et de l'honneur international. Elle avait combiné une attaque féroce et soudaine ; sans s'arrêter devant aucune considération de droit ou de pitié, elle avait inondé un continent entier d'une marée de sang, — non seulement du sang des soldats, mais du sang des femmes innocentes, du sang des enfants, du sang de malheureux sans défense. » (Réponse des Etats-Unis au Pape, 28 août 1917. — J'emprunte la traduction des messages et des discours du président Wilson à la brochure publiée chez Berger-

Levrault, 1918, en la modifiant sur quelques points d'après le texte anglais.) — Son dessein primitif avait été déjoué. Et maintenant, après qu'elle se trouvait en face de la juste punition qui l'attendait, elle se présentait comme une innocente victime; « l'ennemie des quatre cinquièmes du genre humain » continuait à plaider non coupable; elle persistait à affirmer qu'elle était en état de légitime défense; par quoi elle signifiait qu'elle refusait de restituer le produit de ses déprédations et d'indemniser les victimes qu'elle avait honteusement dépouillées. Bien plus, elle ne renonçait pas à ses projets de domination, qu'elle masquait à peine sous des formules captieuses. En répudiant toute idée de conquête violente, elle se réservait le moyen d'arriver à ses fins par des procédés plus subtils et non moins dangereux. Dans quel pays ne trouverait-elle pas une poignée de misérables qui, pour quelques écus, demanderaient leur annexion à l'Empire? On avait vu à l'œuvre la police allemande; on savait avec quelle adresse elle et ses racoleurs recrutent leurs complices et subtilisent les votes.

Les seuls points de la résolution du Reichstag qui fussent plus précis visaient des clauses qui étaient favorables à l'Allemagne : liberté des mers, c'est-à-dire assurance qu'à l'avenir elle ne serait plus exposée au blocus qui l'affamait; — interdiction de tout boycottage économique, c'est-à-dire désarmement de l'Entente qui s'engagerait à renoncer à une de ses armes les plus efficaces. En échange, elle nous offrait quoi? — Rien. — Pas même une promesse, puisque, au moment précis où la majorité semblait vouloir esquisser un geste de conciliation, l'obscurité voulue et le vague de son vote lui laissaient le moyen de revenir en arrière dès que les circonstances le permettraient, et que, d'ailleurs, ses bonnes intentions fussent-elles sincères, elle était absolument hors d'état de les faire prévaloir, si bien que

les engagements qui lieraient les Alliés laisseraient parfaitement libres l'Empereur et les militaires, les seuls
maîtres de la politique.

La suite des événements en apporta la preuve pé-
remptoire. Les pangermanistes avaient vigoureusement
repris l'offensive. Alors que les émissions particulières
étaient pratiquement interdites, parce qu'il fallait réserver pour les emprunts officiels les ressources financières du pays, une agence de publicité, fondée par
Krupp, recevait l'autorisation de porter son capital de
250.000 marks à 5 millions; elle pourrait ainsi centra-
liser le service des annonces et tenir dès lors la presse
dans sa main; les grands métallurgistes du Rhin et de
Westphalie seraient plus que jamais les maîtres abso-
lus de l'opinion, qu'ils dirigeraient au mieux de leurs
intérêts. En même temps, le parti de la « patrie allemande » se constituait, avec la mission de combattre les
modérés. Le nouveau chancelier, Michaëlis, reprenait
les thèses les plus intransigeantes de son prédécesseur :
Si nous faisons la paix, nous devrons d'abord assurer
pour toujours à l'Empire des frontières inviolables; — nous
ne permettrons pas à nos adversaires de constituer contre
nous une alliance économique. — En d'autres termes,
une Allemagne invincible, disposant sur le continent
d'une force suffisante pour écraser dans l'œuf le moindre germe d'opposition et interdisant à ses ennemis
l'emploi de leur arme la plus efficace, le blocus. — *Ces*
buts peuvent parfaitement être atteints dans la limite de
votre résolution, telle que je la comprends. (19 juillet.) —
C'était parfaitement exact, et la majorité ne s'inscrivait
pas en faux.

Les faits d'ailleurs illustraient les paroles. Le 6 septembre, Guillaume faisait son entrée solennelle à Riga
et y lançait un discours retentissant : *Riga est libre, la*
cité fondée par le vieil esprit de la Hanse, la ville à l'his-
toire allemande, qui s'est toujours efforcée de maintenir

*son germanisme. Elle a traversé des jours cruels. L'ar-
mée allemande l'a affranchie d'une longue oppression. Ici
aussi, l'Eternel des armées a entendu nos prières.* — Le
Manuel des Germains à l'étranger de 1910, qui n'a probablement pas diminué outre mesure le nombre de ses
nationaux, nous apprend qu'en 1910 les trois provinces
baltiques : Courlande, Livonie et Esthonie, étaient habitées par 1 million 850.000 Esthes et Lettons en face de
190.000 Allemands. Les Allemands, qui ne forment qu'un
dixième de la population, sont en exécration au reste des
habitants, sur qui ils ont toujours exercé une tyrannie
insupportable. Malgré cette oppression, les Lettons et
les Esthes ont acquis quelque instruction et quelque
richesse; le sentiment national s'est éveillé chez eux,
ils se sont organisés; ils réclament leur autonomie et ne
veulent à aucun prix retomber sous la coupe des barons
germains qui, depuis des siècles, les exploitent et les
maltraitent. — D'un geste, Guillaume les renvoie à leur
géhenne : — Riga, la vieille cité de la Hanse. — Que
valent les revendications populaires, même les mieux
fondées, en présence des droits éternels de l'Allemagne
et de ses besoins ?

Le Slave est né pour obéir et non pour commander,
écrivait Tannenberg en 1911. *On expropriera les posses-
seurs actuels ; sur leurs domaines, il sera facile d'établir
260.000 colons qui, avec les Allemands indigènes, formeront
la majorité; les écoles supérieures et les universités ne seront ouvertes qu'aux enfants allemands; les autres n'y seront
admis que si leurs parents adoptent un nom allemand et
déclarent vouloir être Allemands, eux et leurs enfants;
l'enseignement sera exclusivement donné en allemand;
aucun journal letton ne sera autorisé; le service divin sera
peu à peu germanisé; au bout de trente ans, on ne pré-
chera plus en letton qu'une fois par mois, pour les vieillards;
les autorités n'emploieront que la langue allemande.*

L'Allemagne a besoin de terres, constate de même Franz Kœhler (*der Neue Dreibund,* 1915), dont l'œuvre a obtenu un très vif succès. *A notre porte, un vaste territoire nous fait signe (winkt).* — Ce territoire appartient pourtant à quelqu'un. — C'est fâcheux pour le propriétaire légitime, et nous lui présentons nos plus sincères regrets, — mais nous avons dit que nous avions besoin de ses terres. — Il serait curieux de savoir ce que pensent ces juristes simplistes de la fameuse histoire — d'ailleurs parfaitement inexacte — de Frédéric II et de son moulin.

De quoi se plaignent les Lettons? continuent nos auteurs. — L'Allemagne ne les soumet que dans leur intérêt : — en les annexant à l'Empire, nous les protégeons contre la russification (Arldt, *die Vœlker Mitteleuropas,* 1917). — Il est fâcheux seulement que les peuples que l'Allemagne se dévoue ainsi à libérer ne témoignent aucun empressement à accepter ses bienfaits. N'ayez, de grâce, aucun souci sur notre sort, disent-ils au Kaiser. Les Russes ne nous effrayent pas, et nous sommes en état de nous défendre contre eux. Quant à la tutelle que vous nous offrez, nous la repoussons absolument. — Croyez-vous, répliquent les pangermanistes, que nous nous laisserons arrêter par quelques protestations isolées? De qui partent-elles? — De quelques écrivaillons, d'une poignée d'intellectuels, de bourgeois à peine échappés du servage et qu'a enivrés leur récente fortune. — Nous savons que nous aurons contre nous les classes intellectuelles, avoue Rohrbach (*der Krieg und die Deutsche Politik,* 1915); tant pis pour elles! Elles quitteront le pays et, quand on en sera débarrassé, les paysans se fondront sans beaucoup de peine dans l'Allemagne forte et croyante. — Bienheureux les croyants, le royaume du ciel leur appartient, et pour leur faire prendre patience, ils régneront sur la terre.

Oh! France, oublieuse de ton passé! écrivait tristement Michelet. — Les Allemands savent mieux leur histoire et le moyen d'en tirer parti ; ils la dramatisent, en nourrissent leur sensibilité ; la conclusion est toujours la même : ce pays a été ravagé par nos pères, donc il nous appartient. — Quel est l'Allemand, écrit Mehrmann, à moins qu'il ne soit complètement dépourvu de toute logique et de toute prévoyance, qui n'éprouve un mouvement d'indicible libération à l'espoir de rendre à l'Empire ces antiques colonies germaniques à l'émancipation desquelles Moltke n'osait encore penser que comme à un rêve ! Le grand stratège ajournait ses ambitions, ne les abandonnait pas, et il en donnait des raisons que Mehrmann met en lumière (*das Neue Gleichgewicht der Staaten,* p. 73) : « L'occupation de la Courlande nous permet de dominer le passage entre Gotland et Oesel et nous assure une influence prépondérante sur la Baltique septentrionale, ce qui supprimera jusque dans ses origines toute tendance de la Russie à nous chercher noise. »

Nous condamnons toute conquête faite par la contrainte, disait la résolution du Reichstag, le 19 juillet. — La langue allemande est forte et obscure, et pour comprendre toute la saveur des écrivains de là-bas, les gloses sont indispensables. Notons, et ce n'est pas une remarque surperflue, que les socialistes ne résistaient pas à la contagion du chauvinisme. Le *Vorwaerts* avait des crises d'enthousiasme hystérique : « La capitale de la Baltique, l'antique fondation de la Hanse, est de nouveau allemande ; Riga est allemande ! »

Avec des partis qui tournaient au premier zéphir et qui, pour la moindre assiette de lentilles, trahissaient les principes et reniaient leurs opinions, pourquoi les militaires se seraient-ils gênés ? La coalition bizarre et paradoxale du 19 juillet s'était aussitôt disloquée. C'était une sorte de course au clocher où les insurgés d'un jour rivalisaient de loyalisme pour mériter le pardon de leur audace. Le *Berliner Tageblatt,* radical, organe de la bourgeoisie progressiste et généralement assez peu favorable aux annexions, reconnaissait sans rire que l'Allemagne ne pouvait refuser sa protection à ces populations baltes qui, au point de vue de la civilisation, avaient besoin de son aide, et que leur affranchissement lierait pour longtemps à sa fortune. Le Centre, où les casuistes sont nombreux, se plaignait qu'on se fût mépris sur ses intentions ; il était résolu à défendre sans faiblesse ni défaillance les intérêts du pays.

Quand, le 2 novembre, Michaëlis, qui, suivant l'expression pittoresque de M. de Caix, avait écœuré tout le monde par sa patauderie générale, eut été renvoyé à la lecture du prophète Osée, son ordinaire distraction, et remplacé à la chancellerie par le comte Hertling, président du ministère en Bavière et un des principaux membres de la fraction catholique, le Centre reprit avec allégresse dans la majorité la place qu'il se repentait d'avoir quittée. — En attendant que les événements le ramenassent à la surface, Erzberger, désavoué, discrédité, isolé, se faisait oublier, et, d'un accord commun, on reléguait dans l'ombre la résolution du 19 juillet. — Dès le 28 septembre, la majorité appuyait de ses applaudissements Michaëlis qui déclarait qu'*actuellement il ne pouvait pas faire connaître ses intentions.* Une fois de plus, l'Allemagne, après avoir montré un si vif désir de négocier, rengainait brusquement ses propositions, parce qu'elle espérait reprendre l'entretien dans des conditions meilleures.

La fortune des armes lui était redevenue favorable. L'armée russe, désorganisée par la propagande des bolcheviks, subissait désastre sur désastre. La Dvina forcée (21 sept.), la route de Pétrograd était ouverte. Le 24 octobre, le front italien était enfoncé sur l'Isonzo ; les Austro-Allemands ramassaient 200.000 prisonniers, 2.000 canons et arrivaient d'un bond sur la Piave, aux portes de Venise. Les vainqueurs eurent un moment d'ivresse et crurent inutile de ménager plus longtemps leurs adversaires. Ils ne méprisent pas la ruse ; elle leur a valu de réels bénéfices. Ils lui préfèrent la violence, qui répond mieux à leur tempérament.

Pendant plusieurs mois les intrigues diplomatiques du côté de l'Occident, sans cesser complètement, n'eurent plus la même activité. Les Allemands avaient reporté vers l'Est leur principal effort.

CHAPITRE VII

L'ALLEMAGNE ET LES BOLCHEVIKS

« Pas d'illusions sur l'Allemagne. » — La révolte de l'opinion
publique contre les menées pacifistes. — Le triomphe des extrémistes à Pétrograd et le traité de Brest-Litovsk. — Le déchaînement des appétits pangermanistes.

L'histoire de 1917 est si claire et si instructive que
l'on ne parvient pas à comprendre comment elle n'a pas
guéri de leurs erreurs les partisans les plus fougueux
d'une conversation avec nos ennemis. M. Maurice
Muret, qui s'applique avec autant de persévérance que
de talent à combattre le péril germanique, publiait, il
y a quelques semaines, un volume excellent et dont le
titre devrait nous rester sans cesse présent à l'esprit,
comme le premier et le plus grand commandement :
Pas d'Illusions sur l'Allemagne. M. Maurice Muret est
un esprit rassis et sage, et tous ceux qui le connaissent
savent que personne n'a l'intelligence plus ouverte et le
goût plus accueillant; dans son cas, ni étroitesse de
pensée, ni ombre de fanatisme; rompu aux méthodes
scientifiques, psychologue pénétrant et indulgent, il est
chez lui dans le monde entier, et, dans ses courses à
travers la vaste Europe, il s'est trop familiarisé avec
les mœurs étrangères pour avoir l'indignation facile. Il
connaît l'Allemagne de longue date, il a parlé de ses
écrivains avec une impartialité et une finesse qui n'ex-
cluaient pas une intelligente sympathie. Quand il nous
met en garde contre les pièges qu'elle nous tend, il mérite que nous écoutions ses avertissements. Il résume en

une phrase une expérience fort ancienne : « Pas d'illusions sur l'Allemagne. » Et il apporte des raisons aveuglantes.

« Le peuple allemand, écrivait en 1917 la *Freie Zeitung,* dans un article que cite M. Muret, ne doit pas se montrer surpris si ses ennemis ne veulent rien savoir de la paix, jusqu'au moment où cet esprit militaire, ce militarisme allemand, pour qui la guerre est en soi chose bonne et sainte, aura été détruit. » Comme il est hors de doute que nos voisins sont absolument incapables de s'émanciper eux-mêmes de ce militarisme, « les Alliés ne sauraient déposer les armes avant d'avoir abattu ce monstre avide, le militarisme germanique. »

Tout le monde malheureusement n'a pas sur nos adversaires des idées aussi justes que M. Muret et les rédacteurs de la *Freie Zeitung.* Et, de fait, en 1917 la parade allemande avait obtenu, dans des milieux assez divers, plus de faveur que ne l'eussent voulu la raison et nos intérêts. Farce socialiste, farce catholique, farce parlementaire, farce autrichienne, chacune de ces pantalonnades avait recueilli des applaudissements et rencontré des complaisances. Les peuples, dans l'ensemble, demeuraient inébranlables, et, en particulier, l'immense majorité des ouvriers condamnait les quelques meneurs qui leur prêchaient la trahison. Mais la propagande défaitiste est souple, dissimulée, tenace, insinuante. Les meneurs dosaient d'une main savante le poison qu'ils distillaient. Le virus s'infiltrait dans les âmes par des voies détournées, et quand le patient essayait de se reprendre, il n'était déjà plus libre de s'émanciper.

De là, les quelques fléchissements qui se manifestaient çà et là. La guerre est dure ; après trois ans d'épreuves, comment s'étonner de défaillances momentanées, surtout quand, pour excuser les défections, on gave les âmes de mots sonores, qu'on fait appel à des *schibboleths* depuis longtemps révérés : fraternité humaine, société des nations, liberté universelle, ou qu'on fait luire aux yeux éblouis l'image d'un monde nouveau d'où seront bannis la misère et la fatigue.

Le résultat le plus clair de cette propagande pacifiste fut de prolonger la guerre en retardant notre victoire. Elle affaiblit notre puissance militaire et contribua à paralyser notre offensive; elle prépara la débâcle de Caporetto; elle dévoya et détraqua la révolution russe, qu'elle livra aux bolcheviks.

Il n'est pas contestable que, dans cette crise décisive où se jouent l'avenir de la nation et le destin des idées démocratiques, beaucoup de socialistes français ne virent pas leur devoir. En 1914, ils s'étaient unis à la masse de la nation, et celle-ci leur avait témoigné sa reconnaissance, plus même qu'il n'était nécessaire, puisqu'ils n'avaient fait que leur devoir élémentaire. Ils parurent trop vite s'en repentir et ils adoptèrent une attitude réservée et distante; sans aller jusqu'à une opposition ouverte, ils indiquèrent avec une insistance pénible qu'ils se prêtaient à la patrie plutôt qu'ils ne se donnaient à elle. Je ne connais pas les arcanes du parti; les faits publics montrent cependant que cette politique de quant-à-soi ne triompha pas sans difficulté dans leurs rangs. Outre que les chefs les plus connus étaient en somme de très sincères patriotes, la grande majorité voyait parfaitement qu'elle ruinait son influence en affectant de s'élever au-dessus des légitimes rancunes du peuple. Ils n'osaient pas cependant se mettre nettement au travers du courant bourbeux qui entraînait quelques-uns de leurs camarades. C'est que, depuis longtemps déjà, ils avaient adopté de détestables habitudes d'hypocrisie et de dissimulation. Ils se plaisaient aux ordres du jour alambiqués et diffus qui voilent les dissidences et permettent les interprétations les plus contradictoires; trop fidèles en cela aux leçons qu'ils

avaient reçues dans les congrès allemands, ils reniaient
la tradition française, faite de loyauté et de clarté.

A Pétrograd, leurs délégués, ignorants et vaniteux,
n'osèrent par rompre ouvertement avec les bolchevistes; ils tergiversèrent, se réfugièrent dans l'équivoque,
et leur attitude irrésolue et flottante acheva de désar-
çonner les hommes qui s'opposaient aux menées défaitistes. Dans le Soviet même des ouvriers et des soldats,
la majorité ne se serait peut-être pas aussi facilement
abandonnée aux décevantes sollicitations des agents de
Berlin, si elle avait été nettement avertie qu'elle se mettait ainsi en contradiction avec les grandes démocraties
occidentales. — Ce sont des hypothèses, me dira-t-on,
et je n'en disconviens pas. — On m'accordera, du moins,
que la politique de réticences et de concessions qu'ont
adoptée les socialistes vis-à-vis des extrémistes a donné
de tels résultats qu'aucune autre n'aurait pu avoir de
pires effets.

Les succès que l'Allemagne avait retirés de sa propagande défaitiste eurent au moins pour heureuse conséquence de fouetter l'opinion, qui exigea des chefs moins
aveugles et plus fermes. En Italie, l'arrivée de M. Orlando à la tête du ministère jeta le désarroi parmi les
partisans d'une paix prématurée et annonça une nouvelle politique, à la fois sincèrement nationale et moins
décevante. Trois semaines plus tard, M. Clemenceau
prenait possession du ministère de la guerre (17 novembre 1917). A Rome comme à Paris, les nouveaux
cabinets s'étaient constitués sur un programme très
simple et très net : pas de compromis. Par là, ils se distin-
guaient des ministères précédents, qui, à tort ou à raison,
avaient donné l'impression que la victoire leur importait
moins que la paix. Il n'en fallut pas davantage pour que
le pays se ralliât autour d'eux avec un tel enthousiasme
que, dans les Parlements où s'étaient manifestées au
début quelques velléités de résistance, les défaitistes

plus ou moins avérés renoncèrent momentanément à leurs combinaisons machiavéliques et ajournèrent leurs menées. M. Orlando et M. Clemenceau montrèrent presque aussitôt qu'ils n'avaient pas peur des responsabilités, et ils n'hésitèrent pas à ordonner des poursuites contre les agitateurs et les traîtres que de coupables indulgences avaient trop longtemps soustraits à la vindicte des lois.

Ces rigueurs eurent d'autant plus de retentissement moral sur les âmes ébranlées qu'elles étaient corroborées par l'attitude de plus en plus énergique du président Wilson. Son discours au Congrès (4 décembre 1917), un des plus vigoureux et des plus solides qu'il ait prononcés, posait la question sur son véritable terrain. « Le peuple américain, disait-il, désire la paix; mais cette paix, il ne l'attend que de l'écrasement du mal et de la défaite complète des forces iniques qui rompent la paix. Les hommes qui désirent la paix au prix de n'importe quel compromis, excitent chez le peuple américain une impatience profonde et indignée. Il veut que cette chose intolérable dont les maîtres actuels de l'Allemagne nous ont montré la face hideuse; que la puissance germanique, qui s'est révélée à nous comme une menace de la force combinée avec l'intrigue; que cette entité sans conscience, sans honneur, indigne de participer à un accord pacifique, soit à jamais annihilée. Toute paix serait prématurée tant que l'autocratie n'aura pas reçu sa suprême leçon. Notre tâche actuelle et immédiate est de gagner la guerre, et rien ne nous en détournera jusqu'à ce qu'elle soit entièrement accomplie... Toutes les forces et les ressources que nous possédons, en hommes, en argent, en matières premières, y sont consacrées et y resteront consacrées jusqu'au moment où notre œuvre sera pleinement réalisée. A ceux qui désirent amener la paix avant que nous soyons venus à bout de notre dessein, je conseille d'aller

porter ailleurs leurs avis. Pour nous, ils seraient comme
non avenus. »

*
* *

Hertling n'est pas jeune, il est à peu près le contem-
porain de notre Premier, mais il porte moins bien que
M. Clemenceau ses soixante-quinze printemps. C'est
un vieux professeur, d'allures discrètes, qui n'aime ni
les gestes tumultueux ni les paroles voyantes, ingénieux
à amadouer les rebelles, expert aux marchandages; les
docteurs chez qui il fréquente lui ont enseigné l'art des
balancements et le souci des nuances; ils lui ont appris
à se glisser sans tapage, en sandales, dans les couloirs
où l'on pêche plus de votes qu'à la tribune. Il n'avait
aucune envie de se commettre avec des adversaires qui
avaient la parade rude et ne ménageaient pas leurs termes; les mésaventures de son collègue de Vienne, le comte
Czernin, qui sortit fort éclopé de son duel avec M. Clemenceau et y laissa son portefeuille, le confirmèrent
dans sa prudence. Il ne toucha pas au système de renseignements et d'amorçage qu'avait savamment organisé l'Allemagne sur le front occidental, bien convaincu
que le moment de l'utiliser reviendrait un jour ou l'autre; en attendant, il dirigea ses antennes d'un autre côté,
où, pour l'instant, les conditions étaient plus favorables
et les interlocuteurs plus traitables. Puisque l'Occident
lui échappait, il se retourna vers l'Orient. Il y obtint
de magnifiques succès.

Les événements de Brest-Litovsk et de Bucarest
sont bons à méditer et de nature à faire réfléchir les
imprudents qu'excitent les galantes promesses que la
blonde Germanie murmure à leurs oreilles et ses frô-
leuses caresses. Quand Ulysse mit en garde ses compagnons contre les enchantements de Circé, ils n'écoutèrent pas ses conseils, et mal leur en prit. Nous avons

aussi parmi nous quelques échauffés que n'a pas suffisamment instruits l'exemple de la Russie et de la Roumanie et que la·perspective d'être mués en bêtes n'effraye pas beaucoup, peut-être parce que cela ne lés
changerait pas extrêmement. Ce sont des fous que l'on a
tort de laisser vaguer librement dans les rues, à moins
que ce ne soient des traîtres qu'il convient de déférer
aux conseils de guerre. Dans les temps paisibles, bien
des fantaisies sont inoffensives et peuvent, à l'occasion,
paraître piquantes. Les jours sont trop sérieux pour que
l'excentricité et le paradoxe soient désormais de mise;
quiconque a l'esprit assez faux pour ne pas reconnaître
certaines vérités élémentaires, ou le cœur trop médiocre
pour sacrifier à la cause suprême de la patrie ses intérêts
de parti ou de classe, est un danger public et doit être
mis hors d'état de nuire. On ne conserve aucun doute
sur ce point quand on voit ce que les extrémistes ont
fait de la Russie.

*
* *

Dans les premiers jours de novembre, les Bolcheviks, après avoir renversé Kerensky, qui ne les gênait
guère, mais qui renâclait devant la dernière capitulation,
saisissaient le pouvoir et engageaient immédiatement
les pourparlers avec Berlin.

Quelques semaines plus tôt, un congrès de socialistes
allemands s'était réuni à Wurzbourg, le premier depuis
la guerre : à une immense majorité, il avait repoussé
toute paix de conciliation, il n'avait même pas admis
que l'on consultât les populations alsaciennes. Bien
entendu, il protestait en même temps de son humeur
pacifique et manifestait un très vif désir d'arriver à la
fin des hostilités. Pour cela, il proposait une recette
infaillible : combiner la pression militaire et diplomatique. Il parlait à des convertis; Hertling et Kühlmann

n'avaient guère besoin de semblables instructions; ils ne rabrouèrent pas cependant leurs officieux conseillers; il leur était agréable de recevoir d'un pareil côté des encouragements et une approbation préalable.

Quand les Bolcheviks leur proposèrent de traiter, ils manifestèrent une extrême satisfaction, et le miel déborda de leur cœur d'hommes et de chrétiens. — Comme il sera facile de nous entendre! Jusqu'ici vous avez été roulés et exploités par la France et l'Angleterre; ne craignez rien de pareil avec la loyale et pieuse Allemagne! Vous avez besoin de la paix et vous désirez arriver le plus vite possible à une conclusion. Qu'à cela ne tienne. Pour hâter la réconciliation, nous négligerons les détails et nous ne nous attacherons qu'aux lignes générales. — Excellent moyen pour se ménager des retours offensifs et excuser des exigences inattendues, quand l'adversaire a mis bas les armes. — Entre honnêtes gens, poursuivait Kühlmann, il est si simple de se mettre d'accord. Evitons les abstractions sur lesquelles les discussions peuvent durer éternellement; plaçons-nous sur le terrain des faits, — la carte de guerre! — et qu'au-dessus de nos réunions plane un esprit de miséricorde, d'humanité et d'estime réciproque. Tout sera réglé en un tour de main, et nous pourrons aussitôt reprendre les relations économiques. — L'important pour l'Allemagne était bien en effet de trouver en dehors de ses frontières les céréales, le bétail et les diverses matières premières qui lui faisaient cruellement défaut.

Les Maximalistes, qui n'avaient pas encore toute honte bue et qui n'étaient pas complètement à la merci de Lénine et de Trotsky, se donnèrent les gants de ne pas abandonner leurs alliés occidentaux. — Ils demandèrent que, pendant l'armistice, on ne procédât à aucun déplacement de troupes, c'est-à-dire que l'Allemagne n'abusât pas de la trêve qu'acceptait la Russie pour renforcer ses armées sur le front occidental. — Kühlmann, désireux de ne pas effaroucher ses interlocuteurs encore mal dressés, acquiesça à leur demande, sous une simple réserve, de pure forme, ajoutait-il, insignifiante. — Il fut entendu qu'on ne procéderait à aucun déplacement de troupes, — à moins, naturellement, que ces déplacements ne fussent en cours au moment de l'armistice. — Sous le couvert de cette clause, l'état-major préleva en Russie toutes les divisions qu'il lui plut.

Vous connaissez nos principes et notre programme, déclarèrent alors les commissaires russes : liberté des nations, droit des peuples de disposer d'eux-mêmes. — Vous devancez nos désirs, riposta Kühlmann; en réalité, ces doctrines, vous nous les avez dérobées, et elles sortent directement de Berlin. Nous avons largement prouvé notre foi par nos œuvres. N'avons-nous pas déjà affranchi les Slesvigois qu'opprimaient les Danois, les Alsaciens que maltraitait la France, et les Flamands, malheureuses victimes de la tyrannie belge? — Encore faut-il s'entendre. Les bons comptes font les bons amis, et nous ne voudrions pas qu'il se glissât entre nous la moindre équivoque : « *Les questions nationales, là où elles se présentent, doivent être réglées par chaque État individuellement avec ses peuples, par la voie constitutionnelle.* » — Admirable expédient et qui fait honneur à l'ingéniosité de Kühlmann! Les Ukrainiens, les Lituaniens, les Lettons demandent leur indépendance, allait-il dire aux Bolcheviks; vous n'avez pas le droit de vous y opposer. Ils sont sortis de l'État russe, leur sort ne vous regarde plus; si vous interveniez dans leurs affaires intérieures, vous vous mettriez en contradiction avec vos propres principes. — Mais les Alsaciens, les Danois, les Polonais, qui réclament leur émancipation, et les Tchécoslovaques, les Roumains, les Italiens, les Yougoslaves qui veulent se séparer de l'Autriche? — Ah! ceci, c'est une autre affaire; ce sont des questions intérieures que nous réglerons chez nous. — Remarquable application à la politique étrangère de la parole que l'on prête à Veuillot : « Quand vous êtes au pouvoir, vous me devez la liberté au nom de vos principes; quand j'y suis, j'ai le devoir de vous la refuser au nom des miens. »

« — D'ailleurs, continuait Kühlmann, ces populations dont vous prétendez défendre la cause, ont prouvé leur fidélité à l'Allemagne par les sacrifices qu'elles ont consentis depuis la guerre. — Singulière preuve et argumentation prodigieuse! Vous envoyez à l'armée, sans les avoir consultés, contre leur vœu le plus manifeste, des Polonais ou des Alsaciens; ils obéissent, parce que les canons et les mitrailleuses sont des raisons auxquelles on ne résiste guère; et parce que, sur les champs de bataille où vous les avez entraînés à leur corps défendant, les balles et les obus ne les épargnent pas, vous en concluez qu'ils sont dévoués à l'Allemagne! — Et les régiments tchécoslovaques ou roumains qui se sont révoltés! les déserteurs qui, par dizaines et centaines de mille, ont passé à l'ennemi! les Alsaciens qui, par bandes et en bravant les plus grands dangers, ont fui leur pays et ont franchi les tranchées pour réclamer l'honneur de servir sous le drapeau tricolore! — Quantité négligeable; faut-il s'arrêter à quelques incidents sporadiques? Il y a eu peut-être çà et là dans le passé quelques mécontentements; à l'avenir, nous tiendrons compte des légitimes désirs des nationalités, — autant du moins que nous le jugerons pratiquement réalisable et que les intérêts de l'Allemagne le permettront. Quelque bronzé que fût le gosier des commissaires russes, ils trouvèrent la pilule dure à avaler et timidement risquèrent quelques objections : « Nous avions interprété autrement vos promesses; êtes-vous bien sûrs de ne pas avoir changé? — Pour qui nous prenez-vous? nous demeurons fermes sur le rocher de nos convictions; mais vous ne voudriez pourtant pas que nous nous inspirassions uniquement des intérêts de l'Entente ! »

Les Bolcheviks se montraient mal convaincus et continuaient à faire la grimace. Les diplomates étaient au bout de leur rouleau ; ils appelèrent les soldats à la rescousse, et le général Hoffmann fit rudement sentir aux ergoteurs russes que sa patience était à bout : « La délégation de Pétrograd nous parle comme si ses soldats victorieux occupaient notre pays et étaient en mesure de nous imposer ses conditions. C'est le contraire qui est la vérité ; c'est une armée allemande qui occupe votre territoire. » (15 janvier 1918.)

Les Maximalistes essayèrent d'en appeler à l'opinion (2 janvier) : « Les conditions soumises à la conférence ont montré que toutes les promesses allemandes et autrichiennes d'une paix démocratique sont d'abominables mensonges. » Ils n'exagéraient rien ; leur tort était de ne pas avoir vu à temps la vérité. Sur qui pouvaient-ils s'appuyer désormais ? — Sur l'armée ? — Ils l'avaient détruite. — Sur les Alliés ? — Ils les avaient trahis. — Ils avaient fait confiance au socialisme allemand ? — Il les avait vendus. — Piteusement, ils signèrent la paix qu'ils flétrissaient eux-mêmes du nom de *paix imposée et déshonorante* (2 mars). — C'est grande pitié que des hommes qui jugent leur propre conduite avec une impartialité aussi perspicace, se jettent tête baissée dans tous les traquenards !

Vis-à-vis de la Russie, que désirons-nous ? disait Hertling au Reichstag : *reprendre nos anciennes relations de bon voisinage* (28 novembre 1917). — Le 18 mars 1918, il représentait encore le traité de Brest-Litovsk *comme un monument de la loyauté et de la mansuétude germaniques.* Les hommes d'Etat de l'Entente, ajoutait-il, sont d'un avis différent : peu nous en chaut ; « *il faut renoncer à trouver chez des adversaires pour qui l'hyprocrisie est devenue une seconde nature une discussion calme et des appréciations objectives... Le traité ne contient aucune condition déshonorante pour la Russie,... aucune annexion violente. Sans doute, quelques territoires qui étaient jadis rattachés à l'Empire des tsars se sont séparés de la Russie. — C'est que telle était leur volonté, et les Russes l'ont reconnu eux-mêmes.* SOUS LA PUISSANTE PROTECTION DE L'ALLEMAGNE, ILS SE DONNERONT LE RÉGIME QUI RÉPOND LE MIEUX A LEURS TENDANCES, A L'ÉTAT DE LEUR CIVILISATION, POURVU QUE LES INTÉRÊTS DE L'ALLEMAGNE SOIENT SAUVEGARDÉS. »

Les hommes d'Etat de l'Entente n'étaient pas les seuls à penser que le traité du 2 mars était peu équitable et léonin. — La presse allemande était unanime à constater la disparition de la Russie : la plupart des journaux triomphaient bruyamment; quelques autres, convaincus à juste titre que les Alliés n'accepteraient à aucun prix les exigences de l'Allemagne, regrettaient que M. de Kühlmann n'eût pas montré plus de modération; tous s'accordaient à reconnaître l'impitoyable rigueur des conditions imposées aux Maximalistes. — « *On ne saurait désormais nous accuser d'empiéter sur l'Empire russe,* disait un député du Reichstag avec une naïveté cynique : *il n'y a plus d'Empire russe. C'est le vide.* » Il en concluait que l'Allemagne serait bien niaise de ne pas prendre aussitôt possession des domaines ainsi vacants, afin de prévenir les Anglais et les Américains.

Mais la Russie, poussée à bout, ne se révolterait-elle pas ? — *Aucun danger,* répondait Rohrbach. *Le Moscovite n'a de respect que pour la force, et l'idée d'une réaction nationale est une absurdité psychologique. Le meilleur moyen de nous l'attacher est de le battre à tour de bras, afin qu'il ne conserve aucun doute sur notre supériorité.* — Guillaume, très excité, brandissait son tomahawk et barytonnait son péan des grands jours. *Nos frères, nos compatriotes baltes,* télégraphiait-il à

Hindenburg, *sont libérés du joug russe et peuvent de nouveau se sentir Allemands... Dieu est avec nous et il ne nous retirera pas son aide!* — *Nous pouvons affirmer avec autant de certitude que le comportent les jugements humains,* — écrivait-il à la Diète prussienne, — *que la germanisation des terres baltiques est assurée maintenant pour tous les temps à venir.* La voie était ouverte, l'Allemagne ne s'arrêterait pas. — Excellente en elle-même, la paix avec la Russie avait encore l'immense avantage de rendre fatale la défaite des Alliés : comment repousseraient-ils l'assaut de l'armée grossie par les innombrables divisions que libérait la défection des Bolcheviks? L'heure du triomphe était là; honte et malheur à l'ennemi sur qui allait s'abattre le poing des Germains. — En avant! préparons l'attaque suprême. — *La victoire ne doit pas nous échapper. Pas de paix douce, mais une forte paix, à l'allemande. Dieu nous l'accorde!*

Au milieu de ce hourvari, dans cette mêlée de congratulations et de hourras, personne n'écoutait les objections qu'insinuaient timidement quelques isolés; en étouffant leur voix, en s'excusant beaucoup de la liberté grande, ils demandaient si le traité de Brest-Litovsk et le vote du 19 juillet n'étaient pas quelque peu contradictoires; ils rappelaient que la majorité du Reichstag avait affirmé alors que l'Allemagne n'avait pris les armes que pour se défendre; ne froisserait-on pas l'opinion des neutres et ne compromettrait-on pas la bonne renommée de la nation si l'on oubliait que le Parlement avait fastueusement repoussé toute politique d'usurpation, surtout après le tapage qu'on avait mené autour de cette résolution? Il fallait ménager les esprits pointilleux, qui s'étonneraient de l'interprétation un peu spéciale qu'on donnait du vote de la majorité : ne fournirait-on pas des armes à la propagande ennemie?

De grâce, réfléchissez! répondait à ces timorés un des chefs des nationaux libéraux, Friedberg : *ne connaissez-*

vous pas l'adage de Bismarck : Rebus sic stantibus, *dans l'état actuel des choses? Les buts de guerre changent avec la situation politique et militaire.* — L'Empereur fut si frappé de cette preuve d'intelligence chez un député que du coup il lui fit une place dans le ministère. — *Vous ne voudriez pourtant pas,* ajoutait Czernin, *que nous donnassions une prime à l'entêtement? Si nos adversaires avaient répondu plus tôt à notre appel, on les aurait ménagés davantage. Ils ont laissé passer l'heure psychologique; tant pis pour eux !* — Erzberger qui, en juillet, se flattait, si on le laissait 30 minutes en tête-à-tête avec Balfour, d'aboutir facilement à une entente avec lui, se croyait assez sûr du succès définitif pour démasquer son jeu. — *La résolution du 19 juillet nous était dictée par les conditions du moment. Elle a eu pour résultat de donner une impulsion puissante au mouvement pacifiste qui se manifestait alors dans les rangs de nos ennemis.* — Retenons cet aveu dénué d'artifice. Chaque fois que la situation lui inspire quelque inquiétude, l'Allemagne, qui sent la fragilité de ses victoires, essaye de jeter le désarroi dans nos rangs par ses offres de négociations, avec la volonté arrêtée d'avance de nous frapper au cœur si nous abaissons notre épée. Quand le danger lui semble écarté, elle retrouve son naturel et reprend ses allures les plus insolentes.

Le 31 mai 1917, Charles Ier, dans son discours du trône, tendait la main à la Russie, « ce grand peuple auquel nous unit une vieille amitié et qui comprend plus clairement chaque jour ce qui est véritablement son objet et sa tâche ». *Qui bene amat, bene castigat.* Les empires centraux prouvaient leur amitié à la Russie en la dépouillant, en la morcelant, en la ruinant.

Par le traité de Brest-Litovsk, elle était coupée de la Baltique, renonçait à la Finlande, à la Courlande, à la Livonie, à l'Esthonie, elle déclarait se désintéresser des affaires de Lituanie et de Pologne. Rejetée derrière

les marais du Peipous, elle était à la merci de l'Allemagne, qui s'installait dans les îles et tenait Pétrograd sous
ses canons. Elle abandonnait aux Turcs Kars, Ardahan,
s'engageait à n'intervenir en aucune façon dans les
affaires intérieures des pays qu'elle cédait et à en retirer
immédiatement ses troupes ; elle s'en remettait à l'Allemagne et à l'Autriche seules du soin de régler leur
avenir et promettait de ne pas se mêler des questions
relatives à la Perse et à l'Afganistan. Elle signerait la
paix avec l'Ukraine, en rappellerait ses armées et ne lui
contesterait pas son indépendance. Ce traité, le plus
extraordinaire, sans doute, que l'histoire ait enregistré,
était d'ailleurs si confus, si obscur, si lâche, que l'Allemagne en tira sans peine toutes les conséquences qu'il
lui plut. En fait, la Russie n'était plus qu'une puissance
vassale ; les bolcheviks, si fièrement partis à la délivrance du monde, n'étaient plus que les serfs de Guillaume, taillables et corvéables à merci.

Le vague même des conditions rend à peu près impossible de dresser avec précision le bilan des amputations subies par la Russie. Des juges bien renseignés
et peu enclins aux exagérations estiment qu'elle perdait
56 millions d'habitants et un territoire qui, en y com-
prenant la Finlande, représentait une superficie triple
de celle de la France. Privée de ses provinces les plus
fertiles et les plus riches, éloignée de l'Asie Mineure,
elle ne communiquait plus avec la mer que par Vladi-
vostock, à la lointaine extrémité du ruban sibérien, et
par Arkangel, que les glaces ferment à la navigation
de décembre à avril. Elle était ramenée à l'époque d'I-
van III, et le joug allemand, aussi dur que celui des
Mongols, était plus difficile à secouer. Du congrès de
Brest-Litovsk, une conclusion se dégageait : les diplomates des empires centraux descendent en ligne directe
de la famille de ces usuriers classiques qui commencent
par faire payer un intérêt de cinquante pour cent et

offrent ensuite à leur client, en guise d'argent comptant, « un trou madame, une peau de lézard et un damier avec un jeu de l'oie, renouvelé des Grecs, fort propre à passer le temps lorsque l'on n'a que faire ».

Moralité de cette farce sinistre : n'entrer en relation avec eux sous aucun prétexte ; c'était celle que dégageait M. Albert Thomas : « Si, disait-il, il ne peut y avoir, du côté allemand, aucune compréhension, aucune intelligence des conditions de la paix démocratique, il ne peut y avoir de sécurité pour les nations de l'Entente que par la victoire. » On n'accusera pas, je pense, M. Albert Thomas d'être un buveur de sang ou un foudre de guerre.

L'opinion générale hors de l'Empire ne dissimulait pas qu'elle jugeait que Kühlmann avait un peu manqué de doigté : dévaliser les gens, soit, mais au moins ne pas leur prendre leur chemise. Ce blâme discret agaçait fort Hertling, qui le prenait de haut avec les critiques. — Mêlez-vous, s'il vous plaît, leur répondait-il, de vos affaires. Nos rapports avec la Russie ne regardent que nous et le gouvernement de Pétrograd. Si nos propositions lui agréent, à quel titre interviendriez-vous dans le débat ? Et s'il convient aux Moscovites d'être battus, pourquoi les empêcheriez-vous de prendre leur plaisir à leur façon ! —

Comme si nous pouvions admettre que l'Allemagne, abusant de la vénalité ou de la lâcheté de quelques bandits, organisât contre nous des territoires énormes, où elle trouverait des ressources presque inépuisables et des millions de soldats qu'elle lancerait de nouveau sur l'Occident, quand l'heure lui paraîtrait favorable !

« J'ai cherché à apprendre des hommes qui parlent au nom de l'Allemagne, disait à Baltimore le président Wilson (6 avril 1918), s'ils recherchaient la justice ou au contraire l'hégémonie et l'exécution de leurs propres desseins sur d'autres parties du monde. Ils ont répondu dans des termes sur lesquels aucune méprise

n'est possible; ils ont avoué que ce n'était pas la justice qu'ils voulaient, mais au contraire l'hégémonie et
la pleine liberté pour l'exécution de leurs propres desseins. Les ministres de l'Empereur, ajoutait-il, avaient
laissé entendre qu'ils poursuivaient une paix équitable;
l'événement nous a donné la mesure de leur esprit
d'équité et de loyauté... Ils remportent aujourd'hui en
Russie un triomphe à bon marché... Un grand peuple,
rendu impuissant par sa faute, se trouve pour l'instant
à leur merci. Du coup, leurs belles déclarations sont
oubliées. Nulle part ils n'instaurent le droit, mais ils
imposent leur pouvoir, exploitent toute chose pour leur
propre usage, et les peuples *des provinces conquises sont
invités à être libres sous leur domination.* »

Libre, la Courlande, où, suivant l'expression des Bolcheviks, qui ne sont pas sans doute des ennemis bien
farouches de l'Allemagne, « elle ne trouve d'appui que
dans la classe exécrée des propriétaires d'esclaves,
les barons baltes », et où elle feint de regarder la Diète
comme la représentation autorisée de la population
(69 députés allemands et 18 lettons, alors que les Lettons forment les 90 p. 100 de la population, et les Allemands à peu près 8 p. 100).

Libre, l'Esthonie! — Les Esthes envoient une députation à Berlin pour protester contre le sort qu'on leur
réserve et réclamer leur indépendance. On l'arrête à la
frontière.

Libre, la Finlande! — Elle est entre les mains des
gardes-blancs que l'Allemagne soudoie, qu'elle encadre
de ses officiers, et dont les abominables massacres
dépassent en horreur ceux dont s'étaient souillés les
gardes-rouges.

Libre, l'Ukraine! — Les Allemands occupent Kher-
son, Kiev, Odessa, Nicolaiev, Kharkov. Ils renversent
et installent les autorités; leurs bandes ravagent le pays,
enlèvent les récoltes, confisquent les stocks, saisissent

les navires, condamnent les paysans au travail forcé et rouent de coups ceux qui n'apportent pas assez de zèle à des semailles dont ils savent qu'ils ne récolteront rien.

Libre, la Pologne! — Oui, libre depuis le décret du 5 novembre 1916 qui a restauré le royaume en établissant un Conseil d'Etat nommé par les Allemands et par les Autrichiens. Pauvre Conseil d'Etat! misérable ramassis de renégats et de dupes. Quelque préparé qu'il fût aux humiliations, et quoique sa fierté fût disposée à bien des capitulations, les Allemands ont réussi à dépasser les limites, singulièrement larges cependant, de sa servilité. On ne lui a conféré qu'un titre nu et sans valeur; pendant qu'il délibère dans le vide, à Varsovie, le pays est exploité sans vergogne par les commandants prussiens qui achèvent de le ronger jusqu'aux entrailles; les paysans crèvent de faim, parce que tous les vivres ont été réquisitionnés pour le vainqueur; les usines sont déménagées, pour qu'elles ne puissent pas un jour faire concurrence aux usines allemandes; les légions polonaises sont envoyées de force sur le front autrichien, et leur général, Pilsudski, est emprisonné. — En face de ces abus intolérables, le Conseil d'Etat, si robuste que soit son estomac, démissionne. Ni Hindenburg ni Czernin ne s'en émeuvent. — On ne saurait nous demander, déclarent Guillaume et Charles Ier, de donner pendant la guerre un roi à la Pologne ou de confier le gouvernement à un parlement élu; personne d'ailleurs ne s'avisera de mettre en doute nos sentiments de profonde sympathie pour ce malheureux peuple, et nous allons lui en donner une nouvelle preuve en constituant un Conseil de régence et un Conseil d'Etat. — Qui nommera ce Conseil de régence? — Nous. — Quelles seront les attributions de ce Conseil d'Etat? — Celles qui seront compatibles avec notre sécurité et nos intérêts, mais nous lui reconnaîtrons une compétence

fort étendue. — Pourquoi pas? Puisqu'elle ne s'exercera « qu'avec l'approbation des puissances contractantes » (décret du 12 septembre 1917).

Les juristes et les philosophes d'outre-Rhin ont décidément raison : la liberté germanique est quelque chose
de profondément original, et nos pauvres cervelles la-
tines n'y comprendront jamais rien.

Les Polonais veulent-ils vraiment un roi, ainsi que
l'affirment Guillaume et Charles Ier? D'où ces fastueux
protecteurs du nouvel État puisent-ils leurs renseignements? Quand et comment ont-ils consulté la population? Comme tous les peuples opprimés, les Polonais ont
la passion de leur histoire, et ils méditent les leçons du
passé : ils se rappellent avec quelle dédaigneuse indifférence Léopold Ier se débarrassa de Sobieski dont l'armée venait de sauver Vienne, en grand danger de tomber aux mains des Turcs. Ils n'ont pas oublié les sanglots convulsifs de Marie-Thérèse qui avait donné le
signal du partage de la République et qui, pour cacher
au monde les pudiques rougeurs qui empourpraient son
front, entassait les dépouilles et accumulait les prises.
Est-il bien sûr que le souvenir toujours vivant des tra-
hisons et des défections des Habsbourgs ait laissé sur
la Vistule une si ardente reconnaissance qu'on y brûle
d'être gouverné par un archiduc? Ou bien les exploits
amoureux d'Auguste II, le seul prince saxon d'héroïque mémoire dont l'histoire ait gardé le souvenir, exal-
tent-ils les âmes des femmes polonaises au point que
tous leurs regards se concentrent sur Dresde? Même au
point de vue un peu spécial qui fit la gloire des Auguste,
nous avertissons charitablement leurs adoratrices rétros-
pectives, si par hasard il s'en rencontre, qu'elles risque-
raient d'être déçues, et la chronique scandaleuse des
dernières années semble prouver que la dynastie des
Wettin a beaucoup perdu de son antique valeur.

Mais les Polonais ne se soucient ni des Saxons ni des

Habsbourgs ; un point seul les intéresse ; en quoi ils font preuve de sens. Ils demandent à être réunis ; ils veulent que tous les fils de la grande république de la Vistule soient affranchis du joug sous lequel ils halètent et rassemblés sous le même drapeau. L'Allemagne et l'Autriche, dans leur enthousiasme de fraîche date pour la liberté des peuples, iraient-elles jusqu'à renoncer à leurs provinces, à rendre au nouvel État polonais la Galicie, Danzig, la Posnanie, la Silésie orientale et la Prusse occidentale ? Cette hypothèse est si invraisemblable qu'elle n'a pas une minute effleuré les esprits les plus utopiques. On supposait du moins qu'elles se montreraient plus généreuses quand il ne s'agirait que de territoires qui ne leur appartenaient pas. — Comme don de joyeux avènement, elles enlèvent à la Pologne le territoire de Kholm, pour en faire cadeau à l'Ukraine. — Pourquoi ? — Elles n'y étaient nullement forcées. La pauvre Rada de Kiev avec qui elles négociaient était bien éloignée de soulever de pareilles exigences, et elle eût signé n'importe quel traité. Elle a été la première stupéfaite du présent royal qu'on lui offrait sur un plat d'argent.

La pensée qui a dicté à Kühlmann et à Czernin une générosité aussi imprévue, est claire, — et si conforme aux traditions austro-germaniques ! Il fallait jeter un ferment de discorde entre les Polonais et les Petits-Russes, créer des terres irrédentes, diviser et détourner les haines qui menaçaient de se concentrer sur l'Allemagne.

L'impérialisme a pour condition et pour soutien les rivalités ethniques ; la politique austro-germanique a sans cesse visé à armer les peuples les uns contre les autres, à créer et à envenimer les conflits. Elle a prêché à la Bulgarie l'ingratitude envers la Russie libératrice et l'a jetée contre la Serbie ; elle poussait les Polonais à l'insurrection en même temps qu'elle interdisait au Tsar

les moindres mesures de conciliation; en Asie, elle a
lancé les Chinois contre les Japonais, tandis qu'en Amérique elle essayait de mettre aux prises les Anglo-
Saxons et les Latins, les Etats-Unis et le Mexique, le
Brésil et l'Argentine. Certains peuples paraissent mau-
dits : entre leurs mains, les fleurs les plus étincelantes
se décomposent et répandent une odeur de corruption;
les idées les plus généreuses, dès qu'ils les touchent,
sont frappées de stérilité et deviennent une source de
misères et de souffrances. La liberté allemande, c'est
l'anarchie, la misère et l'avilissement; l'émancipation
des peuples, quand elle a l'Allemagne pour marraine,
c'est la guerre civile, la spoliation, la haine de tous
contre tous.

Exagérations absurdes! nous disent les pacifistes.
Nos voisins ne sont pas si noirs, et il est ridicule de
nous les dépeindre comme en dehors de l'humanité. —
Malheureusement les faits prouvent que l'Allemagne
n'est pas sur le même plan de civilisation que nous; et si
les hommes qui nous prêchent une réconciliation avec
elle, refusent de le reconnaître, c'est qu'ils manquent de
psychologie, de réflexion et d'études. Quand nous l'ac-
cusons de fouler aux pieds la liberté des peuples, elle
nous taxe d'hypocrisie, et, loyalement, nous devons
reconnaître qu'elle ne comprend pas nos griefs. — Seulement, comment traiter avec une nation qui n'appartient pas au même monde moral! — Il y a entre elle et
nous un désaccord absolu. Nous ne parlons pas la même
langue, et les mêmes mots des deux côtés de la frontière ne traduisent pas les mêmes conceptions.

L'Allemand, d'abord, n'a pas le sens de la liberté. —
Karl Nœtzel (*der Franzœsische und der Deutsche Geist,*
1916) remarque que le Français, dont l'horizon ne dépasse pas la terre, s'oppose au monde, tandis que l'Allemand se confond avec lui. Le Germain est par instinct
mystique et panthéiste; il est par conséquent très

disposé à ne pas attacher une extrême importance à son indépendance propre et il se soumet sans colère aux ordres de l'autorité, qui n'est qu'une incarnation de la force universelle qui domine les volontés individuelles et les efface. — Dans la vie pratique, cette tendance naturelle à l'abnégation a été fortifiée par l'histoire et développée par les institutions et l'ordre social. De là, l'ahurissement de l'Allemand en présence de l'indignation que soulèvent chez les autres des abdications et des lisières auxquelles il se résigne parfaitement pour son propre compte. Il obéit : pourquoi les autres n'obéiraient-ils pas de même ?

Les révoltes du sens propre — et par conséquent les protestations des races vaincues — lui produisent une stupeur analogue à celle que nous éprouverions si nous voyions quelqu'un s'insurger contre les lois physiques. — Il est peut-être fâcheux que quelqu'un qui se jette par la fenêtre d'un cinquième étage se brise la colonne vertébrale : personne ne songe cependant à s'indigner contre les phénomènes qui découlent de l'attraction terrestre. L'Allemagne est supérieure aux autres peuples, ce n'est pas sa faute ; il faut bien qu'elle accomplisse son destin. Et les victimes sur les cadavres desquelles s'élève sa fortune sont d'ailleurs si peu intéressantes ! — *Justice et injustice sont des mots vides de sens dans le domaine de la grande politique,* écrit Tannenberg. *Avantage et désavantage, voilà les seuls points de vue dominants et d'après lesquels le monarque doit déterminer sa conduite.* L'immense majorité des Allemands est pénétrée de ces principes ; s'ils admettent par hasard que la justice a un certain rôle à jouer dans les relations internationales, ils entourent leur concession de tant de restrictions et de clauses limitatives qu'en pratique elle n'a plus aucune signification. — Les rapports entre les hommes doivent être réglés par le droit. — Si vous y tenez, disent-ils. Mais où commence l'homme et où finit-il ? Etendrezvous l'humanité jusqu'à ces groupes qui végètent dans la barbarie des premiers âges et qui ne se sont pas encore élevés au-dessus de l'animal? — *Une question est de savoir si, par ses origines finno-tartaro-petchenègues, le paysan russe est capable de passer à la culture intensive. Les gens intelligents et que leurs expériences ont mis à même de le savoir ont plus que des doutes à ce sujet.* Vous ne voudriez pas qu'on laissât de si bonnes terres à des sauvages qui, en vertu de leur origine, sont hors d'état de s'assimiler les méthodes modernes et d'employer les engrais chimiques!

Et les Lettons? — Eh bien, quoi, les Lettons? Ont-ils une histoire? Ont-ils jamais formé une nation au sens vrai et politique du mot?

Abandonnons les Lettons. Mais les Polonais? Ils ont une histoire. — Ils en ont trop, et elle leur a laissé des souvenirs trop vivants, ils seraient un élément de discorde : ils n'ont jamais su se gouverner eux-mêmes; allons-nous les confier à la discrétion de quelques milliers de nobles qui soutireraient leurs derniers écus pour aller jouer à Monte-Carlo ou offrir des diamants aux hétaïres parisiennes? Nous autres, Allemands, quand nous allons sur la Riviera, c'est pour y mettre à l'abri les napoléons que laissent tomber les gentilshommes polonais, et, s'il nous arrive de nous égarer dans quelque boudoir, — un tempérament tel que le nôtre a ses exigences, — soyez sûrs que nous n'y laisserons ni notre cerveau ni notre bourse.

L'évolution du monde a ses nécessités : un grand peuple doit s'efforcer de grandir; c'est ainsi seulement qu'il conserve sa vigueur et sa vie et qu'il se maintient en forme, pour le bien de l'humanité et l'accomplissement de la volonté divine. Bismarck a appliqué souvent à l'Allemagne le mot de *saturé :* ce serait un malheur pour nous si nous étions vraiment saturés; quand on est saturé, on n'a plus rien à poursuivre et plus rien à conquérir : la décadence a commencé. (*Deutschland beim Beginn des 20ᵗᵉⁿ Iahrhunderts,* p. 41.) Dieu soit loué, nous sommes encore loin de cette situation, et les peuples que nous prenons sous notre direction s'en apercevront, — pour leur bonheur et leur profit.

Evidemment, la grandeur de l'Allemagne ne se fonde pas sans causer quelques douleurs. Les Arméniens, par exemple, retomberont sous le joug des Turcs. Si, par fortune, quelques-uns d'entre eux ont survécu aux massacres précédents, leur sort ne sera pas enviable.

Ces braves Turcs, les seuls gentilshommes de l'Orient, ont quelquefois la main un peu brutale : il paraît qu'ils ont signalé leur marche par des incendies et exterminé des milliers de femmes et d'enfants, échappés par miracle aux boucheries précédentes. — Ce n'est pas gai, et croyez que nous sommes navrés de ces incidents regrettables. — Qu'y faire ? — Il faut que l'herbe tombe au tranchant des faucilles, et, après tout, le sang qui coule était-il si pur ? — Les Arméniens sont fiers de leurs aptitudes financières ; ce sont de grands manieurs d'argent, et on trouvait parmi eux des banquiers influents. A l'origine des grosses fortunes on trouve toujours quelque chose qui fait frémir : un prédicateur l'a affirmé qui, bien que welsche, avait quelque psychologie ; nous avons éprouvé par nous-mêmes la vérité de cet adage. Les Arméniens n'avaient pas beaucoup d'amis en Turquie et ils avaient peut-être quelque péché sur la conscience. Le malheur les purifiera. Ici, comme partout, l'Allemagne sera l'instrument des vengeances de l'Eternel et la dispensatrice de ses grâces.

Notez que ces cafardises malodorantes ne sont pas l'expression du délire de quelques forcenés. C'est l'idéologie courante, la synthèse des opinions vulgaires, le simple résumé des idées moyennes. C'est sur ce terreau que pousse la diplomatie des Kühlmann, des Bethmann-Hollweg et des Hertling.

*
* *

Erich Brandenburg n'est pas un écrivailleur sans conséquence. Professeur à l'Université de Leipzig, conseiller intime, son *Histoire de la formation de l'Empire* est une œuvre remarquable; il connaît son métier et il ne manque pas de talent, ce qui est rare partout, mais surtout en Allemagne, où le plus souvent le métier remplace et supprime l'art. Son livre : *Deutschlands Kriegsziele* (Leipzig, 1917) se lit avec intérêt; l'auteur se pique de modération, et il se défend de partager les entraînements des militaristes. « Dussions-nous, écrit-il, occuper encore de nouveaux territoires, je pense que nous ne devrions pas dépasser en fait d'annexions directes ce qui nous est strictement nécessaire. Si nous obtenons l'entrée du Luxembourg dans l'Empire, la cession de Briey et, à l'occasion, une rectification de notre frontière des Vosges, cette limite nécessaire sera atteinte. Ceci naturellement dans l'hypothèse où notre puissance nous garantira le moyen de disposer d'une autre manière, au point de vue militaire, politique et économique, de la Belgique, de la Pologne, de la Lituanie et de la Courlande. On me jugera bien modeste. Mais je pense qu'en matière d'annexions directes, il ne faut pas partir du principe qu'on doit exiger tout ce que l'on serait en situation d'obtenir; mieux vaut au contraire ne prendre que ce qui vous est absolument indispensable et ce que l'on peut digérer sans nuire à son propre corps national. » (P. 55.)

L'Allemagne est un corps national; il est visible qu'elle sera d'autant plus robuste et saine qu'elle demeurera plus ferme et plus unie au point de vue national. La réunion à l'Empire de vastes territoires où l'élément étranger est prédominant, entraînerait moins d'avantages que d'inconvénients; il suffit que nous nous y réservions le droit d'occupation. Nous ne songeons pas à abandonner ceux des Allemands qui ne seront pas réunis à l'Empire; cette défaillance démoraliserait les éléments germaniques qui se trouvent au delà des frontières; il est certain, d'autre part, que nous ne serions pas en état de les protéger efficacement si nous ne dominions pas les provinces qui nous avoisinent; mais, pour cela, la conquête directe n'est pas indispensable, et il est possible d'obtenir les mêmes résultats avec d'autres procédés et à moindre frais. Nous ne contestons pas aux petits peuples le droit de se développer à leur manière; il serait excessif d'en conclure qu'ils ont le droit de régler en pleine indépendance leurs rapports avec les autres Etats. Seul un peuple assez nombreux et assez bien armé pour défendre lui-même son indépendance en cas d'attaque a un droit réel à une complète indépendance politique. D'autre part, tout grand Etat a le devoir vis-à-vis de ses sujets d'assurer leur sécurité dans la plus large mesure possible. Il peut ainsi se trouver dans la nécessité d'annexer des populations étrangères, parce que, sans cela, son unité territoriale serait compromise. C'est ce qui nous est arrivé du côté de l'Est. Si les Polonais avaient accepté notre tutelle, il nous eût été plus aisé de les ménager. Ils n'ont pas compris leurs intérêts et ils ont persisté à caresser un rêve chimérique : force nous a été de briser leur opposition. On ne saurait par conséquent protester au nom du principe des nationalités contre l'annexion à l'Empire de petits peuples qui, réduits à leurs seules forces, seraient manifestement incapables de se maintenir (Wallons, Flamands, Lettons, Lituaniens, Esthes), et qui ne vivraient que par la grâce d'autrui, c'est-à-dire sous la dépendance de l'étranger.

On objectera que les Polonais pourraient former un Etat viable, et, à la rigueur, cette supposition n'est pas absurde. Seulement, il convient de tenir compte des faits accomplis. A côté d'eux, un voisin plus fort occupe déjà des parties de leur territoire national, et son intérêt ne lui permet pas de les évacuer; ils sont donc forcés de se contenter d'une indépendance incomplète (p. 60).

Ne conviendrait-il pas du moins de leur reconnaître la liberté de choisir l'Etat sur lequel ils s'appuieront? — Nullement; parce que, s'ils étaient libres de choisir, ils pourraient ensuite revenir sur leur décision, c'est-à-dire qu'en fait ils disposeraient de cette indépendance parfaite que nous avons prouvé qu'ils ne devaient pas réclamer. Tout ce qu'ils sont autorisés à demander, c'est que l'Etat protecteur n'abuse pas de sa puissance pour les opprimer et les supprimer.

Ils perdraient d'ailleurs tout le bénéfice de leur situation s'ils n'acceptaient pas notre protectorat avec le sentiment qui convient. Qu'ils montrent de la bonne volonté, et l'Allemagne n'aura aucun intérêt à limiter leur liberté plus strictement que ne l'exige sa sécurité. — On voit que la thèse est inflexible et immuable. — Nous évacuerons la Belgique, déclarent Bethmann et Hertling, mais avec des garanties! — Lesquelles? — Celles que nous dicterons. — Esthes, Lettons, Polonais, nous respecterons votre liberté, si vous nous faites bon visage. — Qu'entendez-vous par là? — Prévenir nos ordres et aller au-devant de nos désirs.

Erich Brandenburg n'est pas un esprit frivole qui se paye de généralités. Il entre dans le détail et fixe par le menu les conditions du protectorat allemand : — Nos troupes occuperont en permanence les points les plus importants. — L'empereur a promis à la Pologne une armée nationale. — Il ne reviendra pas sur sa promesse. Entendons bien seulement qu'il ne s'agit pas d'une armée fondée sur le principe du service universel; on n'oubliera pas en effet qu'une grande partie des Polonais n'aura pas pour nous de meilleurs sentiments que les Belges, et que, par conséquent, une armée populaire se retournerait facilement contre l'Allemagne. — On se contentera donc d'une armée de volontaires, triés sur le volet, peu nombreux; l'équipement, l'armement et l'instruction seront exactement calqués sur le type prussien; les officiers seront Allemands; l'Empereur aura le droit de l'inspecter et de disposer d'elle pendant la paix et la guerre. Ainsi comprise, l'armée polonaise, loin d'être un danger, renforcera notre puissance militaire. Dans la suite des temps, quand les Polonais se seront réconciliés avec leur sort ou au moins quand l'animosité contre nous sera moins universelle et moins vive, on le constatera par l'affluence croissante des volontaires, jusqu'au moment où l'on arrivera au service universel. En attendant, comme il n'est pas juste que les charges qu'assumera l'Empire pour défendre la sécurité de ses vassaux retombent sur lui seul, chacun d'eux lui payera une contribution de guerre annuelle. — Il ne sera pas interdit à la Pologne d'avoir un ministère des affaires étrangères, mais aucun traité ne sera valable sans l'approbation de l'Empereur et du Bundesrat. — Elle sera rattachée à l'union douanière allemande, et la Prusse exploitera les principales voies ferrées. — Comme il est nécessaire d'avoir un point d'appui dans le pays, on s'assurera des partisans en soutenant les minorités : — Polonais en Lituanie et en Ukraine, Petits-Russiens en Pologne, juifs un peu partout; — on favorisera la pénétration des colons allemands; on se réservera les domaines publics et une partie des biens nobles pour y établir des immigrés; pour la fondation de ces colonies, on procédera d'après un plan méthodique, de manière à ce que les villages allemands forment des lignes continues et brisent les résistances nationales. Dans certains cas, on fera de la possession de la langue allemande la condition du vote.

* *
*

Dans la folie allemande, écrivait déjà Henri Heine,
il y a de la méthode. Le plan d'Erich Brandenburg est
fort bien étudié; Kühlmann le connaissait-il et s'en est-
il souvenu à Brest-Litovsk? — Sinon, la coïncidence
entre l'historien et le ministre est curieuse, et elle jette
une étrange lumière sur l'état des esprits au delà du
Rhin. Moltke se vantait d'avoir imprégné tous les officiers de l'état-major prussien d'une même pensée; il
leur avait si profondément inculqué sa méthode qu'il
lui suffisait ensuite de leur donner une direction générale; il était sûr qu'elle serait interprétée dans le même
sens et poursuivie par des procédés analogues. L'Allemagne de Guillaume II est aussi disciplinée que l'état-
major de Moltke; tous les cœurs y brûlent d'une même
concupiscence. Le traité de Brest-Litovsk n'est que la
réalisation du programme que méditaient depuis un
demi-siècle les professeurs, les négociants, les théologiens et les diplomates de la Sprée. — C'est précisément
ce qui en révèle le danger. — Nous n'avons pas en face
de nous quelques enfants perdus que la victoire a grisés
et qui ont cédé à la tentation; mais des politiques qui
« ont l'intention de ce qu'ils font », et qui expérimentent
la méthode qu'ils sont résolus à appliquer partout.

Le dernier chapitre d'Erich Brandenburg est des
plus suggestifs. Il a pour titre : *Illusions et réalité.*

Première illusion : tenir pour possible le retour de
l'ancien état de choses, tel que nous l'avons connu avant
la guerre. Ce qui est passé ne reviendra plus. Le
nouveau sera meilleur ou pire. Le devoir de chaque
Allemand est de travailler par tous les moyens dont
il dispose à obtenir que la situation de l'Empire soit
améliorée.

Deuxième illusion : croire que la guerre actuelle et

ses horreurs empêcheront le retour de semblables cataclysmes et admettre, sur la foi des songe-creux, qu'à l'avenir la paix du monde sera garantie par des ententes internationales, des tribunaux d'arbitrage ou le désarmement. — Nous devons au contraire prévoir une tension extrême et prolongée entre les grandes puissances, un danger de guerre continu et la lutte économique la plus furieuse. De là, la nécessité de maintenir intactes nos forces de combat et de les développer à outrance.

Troisième illusion : tabler sur la reconnaissance des peuples que nous aurons affranchis (les Finlandais, les Lettons, etc.). — Ils se serviront de nous tant qu'ils croiront notre appui nécessaire, et nous trahiront s'ils espèrent trouver par ailleurs des alliances plus profitables. Quiconque dans la vie politique fait fond sur les sentiments qui, par nature, sont inconstants et s'évanouissent vite, bâtit sur le sable mouvant. Appuyons-nous sur la réalité, rappelons-nous que la domination économique et militaire de l'Allemagne sur les territoires voisins lui donnera seule la sûreté que ne sauraient à aucun degré lui offrir les sympathies variables des habitants.

Conclusion : il faut qu'à l'avenir l'Empire soit plus fortement armé qu'il ne l'était avant la guerre, mieux couvert sur ses flancs par une série d'Etats politiquement et militairement dépendants. L'Allemagne, dans son armure étincelante, rayonnera alors sur les peuples prosternés, et d'un bout à l'autre de l'univers résonnera le verbe sacré : *Deutschland, Deutschland über alles.* — Au début était l'action, dit Faust. — Au début... et à la fin, l'action des Hohenzollern et des Junkers.

CHAPITRE VIII

LA PAIX IMPÉRIALE

L'Europe orientale sous la main de l'Allemagne. — La paix de
Brest-Litovsk et ses conséquences. — La politique de Guillaume II en Turquie : l'Arménie. — La Finlande et les provinces
baltiques. — La Lituanie. — La paix du pain : l'Ukraine.

Nous avons déjà vu en gros comment, à Brest-Litovsk,
les diplomates allemands avaient appliqué les leçons
de leurs historiens et de leurs sociologues. Il est
nécessaire cependant, pour que la démonstration soit
plus complète et plus probante, d'entrer un peu dans
le détail des faits. Ils nous montreront la maîtrise
incomparable de l'Allemagne dans l'art d'interpréter et
d'exploiter les traités et le sort qui attend les sots et
les pleutres qui tombent dans ses rudes mâchoires.

*
* *

La destinée de la Russie sous les Bolcheviks est assez
connue pour que nous n'ayons pas à y insister longuement. On discute beaucoup, entre spécialistes, la
question de savoir s'il existe ou non un patriotisme
russe. Beaucoup le nient et apportent des arguments
impressionnants : l'Empire du Tsar était si vaste et
ses limites si flottantes, il était habité par des races si
diverses qu'une unité nationale s'y était difficilement
fondée. Le patriotisme suppose de plus une certaine
instruction, une continuité assez longue des traditions
historiques et une collaboration, au moins indirecte et

sommaire, de la masse des citoyens avec les pouvoirs publics ; aucune de ces conditions ne se rencontrait en Russie. L'Empire était une création personnelle des Romanov, et il avait imposé aux habitants plus de charges qu'il ne leur avait apporté de joies. Ainsi s'expliquent la très rapide floraison des théories internationalistes, le brusque fléchissement des courages après la révolution de 1917 et la hâte avec laquelle l'ensemble des citoyens s'est précipité vers la paix, dès qu'on la lui a montrée à l'horizon.

Quelque exactes que soient ces observations, il convient de ne pas en tirer des conclusions extrêmes. Avant d'atteindre la forme précise et réfléchie qu'elle a prise depuis un siècle dans les pays de l'Occident, l'idée nationale couve dans les âmes sous forme d'instinct ; elle n'est longtemps qu'une sensation vague, obscure, flottante, chatouilleuse cependant et susceptible. Cet instinct, on en découvre les premières traces en Russie dès les origines, et il apparaît déjà avec une certaine vigueur chez les premiers annalistes. Depuis l'époque lointaine où les moines de Kiev rédigeaient les *Annales de Nestor,* ce patriotisme a été trempé par les invasions et fortifié par les guerres avec les peuples voisins ; il a été cimenté par la religion. En 1917, les Russes étaient las, découragés, épuisés. Au premier appel, les armes leur tombèrent des mains. Ils étaient parfaitement résignés à des sacrifices assez étendus, ils auraient accepté comme naturelle la séparation de la Pologne. Ils se révoltèrent contre le morcellement de leur pays et la destruction de sa puissance. Depuis un quart de siècle, le progrès économique avait été extrêmement rapide. Il ne pouvait être indifférent aux industriels, aux négociants et aux agriculteurs que le commerce fût paralysé, que l'exportation de leurs céréales, de leur bois, de leurs minerais, dépendît du bon vouloir de voisins dont ils avaient souvent éprouvé l'avidité et la

mauvaise foi. La foule se souciait évidemment assez
peu de libérer l'Alsace-Lorraine; mais elle haïssait le
Niémets, le Teuton, qu'elle rencontrait à chaque pas sur
son chemin, méprisant, envahisseur, âpre en affaires,
dur aux ouvriers. — Du jour où ils eurent défilé sous
les fourches-caudines de l'ennemi, les Bolcheviks
furent disqualifiés. Reniés d'abord par les classes
moyennes, la bourgeoisie libérale sans exception, par
« l'Intelligence », même la plus radicale, ils furent très
vite abandonnés par toutes ces parties de la population
capables de réflexion, qui forment partout le squelette
d'un pays. Isolés dans leur propre patrie, sans autre
appui que quelques milliers de malfaiteurs qui couvraient du masque du socialisme leurs appétits et leur
paresse, ils n'eurent d'autre ressource que de se jeter
dans les bras de la Prusse. Ils lui servirent de paravent
et ne furent désormais que des organes de transmission.

Les Allemands les traitèrent comme une quantité
négligeable; sans même prendre la peine d'excuser leur
conduite, ils poussèrent plus loin leurs avant-postes et
ne mirent aucune vergogne à soutenir les partis hostiles
chaque fois qu'ils y aperçurent un avantage; ils ont fini
par les chasser de Pétrograd pour y avoir les coudées
plus franches, et, sous prétexte de rétablir l'ordre dans
le pays, ils se préparaient à installer une garnison à
Moscou, au moment ou leur marche envahissante s'est
heurtée à la fois à l'anarchie qu'ils avaient déchaînée et
à la sourde fermentation des colères nationales. Les
Maximalistes, pour justifier leur inqualifiable capitulation, avaient promis aux masses : du pain, la paix et
la fondation d'un régime socialiste dont les merveilles
éblouiraient l'univers et qui sonnerait le glas de la
société capitaliste. — Mais où sont les neiges d'antan ?
— Du pain ? — Jamais la détresse n'a été plus atroce;
dans ce pays qui était un des greniers de l'Europe, la
disette est générale; Pétrograd revit les angoisses que

l'on supposait à jamais disparues de ces siècles du moyen âge où le spectre effrayant de la faim planait chaque jour sur les populations et les courbait sous une perpétuelle épouvante. — La paix ? — Les provinces sont armées contre les provinces, les races contre les races, les classes contre les classes; les paysans exterminent les ouvriers, qui répondent par des proscriptions et des massacres sans nom; chaque village est en guerre avec les villages voisins. De l'Océan Arctique à la mer Caspienne et du massif du Valdaï au Pacifique, une immense jacquerie, atroce, ensanglante le sol; les usines ont éteint leurs feux, les châteaux et les chaumières flambent. Des siècles s'écouleront avant que les misères causées par le fléau bolchevik soient réparées.

Quelque épouvantables qu'aient été les pertes causées par les défaites de Pologne et l'incurie de Nicolas II, elles s'effacent en présence du désastre inouï qu'a attiré sur le peuple russe la trahison des Lénine et des Trotsky. — Est-ce là la paix que souhaitent les insensés qui nous parlent de déposer les armes avant la victoire? — Plutôt l'esclavage que la mort, ont dit les défaitistes au peuple russe. Mais l'esclavage ne supprime pas la mort, il lui enlève seulement sa majesté et sa grandeur. Mieux vaut tomber sur le champ de bataille, face à l'ennemi, avec, dans les yeux, la joie du sacrifice courageusement accompli et l'aube de l'avenir, que de succomber désespéré et avili dans les horreurs des discordes civiles.

Les générations passent, leurs souffrances s'oublient, nous disent les défenseurs des bolcheviks; l'idée reste. — Comment ne voient-ils pas qu'une expérience comme celle de la Russie actuelle arrête pour de longues années le progrès des idées socialistes? Le premier résultat de la politique extrémiste a été de réhabiliter le Tsarisme. Même parmi ceux qui jugeaient avec le plus de sévérité Alexandre III et Nicolas II, combien se sont

demandé avec angoisse si leur condamnation n'avait
pas été trop sévère et si les mesures de réaction les
plus impitoyables n'avaient pas leur excuse et leur jus-
tification dans les conditions de la Russie et les instincts de ses peuples ! Les gardes-rouges ont ainsi surtout abouti à ce résultat, prodigieux et lamentable,
d'innocenter aux yeux de beaucoup de gens la troisième
section, le régime de protection renforcée, les infamies
de la police secrète et les horreurs des cachots de
Pétropavlovsk. Dès que l'Allemagne jugera le moment
opportun, elle n'aura même pas à intervenir pour que
le régime révolutionnaire s'effondre dans le néant ; elle
n'aura qu'à lui retirer la protection dédaigneuse dont
elle le couvre. A qui s'adresseront Lénine et Trotzky
pour se défendre ? A la bourgeoisie radicale et républicaine ? Ils se la sont aliénée à jamais, moins encore
par leurs persécutions directes que par la suppression
des libertés les plus élémentaires. A la classe ouvrière ?
Elle n'existe plus, dispersée par le chômage et la ruine
des fabriques. A la masse rurale ? Aux élections de la
Constituante, malgré la pression des Soviets, elle a
déclaré qu'elle ne voulait rien avoir de commun avec
les misérables qui avaient déshonoré la Russie et
dilapidé l'honneur du pays et la richesse nationale. —
Aujourd'hui quelques milliers de Tchécoslovaques
tiennent en respect toute l'armée extrémiste ; le gouvernement de Moscou n'a ralenti leur marche que grâce
à l'aide déshonorante des prisonniers allemands. Aux
dernières nouvelles, Lénine était en fuite, à la recher-
che d'un asile. Il n'y en a pour lui que dans les sous-
sols de l'ambassade prussienne, parmi les valets des
Hohenzollern.

*
* *

Nos sympathies suivent la Russie dans son malheur,
et nous ne l'abandonnerons pas. Je lisais, il y a quelques

jours, dans une revue américaine fort importante, que, parmi les Alliés, « la France était la plus ardente à demander une intervention en Russie ». Cela s'explique, ajoutait le correspondant de l'*Outlook,* par le chiffre des capitaux qu'elle y a engagés. L'*Outlook* a été un des premiers journaux américains à voir l'importance générale du conflit actuel; il a mené contre l'Allemagne une ardente campagne; aucun journal n'a plus contribué à éclairer l'opinion des Américains, et nous lui gardons une profonde reconnaissance de l'appui immense et constant qu'il a apporté à notre cause. Dans le cas particulier, il a subi, sans en avoir conscience, l'influence des calomnies qu'invente la propagande allemande et que propage la presse bolcheviste soudoyée par Berlin.

Les Américains, qui sont gens d'affaires, savent que personne n'est satisfait d'apprendre la faillite d'un banquier à qui il a confié une partie de sa fortune. Ils n'en ont pas moins répondu sans hésitation à l'appel du président Wilson et ils ont assumé les charges d'une entreprise qui coûtera cher. — Pourquoi ? — Parce qu'à certaines heures, quand l'honneur parle, les questions financières cessent d'exister. — Plaie d'argent n'est pas mortelle, dit notre proverbe. — Notre fortune est terriblement ébréchée par la guerre : nous comptons pour la refaire sur la fertilité de notre sol, le labeur de notre peuple, l'épargne de notre bourgeoisie. Nous avons traversé bien des crises où nous paraissions près de sombrer; au lendemain de la guerre de Cent ans, après les guerres de religions ou les invasions de 1814 et de 1815, nombre de docteurs patentés nous condamnèrent à une mort prochaine; beaucoup parmi eux portaient allégrement notre deuil. Quelques années plus tard, nos blessures étaient cicatrisées et nous reprenions notre place au rang des grandes puissances. Les Allemands parlent de notre irrémédiable déchéance, plus peut-être qu'ils n'y croient. M. de Bülow ne semble pas partager leur pessimisme. « Plus d'une fois, écrit-il dans sa *Politique allemande,* la France parut définitivement abattue par des ennemis extérieurs ou si éprouvée par des bouleversements intérieurs, que l'Europe jugea qu'elle avait cessé d'être dangereuse. Chaque fois, elle s'est redressée devant l'Europe en un très court laps de temps, avec sa vigueur de jadis ou un accroissement de force, pour disputer par de nouvelles luttes la suprématie sur le continent et remettre en question la répartition de la puissance en Europe. » — Qu'est-ce, à l'heure actuelle, que dix ou quinze milliards ? — Les raisons qui expliquent notre désir d'une intervention des Alliés en Russie ne sont à aucun degré des raisons financières ou économiques. Si nous sommes les plus ardents à la prôner, c'est que, placés au centre du conflit, nous en avons mieux compris le caractère universel et que nous voyons plus clairement la solidarité des intérêts. Pour la même raison et en vertu des mêmes causes, nous avons été les premiers à courir au secours des Serbes, et plût à Dieu que nous eussions plus rapidement convaincu nos Alliés ! La guerre, née en Orient, aurait été plus vite achevée, si nous étions intervenus plus énergiquement dans les Balkans.

En admettant même, ce qui paraît maintenant probable, que la victoire se décide sur les champs de bataille de l'Occident, elle sera singulièrement moins coûteuse si les Allemands sont obligés de ramener une partie de leurs forces vers le front oriental, et il est évident qu'il serait souverainement imprudent de leur laisser la main libre en Russie et de leur permettre peut-être d'y recruter des soldats.

Mais, bien plus que par cette considération, qui est d'ailleurs parfaitement logique et naturelle, quand nous demandons une intervention immédiate en Russie, nous y sommes sollicités par des raisons surtout morales,

que tous ne voient pas très nettement, mais qui sont
cependant dominantes. Malgré sa défection, nous aimons
la Russie. Nous l'aimons par reconnaissance. En 1891,
nous n'avions d'appui nulle part; nous étions traités
comme des parias, mis au ban de l'Europe. A ce
moment, le Tsar est venu à nous et nous a tendu la
main. Que ce geste lui fût imposé par la situation de
l'Europe et par l'isolement où il se trouvait lui-même,
nous ne l'ignorons pas; mais nous préférons oublier.
les mobiles de sa décision pour ne songer qu'à l'acte
lui-même. Il nous a rendu la sécurité et la confiance;
son alliance, par moments hésitante et fuyante, nous est
cependant en somme demeurée fidèle; grâce à elle, nous
n'avons plus vécu sous la terreur lancinante d'une invasion. Pour bien comprendre notre gratitude, il faut avoir
vécu, comme nous l'avions fait, pendant vingt ans, la
tête sous le couteau. M. Morton-Fullerton, un des
Américains qui connaissent le mieux l'Europe, écrit, à
propos de la visite du Tsar Nicolas à Versailles, que les
Français y virent une sorte de purification des souillures
de 1871, et c'est en effet un sentiment semblable que
nous avons éprouvé alors. Nous n'oublions pas davantage qu'en 1914, l'avance hardie et dangereuse du grand
duc Nicolas dans la Prusse orientale a facilité et peut-
être déterminé notre première victoire de la Marne et
que, même les défaites russes, en retenant en Galicie et
sur le Dnieper ou la Dvina une partie considérable des
troupes prussiennes, a donné à l'Angleterre le temps
de former ses bataillons et à nous-mêmes le loisir d'organiser notre industrie. La France n'a pas le génie de
l'ingratitude. Aujourd'hui son allié traverse une crise
redoutable et nous appelle à son aide; nous ne voulons
pas qu'il nous accuse de ne pas répondre à son cri d'angoisse. Il s'acquittera à son tour de sa dette, si les circonstances le lui permettent et quand elles le permettront; pour l'instant, c'est la dette que nous avons

contractée envers lui qui nous occupe seule et que nous tenons à payer. Nous ne sommes pas des créanciers, mais des débiteurs qui rougiraient que la lettre de change qu'ils ont souscrite ne fût pas payée rubis sur l'ongle, quelque durs que soient les temps.

Et nous sommes poussés encore par une autre pensée : nous ne voulons pas que les idées démocratiques soient plus longtemps galvaudées et flétries par quelques malandrins. Les Américains ont le cœur assez haut pour nous comprendre, puisqu'ils ont obéi à des considérations d'ordre pareil. Une patrie, ce n'est pas seulement le territoire que possède un peuple, c'est aussi l'ensemble des sentiments et des doctrines qu'il représente. Chaque nation a sa conception de la vie; il en est de moins honnêtes que la nôtre, et de moins nobles. Que nous y soyons directement mêlés ou non, toute guerre nous paraît la nôtre où la liberté des peuples est l'enjeu, et à chaque victoire que remporte la tyrannie, nous nous sentons diminués.

*
* *

Quelque sincères que soient nos sympathies pour les Russes, nous sommes bien cependant forcés d'avouer qu'ils sont au moins en partie responsables de leur malheur. Leur inertie et leur lâche confiance ont étrangement facilité le succès de la diplomatie germanique, et nous serions presque en droit de leur dire : « C'est toi qui l'as voulu. » Mais à côté d'eux, que de victimes innocentes qu'ils ont entraînées dans la catastrophe! Arménie, Finlande, provinces baltiques, Ukraine, la main de l'Allemagne s'est abattue sur elles, impitoyable, et elles agonisent dans l'angoisse et le sang. Guillaume n'a pas qu'une corde à son arc. Quelquefois il n'opère pas lui-même et se décharge sur ses complices du soin d'exterminer les peuples qui n'estiment pas assez haut les avantages de la protection germanique ; il lâche les Bulgares et les Magyars contre les Serbes et les Croates, les Autrichiens contre les Italiens et les Slovènes, les Turcs contre les Grecs, les Syriens et les Arméniens.

« Partout où pénètrent les Turcs, lisons-nous dans un document officiel, les Arméniens sont méthodiquement égorgés. » Parmi les Musulmans mêmes, quelques voix s'élèvent pour dénoncer ces abominables boucheries : « Assassiner ou déporter plus d'un million d'habitants, écrit l'un deux ; exterminer des citoyens paisibles, innocents, les dépouiller, les massacrer, c'est un acte abominable. » Un socialiste minoritaire, Haase, s'adresse à la conscience des ministres prussiens, leur rappelle l'horrible responsabilité qu'ils encourent, les menace de la révolte de l'opinion et de la malédiction de l'histoire : l'Allemagne n'a qu'un mot à dire pour mettre fin à ces tueries ; ses armées occupent la Géorgie (discours de Haase au Reichstag, 23 mai 1918). — La majorité ricane, le ministre se tait, les assassins poursuivent leur plan d'anéantissement, sans pudeur, sans hâte, méthodiquement, sous l'œil complaisant du vainqueur. Les sanglots et les lamentations des victimes laissent l'Empereur indifférent et sourd. Depuis 1895, où il a mis sa main dans la main du *Sultan rouge*, il a eu le temps de s'habituer à ces horreurs. Surtout il pense que ses alliés seront plus complètement à sa merci s'ils se sont définitivement compromis par des crimes irréparables. « Dans l'Entente, écrivait tristement le 4 juin un journal bulgare, le *Radical*, les questions litigieuses se règlent par des discussions amicales entre les alliés, sans acception de la force respective des intéressés ; nous autres, nous avons un guide, un intermédiaire toutpuissant et qui tranche les difficultés. » Ce suzerain omnipotent édicte ses ordres sans même les expliquer. Il s'est arrangé pour mettre la haute main sur les affaires intérieures de ses vassaux ; il les tient par leurs convoitises qu'il exaspère et par leurs rivalités qu'il exploite. Au dernier moment, il leur retire la proie qu'il leur a montrée afin que, dans leur impatience à la saisir, ils abdiquent ce qui leur resterait d'indépendance et de dignité. Il enlève aux Roumains la Dobrogea, mais sans la remettre aux Bulgares, et les Bulgares s'autorisent de leur déception pour refuser de restituer aux Turcs la gare d'Andrinople et le tronçon de voie ferrée qui suit la rive droite de la Maritza. Constantinople, qui ne peut plus dès lors être défendue que sur les lignes de Tchataldja, se trouve ainsi sous le feu de l'artillerie ennemie, et aucune réconciliation n'est désormais possible entre le Sultan et le Tsar de Sofia. *Divide ut imperes;* c'est la devise que Vienne a enseignée à Berlin. L'élève était bien doué, et il fait honneur à son maître.

*
* *

Après la Turquie et les Bolcheviks, les Finlandais ont appris ce que coûte l'amitié de l'Allemagne et à quel prix elle vend sa protection.

La Finlande, à qui Alexandre Ier, au moment de l'annexion (1809), avait accordé des privilèges fort étendus, avait mené une existence heureuse et paisible, jusqu'au moment où Alexandre III conçut la fâcheuse idée de russifier les allogènes. Elle se cabra et défendit ses libertés avec une constance et une fermeté qui lui valurent de nombreuses et exubérantes sympathies. Elle avait organisé fort adroitement sa propagande à l'étranger, et ses émissaires, qui ne se laissaient pas oublier et qui maniaient avec art le vocabulaire occidental, étaient partout chaudement accueillis. Quelques voix insinuaient bien que ses griefs n'étaient pas tous légitimes, que ses exigences dépassaient souvent la juste mesure, et que les sentiments démocratiques dont ses meneurs faisaient profession n'étaient peut-être ni très sincères ni très profonds ; on ne les écoutait pas. Quand, au lendemain de la chute de Nicolas II, elle rétablit son ancienne constitution, tout le monde se réjouit, et on lui souhaita sincèrement un avenir prospère et paisible.

On s'étonna davantage de la brusquerie avec laquelle elle rompit définitivement les liens qui, depuis le traité d'Abo, la rattachaient à la Russie. Le gouvernement des Tsars, en dépit des erreurs déplorables des derniers souverains, n'avait pas toujours été mauvais pour elle ; il nous est trop souvent arrivé de n'en voir que les fautes, sans en reconnaître les mérites. L'histoire de la Russie a été surtout écrite par des pamphlétaires baltes, qui sont sujets à caution, et il y aura lieu de reviser les condamnations portées par le plus connu de leurs représentants, M. Schiemann, un des plus fougueux élèves de Treitschke, habile comme lui à mettre au service des passions pangermanistes les apparences de l'érudition. Les Finnois, qui forment le fond de la population du pays, avaient été très durement tenus par les Suédois, et ils ont dû aux tsars leur émancipation. Les luttes récentes conduites par les tchinovniks avec une extrême brutalité, avaient laissé cependant dans les âmes de si véhémentes rancunes qu'elles parurent justifier toutes les révoltes, et, quand la Finlande proclama son indépendance, les Alliés, avec une hâte excessive, reconnurent sans difficulté le nouvel Etat.

L'Allemagne l'avait encouragée et, pour l'aider à défendre sa jeune liberté, elle mit à son service des volontaires, recrutés surtout parmi les prisonniers remis en liberté par les Bolcheviks. Elle en forma les gardes-blanches, et leur confia la mission de rétablir l'ordre dans le pays. Ils s'y employèrent avec plus d'énergie que de succès, massacrant quiconque était suspect, non seulement de tiédeur patriotique, mais d'idées socialistes ou avancées. Les cachots se remplirent en quelques semaines de malheureux dont personne ne connaissait le crime. Actuellement 80.000 prisonniers ont été condamnés à un véritable esclavage. Un garde-chiourme allemand a reçu l'entreprise d'une série de travaux publics (desséchement des marais, construction de digues, canalisations, etc.), et on lui a livré comme main-d'œuvre les 80.000 prisonniers. Il se charge de les nourrir, et personne n'a le droit d'intervenir dans ses rapports avec eux. Leur salaire est de 1 fr. 25 par jour, d'où on défalque les frais de leurs vêtements; le reste est envoyé à leurs familles, — qui naturellement meurent de faim. Ce système de travail forcé, l'Allemagne l'avait déjà appliqué en Belgique et en Pologne. Dans la région de la Vistule, plus de 200.000 ouvriers et paysans avaient ainsi été enlevés à leurs foyers et réunis dans des camps de concentration où ils sont condamnés aux besognes les plus dures, les plus répugnantes et les plus malsaines. S'ils s'éloignent, ils sont frappés de peines rigoureuses; si on ne parvient pas à mettre la main sur les fugitifs, leurs familles doivent présenter des remplaçants, et, dans le cas où elles sont hors d'état de fournir les ouvriers ainsi réquisitionnés, elles sont frappées d'une lourde amende, qui achève de les ruiner. L'Allemagne avait sans doute jugé que le système était bon, et elle l'a aussitôt étendu à sa nouvelle alliée, la Finlande.

Pour que le gouvernement d'Helsingfors ne discute pas de trop près les conditions qu'on lui dicte, l'Empereur, suivant sa méthode ordinaire, fomente ses convoitises, excite ses passions mégalomanes et l'invite à s'établir sur les bords de l'Océan Arctique. Il est vrai que les territoires vers lesquels il le presse d'envoyer ses légions appartiennent à la Norvège. Mais, franchement, que ferait-on si on était arrêté par de semblables arguties! La Norvège n'est-elle pas d'ailleurs suspecte d'anglophilisme? Est-ce une faute que de croquer de pareilles espèces? En dépit de l'excellence de ces raisons, les ministres finlandais tergiversent : ils ne voudraient pas se compromettre trop visiblement. — Qu'à cela ne tienne. A côté des autorités officielles, sous l'action et le patronage des Allemands, des forces irrégulières se constituent, commandées par des généraux de rencontre. « L'anarchie dans notre malheureuse patrie, écrit un Finlandais, est aussi complète qu'en Russie. Le gouvernement plus ou moins régulier qui siège dans la capitale promulgue des lois que personne n'écoute ; à côté, des groupes dissidents ou quelquefois même des individus isolés suivent leurs propres desseins. Au milieu de ce gâchis, l'Allemagne narquoise pousse les divers partis les uns contre les autres, les exploite et s'établit plus solidement dans le pays. » Un jour elle organise, malgré la résistance du pouvoir officiel, une expédition vers Petschenga, sous la direction d'un certain docteur Renvall ; le lendemain elle recrute des bandes de volontaires qu'elle envoie vers la côte mourmane, au risque de mettre aux prises le gouvernement d'Helsingfors avec la Norvège et les Alliés et de provoquer un conflit qui aurait évidemment pour la Finlande les plus désastreuses conséquences.

Le Conseil d'Etat finlandais, fort mécontent, se défend de son mieux, proteste ; mais une fois qu'on a subi l'emprise de l'Allemagne, la révolte est malaisée. Elle entend exploiter à fond le pays et elle lui a imposé un traité de commerce qui le réduit à une pleine dépendance économique. Les droits de douane qu'il établit pourront être modifiés par l'Empire, s'il le juge bon, et demeureront obligatoires pour la Finlande. Les deux pays se reconnaissent les privilèges de la nation la plus favorisée ; mais la Finlande ne se prévaudra pas des avantages accordés par l'Allemagne à divers autres Etats. Elle fournira à l'Allemagne les matières premières que celle-ci demandera et recevra en compensation les produits manufacturés allemands. Enfin elle ne mettra pas obstacle au départ des travailleurs de saison qui viennent chaque année dans l'Empire. Quelques députés ont protesté contre une clause qui, sous une apparence inoffensive, tend à priver de main-d'œuvre l'agriculture nationale pendant la période des travaux urgents. A quoi bon? l'Allemagne ne se soucie pas des embarras de ses voisins; elle n'a qu'un argument décisif : « Signez ou gare à vous! » Les Finlandais ont signé. En sont-ils plus avancés? L'Allemagne s'arroge le contrôle absolu de la navigation sur la Baltique, arrête le trafic avec la Suède par voie ferrée et rétablit ainsi au détriment de ses voisins le régime auquel l'Espagne soumettait ses colonies au dix-septième siècle.

Se plieront-ils longtemps à un servage économique aussi complet? Pour prévenir les résistances possibles, ses maîtres méditent de lui donner un souverain. — Les socialistes, nombreux, influents, s'émeuvent : notre peuple est républicain, il refuse d'engager à jamais sa liberté et de remettre à une dynastie étrangère le soin de ses intérêts. On les expulse. Même après cette exécution, la majorité des deux tiers qu'exige la constitution ne peut être atteinte. Les Allemands mobilisent leurs chartistes et convoquent le ban et l'arrière-ban de leurs professeurs. Ils compulsent les textes et dénichent un article de la constitution de 1772 en vertu duquel la majorité simple suffit. Cette constitution est dix fois périmée; l'article visé ne s'applique pas au cas actuel. Quelques écus distribués à bon escient et quelques arrestations opportunes dissiperont les doutes et convaincront les hésitants.

Les Finlandais n'ont même pas le choix de la sauce à laquelle ils seront mangés. L'Allemagne avait mis d'abord en avant le nom du prince Oscar de Prusse, un des fils de Guillaume II; par la suite elle s'est ravisée. Elle a jugé l'apanage un peu mince pour un si noble héritier, et les Hohenzollern ont pensé que ce n'était pas

la peine, pour un si maigre profit, de froisser les souverains confédérés. Aujourd'hui il est question d'un grand
duc mecklembourgeois. C'est une dynastie de tout
repos, qui a toujours refusé à ses sujets la plus légère
concession libérale et qui humblement navigue dans le
sillon de la Prusse. Les Finlandais seront bien lotis.

*
* *

La même comédie se joue en Lituanie.

Quand, après la débâcle russe de 1915, les troupes
allemandes occupèrent le pays, ils rassemblèrent autour
d'eux les quelques groupes, moins nombreux que re-
muants, qui, pendant le règne des derniers Tsars, avaient
créé une certaine agitation nationale. En réalité, les
Lituaniens ne pensaient pas le moins du monde à former
un Etat indépendant, et ils furent plus étonnés que ravis
de l'aubaine qui leur tombait. Ils étaient, suivant la
remarque d'un journaliste sceptique et spirituel, dans
la condition d'un homme qui vous prie de lui prêter
cent sous et à qui vous remettez un chèque d'un million.
Après tout, un million est toujours bon à prendre, et ils
firent bon visage... à bonne fortune. Au mois de septembre 1917, on forma une *Taryba* (assemblée); les élections
avaient été dirigées et surveillées par les officiers prussiens, et ils avaient méticuleusement éloigné les éléments
suspects. La *Taryba* se montra d'abord reconnaissante,
complaisante et docile; elle vota une étroite union
économique et douanière avec l'Allemagne et recom-
manda le pays à la bienveillance de l'Empereur. Elle
attendait surtout qu'il délivrât la région des généraux
qui la traitaient comme une vulgaire Belgique : arrestations arbitraires, déportations par milliers, suppression de la liberté de la presse, interventions abusives
et constantes des autorités militaires, pillages et réquisi-

tions pires que les pillages, toutes les beautés de l'administration germanique.

La Taryba humblement présenta ses griefs; elle ne recueillit que des rebuffades. Le pays, traversé et pillé par les armées russes, dévalisé et exploité jusqu'au sang par ses prétendus libérateurs, avait besoin de tous ses enfants pour essayer de se réorganiser. L'Assemblée demanda qu'on lui rendît les milliers de prisonniers que l'Allemagne continuait à retenir sans ombre de prétexte. — Votre réclamation est parfaitement juste, lui répondirent les diplomates de Berlin; malheureusement la main-d'œuvre est rare chez nous, et vous ne pouvez pas exiger en conscience que nous compromettions notre production industrielle et agricole. — Les prisonniers sont toujours en captivité.

Désemparés, mourant de faim, les Lituaniens cherchèrent un moyen de se concilier la bienveillance de leurs maîtres. — Le comte Czernin leur avait indiqué la voie : il avait félicité la Taryba de sa sagesse politique dont elle avait donné la preuve en manifestant son intention de demander un souverain aux Empires centraux. — Malgré leur extrême bonne volonté, les Lituaniens s'étonnèrent et trouvèrent la pilule un peu amère : le comte avait été mal renseigné; ils avaient bien sollicité l'amitié de l'Allemagne, mais sous réserve de leur indépendance; puisqu'on les avait affranchis alors qu'ils ne demandaient rien, ils ne voulaient pas s'arrêter à mi-chemin; ils désiraient une constitution républicaine. — La Diète, qui transmit à Berlin les désirs de ses électeurs, fut sévèrement rabrouée. Son courage était faible et son autorité nulle; elle renonça à la lutte. Comme d'ailleurs l'oppression devenait chaque jour plus écrasante, elle en revint aux conseils de Czernin et élut roi un certain duc d'Urach. Descendant des ducs de Wurtemberg, général, ses quatre fils combattaient sous le drapeau de Guillaume; il offrait donc des garanties sé-

rieuses, et les Lituaniens s'attendaient à des remerciements, d'autant plus que le gouvernement impérial avait
lui-même mis en avant le nom de ce candidat, parfaitement inconnu et que l'assemblée n'eût pas découvert
d'elle-même.

Surtout pas de zèle, recommandait M. de Talleyrand
à ses subordonnés. — La Taryba apprit à ses dépens la
sagesse de ce conseil, et que la Prusse est une maîtresse
difficile à satisfaire. Son vote fut salué à Berlin par un
concert de récriminations. De quoi vous mêlez-vous?
lui criait le journal semi-officiel la *Norddeutsche allgemeine Zeitung*. Quelle portée peut bien avoir votre vote?
Que représentez-vous? — Vous-mêmes, et non la Lituanie. — La *Norddeutsche* avait raison; elle oubliait seulement que Guillaume et Charles Ier avaient consacré
son autorité en saluant en elle la mandataire légitime
du peuple. Comment d'ailleurs expliquer cette grande
colère, si imprévue? — Uniquement par le dessein
arrêté de ne laisser aux nations affranchies d'autre droit
que celui d'accepter les ordres de l'Allemagne. C'est une
insolence même de les devancer. En reconnaissant le
candidat élu par la Taryba, l'Allemagne, d'après les
théories de ses sociologues, eût implicitement admis
que la Diète aurait eu le droit de le repousser, et créé
un précédent regrettable. Elle a toute la prévoyance et
les finesses d'un avoué du vieux répertoire.

* * *

L'aventure des provinces baltiques, assez analogue
à celles de la Finlande et de la Lituanie, s'en distingue
par quelques détails qui en relèvent le ragoût.

Au début, l'Allemagne, encore surprise de sa victoire dont elle sentait la fragilité, n'avait pas dévoilé
ouvertement ses ambitions, et le traité du 3 mars 1918
était conçu en termes équivoques. Il semble que Guil-

laume n'avait en vue à ce moment que la réunion de la
Courlande et de Riga et qu'il était résigné à laisser le
reste de la Livonie et de l'Estonie sous la suzeraineté
russe, avec des institutions autonomes. La convention
du 3 mars disait simplement « que la Livonie et l'Estonie seraient occupées par des forces de police allemandes, jusqu'à ce que la sécurité y fût garantie par des
institutions nationales propres et que l'ordre constitutionnel y fût rétabli ». Devant la commission centrale
du Reichstag, M. de Hertling parlait seulement « d'insti-
tuer de bonnes relations avec ces peuples comme avec
l'ensemble de la Russie » (24 janvier) et il ajoutait, le
lendemain : « Nous ne songeons pas à nous établir en
Estonie et en Livonie. »

Modestie digne d'éloge. — Mais l'appétit vient en
mangeant. M. de Hertling, défenseur convaincu du droit
des peuples, avait des nuits pénibles, et son sommeil
était troublé par le remords : les Lettons, qui peuplent
la Courlande et la Livonie, allaient donc se trouver séparés. Scission cruelle et déchirement douloureux! Géo-
graphiquement, se disait encore le chancelier, ces provinces baltiques sont dépendantes les unes des autres ;
« il serait dur pour les Lettons d'être coupés en deux »
(discours du 24 mars). Il s'ouvrit de ses charitables angoisses à l'Empereur, qui jugea intolérable l'idée de cette
opération chirurgicale. Il narra ses transes aux ambas-
sadeurs bolchevistes qui se trouvaient à Berlin; ils en
comprirent aussitôt la grandeur et furent trop heureux
de ramener la paix et la joie dans l'âme de Guillaume et
de son ministre en renonçant expressément à toute prétention sur l'ensemble des provinces baltiques.

Le terrain ainsi déblayé, on mit en avant les barons
baltes. Sur cette aristocratie, une des plus orgueilleuses
et des plus dures de l'Europe, on trouvera des renseignements abondants et sûrs dans le livre excellent de
M. Ernest Doumergue, *les Lettons* (1917); je l'ai résumé

et complété sur quelques points dans un article du
Monde slave (septembre 1917). Jusqu'à la Révolution
de mars 1917, elle avait formé, suivant l'expression de
M. Finot, « l'épine dorsale morale, militaire et administrative de l'Etat russe et alimenté la citadelle réaction-
naire ». La jacquerie de 1905 avait révélé la violence
des haines qu'elle avait suscitées parmi le peuple; la
répression impitoyable avec laquelle l'insurrection avait
été réprimée avait encore exaspéré les colères. Infime
minorité perdue au milieu d'un Océan de colères et de
rancunes, elles savait ses jours comptés si elle était
réduite à ses seules forces. Pour sauver ses privilèges,
elle se fût donnée au diable. L'Allemagne arriva à point
nommé.

Le 21 avril 1917, une députation de la noblesse balte
apportait à Berlin les vœux de la population (?) : les
habitants désiraient la formation d'un Etat indépendant,
rattaché à l'Empire germanique par une union personnelle avec la couronne de Prusse.

Parfait, applaudit Hertling; admirable résolution ! —
Guillaume, averti, soupira en songeant aux charges
nouvelles que l'Eternel imposait à ses vieilles épaules.
— Heureusement, elles sont solides. Et puis, on ne
s'insurge pas contre les décisions de la Providence :
Seigneur, que votre volonté soit faite, et non la mienne.
« Bénissons Dieu, conclut l'Empereur, qui m'a permis
à moi et à mes armées de rendre à la civilisation allemande une ancienne terre de culture germanique. »
(11 juillet.)

La majorité des habitants, prévenue de la démarche
des barons et de la gracieuse condescendance de Guillaume, s'émut de la légèreté avec laquelle on disposait
de son sort. Elle n'avait donné à personne mandat d'offrir
le pays en pâture au Kaiser.

Les Estes nommèrent une délégation qui partit pour
Berlin avec mission de décliner nettement l'honneur

qu'on leur réservait. — On arrêta leurs délégués. — Ils organisèrent la résistance passive; on déporta les récalcitrants et on envoya dans un camp de concentration Constantin Pats, qu'on soupçonnait d'inspirer le mouvement.

Les Lettons, de leur côté, s'entêtaient à affirmer qu'ils ne se sentaient pas dignes d'être Allemands. On commença par ne pas les écouter. — Qu'avaient à dire des paysans en si noble compagnie ? — Ils continuèrent et élevèrent la voix. On les savait tenaces, instruits, braves; on s'avisa que leur résistance pouvait devenir dangereuse. Pour la vaincre, on consulta les bons auteurs qui avaient prévu le cas et prescrit le remède : « Renversons, le front de notre émigration, prêchaient les pangermanistes; nous avons sous la main des territoires ouverts, faiblement peuplés, dont les habitants sont trop peu nombreux pour soutenir longtemps la lutte. Notre race a besoin de terres; agglomérée dans les villes, elle courrait risque de s'étioler et de s'abâtardir; elle se retrempera dans la campagne, sous la brise salubre de la Baltique. Ne reculons pas devant une action virile. »

Aussitôt après l'occupation, les autorités militaires s'étaient mises à l'œuvre, distribuant à des Allemands les énormes quantités de terres abandonnées par les milliers de paysans qui avaient fui devant l'invasion. Elles furent invitées à étendre leur action selon un plan méthodique. Le 1ᵉʳ juillet 1917, un décret a ordonné à chaque propriétaire courlandais possédant plus de quatre cents hectares, de céder un tiers de ses domaines à la *Compagnie foncière de Courlande,* à charge pour elle d'y établir des colons allemands venus soit de l'intérieur de la Russie, soit du reste du monde.

La Courlande est loin, et le malheur des Lettons n'affectera peut-être qu'assez peu nos paysans. Qu'ils y songent cependant; c'est de leur sort qu'il s'agit, et l'Allemagne victorieuse leur appliquerait la même règle qu'aux provinces baltiques et invoquerait contre eux les mêmes arguments : — Les agriculteurs français, diraient ses philosophes, suivent d'un pas trop lent la marche de la science; leurs méthodes sont arriérées, et les rendements qu'ils tirent de leur magnifique sol sont trop grossièrement inférieurs à ceux que le cultivateur de l'Elbe arrache à ses terres légères. Le progrès exige qu'ils soient expropriés pour cause d'utilité générale.

« Quant aux grands intérêts de l'humanité, — écrivait ces jours-ci le chancelier austro-hongrois, le comte Burian, dans le mémoire qu'il a fait remettre aux membres du Reichsrat (juillet 1918), — quant à la justice, à l'honneur, à la liberté des peuples, à l'égalité des droits, à tous ces intérêts supérieurs au nom desquels nos adversaires prétendent lutter contre nous, nous n'avons nul besoin qu'on nous en impose le respect. Nous les reconnaissons, nous les proclamons du fond du cœur, nous sommes prêts à les défendre, nous allons même plus loin que le président Wilson! » — Oh! de grâce, monsieur le comte, ne vous emportez pas et ne forcez pas la note. Même quand on ment, un peu de mesure et de tact ne sont pas superflus. Certains mots dans certaines bouches produisent un effet d'indicible comique, — et de dégoût.

Le chancelier oublie d'ailleurs bien vite sa thèse, et des aveux significatifs lui échappent : — « Nos ennemis, dit-il, considèrent les traités que nous avons signés comme un exemple effrayant du sort que nous réservons aux vaincus. Nous dénions à leurs reproches la moindre valeur objective. » — Le comte Burian n'oublie qu'un point : le jugement des Alliés pourrait en effet n'avoir qu'une valeur relative, mais il ne s'agit pas d'opinion, il s'agit de faits. Ils parlent assez haut, et M. Burian l'avoue implicitement quand il ajoute aussitôt après : « *D'ailleurs, il n'est nullement nécessaire*

*que les autres belligérants tombent dans l'état de la Russie
et de la Roumanie.* » Cet état, nous savons par quelles
voies on y a conduit ces malheureuses nations, et sur
ces voies de perdition nous ne nous aventurerons pas
après elles.

*
* *

« Si M. Streseman, disait récemment Haase au Reichstag, veut bien se donner la peine de prendre connaissance des documents qu'a rapportés ici mon collègue
Ledebour sur les procédés employés par les autorités
civiles et militaires à Riga, en Livonie et en Courlande
afin d'obtenir des votes en notre faveur, il éprouvera
quelque embarras à soutenir que le droit des peuples a
été respecté là-bas. »

Les pangermanistes répondaient, comme à propos
de l'Alsace, en invoquant un droit historique, plus ou
moins authentique; ils se barricadaient derrière les Chevaliers Porte-Glaives, la Hanse, Luther, Herder et compagnie. Plus au sud, du côté de la Russie méridionale,
ces arguments pseudo-scientifiques leur faisaient défaut.
Au fond, d'ailleurs, ils ne tenaient pas à exercer en
Ukraine une domination directe. — Seulement, comment
s'arrêter dans la voie des conquêtes ! Les circonstances
les poussèrent plus loin qu'ils ne l'avaient d'abord
pensé et plus avant qu'ils ne l'auraient désiré. Le résultat n'en fut pas plus heureux pour l'Ukraine.

La statistique est une science exacte, qui conduit à
des résultats absurdes quand elle est maniée par des
mains inexpérimentées et maladroites. En Allemagne, la
population agricole, qui, en 1882, formait encore près de
40 p. 100 de la population totale, n'en représentait plus
que 32 p. 100 à la veille de la guerre. On en a conclu —
très justement — que l'Empire se transformait rapidement en Etat industriel, et de cette constatation évi-

dente on a tiré un certain nombre de conséquences beaucoup plus hasardeuses. On a annoncé que ses ressources
alimentaires s'épuiseraient très vite et que la famine le
réduirait à une capitulation rapide.

Rapide au moins était de trop, comme l'ont prouvé
les événements. C'est qu'on oubliait de tenir compte de
quelques faits essentiels. Grâce au progrès de l'instruction professionnelle, au développement de la science
agronomique et à l'emploi rationnel des machines et
des engrais chimiques, l'Allemagne, malgré la décrois-
sance précipitée de sa population rurale, n'en restait
pas moins un pays de très grande production agricole,
peut-être le premier du monde. On évaluait à plus de
12 milliards de francs sa production annuelle en céréales, bétail et lait; en un demi-siècle, elle avait accru de
96 p. 100 sa récolte de froment, de 50 p. 100 sa récolte
de pommes de terre, et de 60 p. 100 sa récolte de seigle. Elle disposait donc de ressources propres considérables que nos économistes ont d'habitude sous-esti-
mées. On croit si aisément ce qu'on désire!

Ils rentraient dans la vérité en nous disant que, malgré ses progrès, elle ne vivait pas uniquement de son
sol. En 1913, elle importait près d'un milliard de francs
de céréales, à peu près autant d'œufs, de graisse, de
beurre, de riz, de fruits et de poisson; elle recevait
de l'étranger 700.000 quintaux de viande. Coupée de ses
fournisseurs ordinaires, elle devait traverser des jours
difficiles. Sans doute, pendant longtemps, les neutres
lui fournirent le moyen d'échapper en partie aux rigueurs du blocus; mais la contrebande fut rendue peu
à peu plus difficile, surtout depuis l'entrée en ligne des
États-Unis, et les neutres, réduits souvent eux-mêmes
à la portion congrue, limitèrent sérieusement leurs
exportations. Comme, en même temps, les besoins de
l'armée étaient énormes et que, faute de main-d'œuvre
expérimentée et d'engrais artificiels, la production na-

tionale diminuait rapidement, la situation de l'Allemagne devint sérieuse. Elle a supporté avec une remarquable fermeté des privations que nos journaux ont peut-être exagérées, mais qui ont été et sont très dures, et elle a donné au monde un exemple de constance qui m'inspire, quant à moi, un profond sentiment de respect. Aussi bien n'ai-je jamais nié que nous ayons en face de nous une race robuste, vaillante, énergique, solidement trempée; le malheur est qu'elle ait mis au service de passions criminelles des vertus et des talents qui, sans être incomparables, comme l'affirment ses savants, sont dignes d'estime et, dirigés par un esprit droit et une conscience saine, pourraient trouver un honorable emploi.

Supporter courageusement la souffrance, cela ne signifie pas qu'on ne la ressent pas. Pendant l'hiver de 1918, la misère chez nos ennemis était intense, en particulier dans les masses populaires; les restrictions étaient si rigoureuses que la santé publique était menacée et que la puissance de production des travailleurs fléchissait. Çà et là des symptômes de mécontentement se produisaient. Comme en Russie, la population demandait : du pain et la paix! La paix, les Alliés la lui refusaient aux conditions qu'elle offrait. Restait le pain.

La Russie du Nord, pauvre, ruinée par le passage des armées, dévastée par le désordre et l'anarchie, était un médiocre champ de ravitaillement. La Russie du Sud offrait plus de ressources.

Nous connaissons assez mal l'évolution des esprits en Ukraine. Je savais pour ma part que, depuis un quart de siècle, le cabinet de Vienne y menait une propagande très active et qu'il y soudoyait un parti séparatiste. Je n'avais pas pris ce mouvement ukrainophile très au sérieux, et, lors de mon passage à Kiev, assez peu de temps avant la guerre, je n'avais pas eu l'impression qu'il eût dans le peuple des racines très profondes. J'ai interrogé depuis un assez grand nombre de personnes qui avaient vécu longtemps dans le sud de la Russie, et connaissaient bien la région ; il me semble qu'elles étaient arrivées à des conclusions assez voisines des miennes. Les paysans ukrainiens réservaient leur haine pour les Polonais, et ils étaient assez rétifs aux excitations des quelques écrivains qui travaillaient à remettre en honneur les souvenirs pâlis d'une indépendance qui avait toujours été plus tumultueuse que solide. Le mouvement manquait de base historique continue. Ceci dit, d'ailleurs, sans rien présager de l'avenir. Certaines idées, une fois lancées, se développent avec une telle intensité de vie qu'il n'est plus guère possible de les supprimer.

Le mouvement nationaliste ukrainien, qui ne fût probablement jamais né sans l'absurde politique de compression de la bureaucratie de Pétrograd et qui, dans des circonstances ordinaires, ne se fût sans doute développé que dans des limites assez étroites, reçut une impulsion formidable de l'aversion que provoqua presque immédiatement l'anarchie extrémiste. Comme tous les paysans du monde, les paysans de la Russie méridionale étaient affamés de terres ; tant qu'on leur parla de se partager les grands domaines, ils se ruèrent au butin avec fureur ; dès qu'il crurent s'apercevoir que les Bolcheviks ne leur abandonneraient pas la pleine jouissance du sol usurpé et réclameraient leur part, ils se révoltèrent. Un comité se constitua qui, suivant la mode du jour, s'affubla d'un panache socialiste, mais qui prit pour programme la lutte contre Lénine et ses gardes-rouges. Pour que le gouvernement des soviets n'obtînt pas contre lui l'appui de l'Allemagne, il se hâta de traiter avec Vienne et Berlin (9 février 1918).

Les Austro-Allemands se montrèrent au début peu exigeants, parce qu'il leur importait avant tout de

mettre la main sur les réserves de céréales qu'ils s'imaginaient trouver en Ukraine. Leurs espoirs furent gravement déçus. Il est imprudent, en semblable matière, de
donner des chiffres; il semble cependant, d'après des
données assez sérieuses, qu'au mois de juillet 1918 ils
n'avaient ramassé que 50.000 tonnes, au lieu du million qu'ils avaient escompté. L'écart était dur. Ils attribuèrent leur déconvenue à l'anarchie qui persistait,
reprochèrent à la *Rada* son manque d'énergie et la firent
disperser par un piquet de soldats (27 avril). Ils la remplacèrent par un certain Skoropadski, qu'ils bombardèrent Ataman; c'était un ancien général russe, sans
racines dans le pays, qui n'avait aucun parti derrière lui
et qui, par conséquent, était destiné à être l'instrument
passif de l'étranger. Le véritable gouverneur du pays
fut le maréchal von Eichhorn.

Comme tous ses compatriotes, Eichhorn ne connaissait que la méthode forte. Il mit le pays en coupe
réglée. Les paysans refusaient de vendre leurs blés
qu'on leur payait en bons de réquisition ou en papier-
monnaie déprécié; on le leur confisqua. Ils répondirent
par la grève des bras croisés et ne cultivèrent que les
parcelles nécessaires à leur consommation personnelle;
le maréchal décréta la culture obligatoire. Les méthodes
agricoles sont encore assez arriérées chez les paysans
russes; les grands propriétaires, plus instruits, plus
ouverts aux idées nouvelles, disposant de capitaux plus
abondants, obtenaient des réndements plus élevés;
von Eichhorn ordonna aux paysans de rendre à leurs
anciens maîtres les terres usurpées. Sa psychologie
était courte, et il ignorait que le paysan est prêt à
braver les pires ennuis plutôt que de rendre le sol sur
lequel il a mis la main. Pour briser les résistances, des
corps expéditionnaires parcoururent le pays. Ces
régiments, composés de la lie de l'armée allemande,
commandés par des officiers médiocres et renforcés de

prisonniers, plus ou moins contaminés par les prédications bolchevistes, se transformèrent en détrousseurs de grands chemins. Ils ne ramassèrent pas beaucoup de blé; en revanche, ils dévastèrent à fond le pays, brûlèrent les fermes, violentèrent les femmes et firent main-basse sur tout ce qu'ils rencontraient. Les habitants, poussés à bout, se défendirent; des villages furent bombardés; les tribunaux martiaux ordonnèrent des centaines d'exécutions; dans quelques bourgs, écrit un correspondant, les Allemands se vantent de leur humanité, parce qu'ils se sont contentés de tuer un homme sur dix.

Actuellement, l'Ukraine est en pleine anarchie; les cheminots sont en grève et les transports sont complètement suspendus; les usines flambent, des bandes de malfaiteurs courent les campagnes. Dans les grandes villes où les garnisons allemandes maintiennent une apparence d'ordre, les attentats terroristes se multiplient; von Eichhorn vient d'être assassiné.

« Nous aussi, disait ces derniers jours M. Balfour à la Chambre des communes, nous avons conquis des territoires; nous occupons la Palestine méridionale, la plus grande partie de la Mésopotamie, la totalité des colonies allemandes. Comparez le sort de ces territoires avec celui des pays soumis par nos ennemis. Partout où nos armées ont pénétré, elles ont établi la paix et l'ordre. La Mésopotamie n'a jamais récolté autant de blé, la Palestine connaît une sécurité et une prospérité dont le souvenir même avait disparu de la mémoire des habitants; il n'est pas jusqu'aux colonies allemandes où nous ne puissions signaler une remarquable amélioration. Dans les pays qui sont sous la coupe allemande, que voyez-vous? — L'anarchie, la guerre, la peste et la famine. »

Il n'y a aucune exagération dans ces paroles. Partout, la paix allemande a été l'origine et la cause de maux et de souffrances tels que la guerre paraît douce à côté. Et ces malheurs qui se sont abattus sur les peuples qui ont cru à la parole de l'Allemagne, elle les a voulus, elle les a prémédités; ils ont été savamment et méthodiquement organisés par ses militaires et ses diplomates; ses savants et ses théologiens s'en réjouissent et les justifient.

Un journal espagnol, *el Universo,* organe du haut clergé et, par conséquent, peu suspect de tendresse excessive pour les Alliés, étudiait, ces dernières semaines, les conséquences possibles de la guerre et les perspectives qu'elle ouvrait au monde. « La seule chose qui nous paraisse claire, écrivait-il, c'est que si l'Allemagne remporte une victoire définitive, si elle écrase le monde soulevé contre elle, son triomphe aboutira à une domination œcuménique telle que l'histoire n'en a pas connu depuis la chute de l'Empire romain. Le monde aurait trouvé un maître plus redoutable que n'ont été ni Charlemagne, ni Louis XIV, ni Napoléon. »

Et quel maître! Charlemagne, Louis XIV, Napoléon, en dépit de leurs fautes, leur nom demeure éclatant, et la postérité n'en parle qu'avec fierté et reconnaissance. Ils apportaient l'ordre, le progrès, la civilisation. Leurs mains souvent brutales pétrissaient l'avenir, et l'humanité en est sortie plus belle et plus grande. Quels sont les titres de Guillaume II à leur succession? Il n'est grand que par les ruines qu'il a accumulées; il n'allume pas un flambeau, il brandit une torche d'incendiaire. Il est hanté par l'hallucination de l'Empire des Augustes. Mais l'Empire romain n'a jamais proscrit les races vaincues ou anéanti leur civilisation; il est toujours demeuré ce que Rome avait été dès l'origine, un asile; il a apporté partout avec lui la réconciliation et la loi : paix romaine ou Empire romain, ces deux termes sont synonymes. L'Empire allemand, Paul Rohrbach nous en résume le programme quand il écrit (juin 1918) : « Nous n'avons pas de plus grand intérêt que de soutenir les Bolcheviks, parce qu'ils ruinent à fond la Russie. Faisons tous nos efforts pour qu'ils restent à l'œuvre le plus longtemps possible. »

CHAPITRE IX

LA ROUMANIE

Czernin, l'évangéliste. — Les promesses de Hertling. — La paix de Bucarest (7 mai 1918) : La Dobrogea. — La politique balkanique de l'Allemagne : la Transilvanie. — L'exploitation économique. — La Roumanie sous l'occupation. — Les aveux de Kühlmann. — L'Allemagne entière responsable. — Disparition des partis pacifistes dans l'Europe orientale.

Le tableau des perfidies et des crimes de l'Allemagne est long, et, en dépit de l'extrême variété des aspects, j'avoue qu'il n'offre pas un spectacle agréable. Devant la persistance de certaines erreurs, il m'a paru indispensable d'entrer dans le détail des faits, autant du moins que le permettent les renseignements que nous possédons aujourd'hui. Ces renseignements, remarquons-le en passant, sont très incomplets, et quand, après la guerre, nous serons en mesure de dresser un bilan complet des forfaits où s'est vautré le militarisme prussien, une vague d'épouvante et d'horreur soulèvera l'humanité.

Pour le moment, il manquerait un trait essentiel à l'esquisse — si désolante — que j'ai essayé de tracer, si j'oubliais la Roumanie.

*
* *

Le 2 avril, le comte Czernin, brusquement pris d'un prurit d'éloquence, se faisait amener le conseil municipal de Vienne et lui administrait le célèbre discours qui a eu pour lui de si désagréables conséquences, puisqu'il a été le début de son duel avec Clemenceau. « Vis-à-vis de l'Ukraine, disait-il, nous nous sommes contentés de quelques rectifications de frontières, que l'on ne saurait appeler des annexions. » A la différence de la France, impudique et corrompue, on sait que l'Allemagne est une personne qui pousse la vertu jusqu'à la pruderie.

> Elle fait des tableaux couvrir les nudités,
> Mais elle a de l'amour pour la réalité.

Elle ne déteste pas les agrandissements, mais elle les baptise restitutions, rectifications; les amputations qu'elle pratique sont toujours bénignes, bénignes, et il faut, pour que les plaignants s'en offensent, qu'ils aient vraiment un caractère bien pointilleux.

Les territoires que nous avons obtenus en Ukraine, expliquait le chancelier austro-hongrois, sont presque déserts, et ils servent uniquement à nous donner une frontière militaire. Du côté de la Roumanie, nous avons dû nous montrer plus exigeants[1]. « A ceux qui persisteraient à appeler ces rectifications de frontières des annexions et qui m'accuseraient d'inconséquence parce que j'avais dit que nous faisions une guerre purement défensive, je rappellerai mes précédentes déclarations devant les délégations. J'ai indiqué à plusieurs reprises que je me refusais à délivrer à nos adversaires un blanc-seing qui les assurât contre les risques des mésaventures militaires. Ce n'est pas ma faute si la Roumanie, moins bien inspirée que la Russie, ne s'est pas avisée à temps de l'utilité des conférences. Elle a manqué une occasion favorable. Tant pis pour elle! » Chaque faute se paye, et son obstination aurait pu lui coûter cher si elle avait eu en face d'elle des adversaires moins

---

1. La paix de Bucarest n'a été signée que le 7 mai. Mais l'armistice du 5 mars en avait déjà fixé les clauses essentielles.

évangéliques. Nous l'avons ménagée de notre mieux, continue Czernin, et nous nous sommes même arrangés pour lui assurer des compensations ! « Je me suis scrupuleusement efforcé, dans les rectifications de frontières, de ne rien lui prendre qui pût laisser des souvenirs cuisants dans la mémoire de ses peuples. Je veux que les blessures qu'elle a reçues dans cette guerre guérissent et se ferment. Je crois que, dans son intérêt bien compris, elle doit se tourner vers les Puissances centrales. »

On ne saurait pousser plus loin la charité et l'amour du prochain, et on s'explique, en lisant les langoureuses et pathétiques oraisons de Czernin, que les représentants de la doctrine chrétienne conservent à l'Autriche une impérissable tendresse ! — Qui, mieux que les Habsbourgs, a jamais pratiqué le pardon des injures ? Ont-ils vraiment des cœurs de pierre, les hommes qui, comme Take Jonesco ou les rédacteurs du journal *la Roumanie,* se refusent à baiser la main miséricordieuse qui se penche vers eux pour les relever dans leur misère !

*
* *

Le peuple roumain n'a en France que des amis, et ses souffrances provoquent dans nos âmes le plus profond et le plus douloureux retentissement. Nous n'oublierons jamais que, pour venir à nous, il a été obligé de briser, dans un magnifique effort, les portes de fer de la geôle où l'avait emmuré l'Allemagne, et que, par instinct de race et amour de la liberté, il a volontairement accepté un combat pour lequel il se savait mal préparé et dont il avait eu le temps de mesurer l'immense péril. Ses armées, incomplètement outillées, ont déployé un héroïque courage, et, même après l'ignoble trahison du tsarisme et des Bolcheviks, elles ont, avec une

suprême constance, défendu pied à pied le sol de
la patrie contre des forces infiniment supérieures. —
Ayons malgré tout le courage de dire que la paix de
Bucarest, ce modèle du genre, « le type de la paix que
nous devons imposer à nos ennemis », suivant l'expression des *Münchner Neueste Nachrichten,* a été une faute
des plus graves.

Pendant toute la guerre, la Roumanie a traîné le
boulet de la politique germanophile que lui avait imposée Charles Ier de Hohenzollern. A divers points de
vue, le roi Carol a été un prince des plus remarquables,
et personne ne conteste les progrès que le pays a réalisés sous sa direction. On a exagéré, je crois, jusqu'au
ridicule son action individuelle, et sans doute une part
considérable de ces progrès revient, plutôt qu'au souverain, à la nation, intelligente, industrieuse, portée par
un patriotisme ardent; mais enfin il a donné l'impulsion,
il a maintenu la paix publique; il avait le goût de l'ordre,
l'esprit d'économie et de méthode, un sens très aigu de
la réalité et des affaires. Il aimait le confort et la richesse; pour n'être pas héroïques, ces qualités n'en sont
pas moins précieuses chez un monarque. Ce sont celles
de la race germanique. Charles — ce fut son mérite et
aussi son malheur — ne cessa jamais d'être Allemand.
Il latinisa son nom, non son cœur.

Rien peut-être ne marque mieux la différence radicale entre le Français et le Teuton; transporté dans un
autre milieu, le Français, instinctivement, s'adapte; le
Teuton assimile. Celui-là, par besoin de plaire et ouverture de cœur, se pénètre aussitôt des mœurs, des habitudes, des pensées de son voisinage; celui-ci, par orgueil et lenteur d'esprit, impose ses goûts, ses manières,
ses conceptions. A peine installés sur leur trône, les
frères de Napoléon prennent contre lui la défense de
leur peuple, se sentent Espagnols, Hollandais, Allemands. Un Hohenzollern n'est jamais que le proconsul

délégué dans un poste lointain pour représenter les
intérêts de sa Maison.

Charles Ier se croyait bon patriote roumain, et il l'é-
tait à sa façon, seulement il ne comprenait la destinée
de la Roumanie qu'en fonction de l'Allemagne. D'après
lui, son sort était d'être une planète qui emprunterait
sa lumière à l'astre berlinois. Le congrès de Berlin en
1878 et les fautes de la diplomatie russe lui fournirent
les prétextes qu'il cherchait pour rattacher son royaume
aux Empires centraux; il entra dans le sillage de l'Autriche et, en dépit de quelques froissements en 1913, il
reçut de Vienne jusqu'à la fin son inspiration et son plan
de conduite.

Le résultat de cette politique fut déplorable. Pour
conserver de bons rapports avec les Habsbourgs, les
Roumains durent abandonner leurs compatriotes de
Transilvanie à la tyrannie magyare; dure abnégation,
qui eut pour conséquence un fléchissement de l'idée
nationale. Les liens naturels et historiques qui rattachaient à l'Italie et à la France les Latins des Karpates
se relâchèrent, en même temps que le royaume était
envahi par une nuée d'Allemands : commis voyageurs,
négociants, industriels, professeurs, qui mirent peu à
peu la main sur l'opinion. Même après la mort de Carol,
les influences autrichiennes furent assez fortes pour
retarder outre mesure l'entrée en ligne de la Roumanie,
qui assista, l'arme au pied, à l'écrasement de la Serbie.
Le parti germanophile se recrutait surtout parmi les
conservateurs, qui, groupés autour de MM. Carp et
Marghiloman, étaient épouvantés par les réformes libérales et démocratiques que la guerre avait rendues nécessaires et qui étaient à la veille d'être réalisées. Jusqu'à la dernière minute, ils s'étaient opposés à la rupture avec les Empires de proie et ils n'avaient pas renié
leurs relations avec Berlin. Après l'effondrement russe,
ils offrirent avec empressement leurs bons offices.

Rien n'est plus absurde et plus dangereux que la théorie des deux morales. Il est stupide d'admettre qu'un acte qui serait criminel chez un individu, devient raisonnable et juste parce qu'il est accompli par une nation. En 1871, la France n'avait pas le droit de signer la paix aux conditions qu'exigeait Bismarck. En 1918, la Roumanie n'avait qu'une chose à faire : protester contre la violence et attendre la revanche prochaine. M. Marghiloman se souciait aussi peu de l'honneur que Lénine lui-même et, pourvu qu'il supprimât ses rivaux politiques, il prenait aisément son parti des revers de son pays. Il n'est malheureusement pas nécessaire d'aller jusqu'au Danube pour rencontrer de semblables passions. Le résultat fut le traité de Bucarest (7 mai 1918).

En vertu de ce *traité de charité,* la Roumanie abandonne d'abord toute la Dobrogea[1]. L'histoire de la Dobrogea restera une des pages lumineuses de l'administration du roi Carol. Indifférent aux luttes ethniques qui mettent aux prises les populations balkaniques, il y avait ménagé les droits des diverses nationalités, interdit les persécutions, protégé et encouragé les écoles bulgares et turques. Grâce en partie à cette politique libérale et sage, le pays s'était développé avec une extrême rapidité ; des routes et des chemins de fer avaient été construits ; le magnifique pont de Tsernavoda sur le Danube avait rattaché la province au reste du royaume.

Les propagandistes bulgares affirment qu'il y a dans la Dobrogea 60.000 de leurs compatriotes. On connaît leur adresse à jongler avec la statistique, et les merveilleux résultats qu'ils en tirent. Ils reconnaissent d'ailleurs que ces 60.000 Bulgares représentent moins d'un cinquième de la population. Dès 1878, au moment de la réunion de ces territoires à la Roumanie, l'élément

1. En dépit de l'usage, j'emploie le mot roumain plutôt que le terme bulgare, Dobroudja. Le mot est probablement d'origine turque. Dobr-ja, la petite croupe.

dominant, après les Turcs et les Tatares, était formé
par les Roumains. Depuis, suivant un phénomène qui
s'est reproduit dans les divers pays échappés à la domination ottomane, les Turcs ont émigré; les Bulgares
se sont maintenus, et les Roumains se sont rapidement
accrus. « L'image, écrit M. de Martonne, reste celle
d'un bariolage ethnique, mais la prépondérance de l'é-
lément roumain est évidente, et, s'il est une conclusion
à tirer de l'étude ethnographique du pays, c'est qu'il n'a
jamais été une terre bulgare et qu'il tend actuellement
à devenir une terre roumaine. »

Bulgares, Roumains, Slaves, au fond, les Allemands
rassemblent dans un même mépris souverain ces représentants d'une humanité de deuxième qualité, dont ils ne
se rappellent les prétentions rivales que quand ils y voient
un moyen de servir leurs propres desseins. Le traité du
7 mai ne rend directement à la Bulgarie que la région
au sud du chemin de fer Tsernavoda-Constanza; le nord
de la province reste provisoirement occupé par les Empires centraux. — L'Allemagne aurait-elle l'intention
d'établir une colonie à l'embouchure du Danube? —
Nullement; mais, au lieu de céder à la Bulgarie les territoires que convoite Ferdinand, il est plus avantageux
de les lui vendre. Le Cobourg de Sofia, qui connaît la
valeur de l'argent et n'ouvre pas volontiers les cordons
de son escarcelle, discutait avec une certaine âpreté les
comptes d'apothicaire que lui présentait Berlin. La peur
de perdre une partie de son butin l'a rendu plus traita-
ble, et Radoslavov, avant de passer la main à Malinov,
a fait voter par le Sobranié un crédit de 2 milliards qui
servira à satisfaire l'Allemagne. Ainsi Moltke, une fois
de plus, a raison contre Normann Angel, et il est
démontré que la guerre est une opération lucrative. Le
tout est de savoir y faire, comme on dit au régiment.
Qu'il soit extorqué aux vaincus ou escroqué aux amis,
l'argent n'est jamais mauvais à prendre.

Les Bulgares économes sourient jaune. — Guillaume ne s'en émeut guère. Ils étaient déjà en froid avec la Turquie. Les voilà maintenant brouillés avec la Roumanie. Il compte qu'ils n'en seront que plus dociles à suivre ses inspirations. De son côté, la Roumanie, coupée de ses communications avec la mer, ne saurait se résigner à cette spoliation; son attention ne se portera plus désormais uniquement vers la Transilvanie, et elle en sera réduite à solliciter les bonnes grâces des Habsbourgs. Elle pourrait être tentée de chercher un appui à l'Est; on la lance contre les Russes, en lui offrant la Bessarabie, dont une partie est peuplée d'Ukrainiens. L'Allemagne, jalouse gardienne de la liberté des mers, céderait volontiers Anvers à la France, pour créer ainsi un motif de jalousie entre les puissances occidentales. Dans l'Europe orientale, une ligue des Etats balkaniques lui fermerait la route de Constantinople et entraînerait immédiatement la dislocation de l'Autriche. En 1913, elle a évité ce péril par la création d'une Albanie indépendante; il en est sorti une guerre entre la Bulgarie et la Serbie, — qui est précisément ce que prévoyait et désirait la diplomatie germanique. A Bucarest, elle a tout arrangé pour semer entre ses voisins des haines inextinguibles.

Le port de Constanza est le débouché naturel des grasses plaines qui s'ouvrent du Danube aux Karpates. Muni des installations les plus modernes, il avait pris depuis un quart de siècle un très rapide développement; en 1912, le mouvement commercial dépassait 1.000.000 de tonnes, et des services réguliers de navigation apportaient sur tous les rivages de la Méditerranée les céréales et les pétroles roumains. Séparée de ses clients, embastillée, il ne reste plus à la Roumanie qu'à solliciter humblement son admission dans l'Europe centrale? La Prusse reprend sur un plus large plan les procédés qui lui ont réussi vis-à-vis des Etats de l'Allemagne du Sud;

en leur fermant l'Océan et en les menaçant de suffocation, elle les a contraints d'entrer dans le Zollverein, qui les a conduits à leur asservissement actuel.

Du côté des Karpates, la nouvelle frontière, telle que la fixe le traité de Bucarest, ne suit pas les crêtes, mais le versant oriental ou méridional, de manière à laisser les défilés aux mains des Hongrois ; la Roumanie est ainsi complètement ouverte à l'invasion. Un journal allemand écrivait : « Nous avons enlevé sa carapace à la tortue des Balkans. » L'image manque un peu d'élégance, mais non de pittoresque et d'exactitude. En vertu de ces *rectifications de frontières,* 200.000 Roumains deviennent sujets mayars ; la guerre, commencée pour l'affranchissement des trois millions de Transilvains qui subissent depuis des siècles l'impitoyable domination de Budapest, se termine par un nouveau démembrement. Des lambeaux de chair qu'on arrache à la Roumanie, un des plus étendus et des plus importants est formé par la région au nord de Turnu-Severinu, qui ouvre des communications directes entre la Bulgarie et la Hongrie et achève l'étranglement du royaume.

*
* *

Les deux parties contractantes renoncent à toute indemnité de guerre. — Mettez donc quelques considérants libéraux à ce décret, écrivait Napoléon à un de ses ministres en lui renvoyant une résolution qui supprimait la liberté de la presse. — Nous avons les mains aussi pures que la conscience, déclare l'Allemagne, et nous ne sommes pas gens à nous faire payer notre gloire. — La générosité germanique est vraiment sans prix, comme on le reconnaîtra en lisant les articles du traité de Bucarest.

Tant que l'ordre ne sera pas complètement assuré et que les détails de la paix n'auront pas été définitivement réglés, les provinces envahies continueront d'être occupées par l'armée ennemie. Elle comprendra *au moins* 6 divisions et sera entretenue aux frais des vaincus; toutes ses réquisitions passées, présentes et futures, seront supportées par le budget roumain (art. XVI).

La Roumanie prend à sa charge les réquisitions opérées pendant la guerre par les troupes austro-allemandes. — C'est une bagatelle d'un milliard et demi au bas mot. Elle remboursera aux Empires centraux les dépenses qui ont été effectuées pour les travaux publics, y compris les entreprises industrielles.

Elle s'engage à vendre aux Empires centraux pendant 9 ans *le surplus* de ses récoltes ; le prix sera fixé par une commission mixte, — c'est-à-dire une commission composée d'Allemands et de Roumains à la solde de l'Allemagne. Nous savons d'ailleurs comment les Allemands entendent ces ventes à juste prix : au moment de l'avance de Mackensen, ils ont fait main-basse sur l'ensemble de la récolte de 1916, enlevé le bétail, la volaille, plus de 3.500.000 tonnes de céréales ou de graines oléagineuses, en ne laissant aux habitants que ce qui leur était strictement indispensable pour ne pas crever de misère. — Perte nette pour les propriétaires, en rapprochant les prix payés par les Allemands de ceux du marché libre, plus de 2 milliards de francs. « Les Allemands, écrivait le *Temps* (21 juillet 1918), réquisitionnent 70 p. 100 de la production de vins et de fruits, toute la production de viande, de laine, d'œufs, de beurre et de fromage. Les autorités militaires fixent le nombre d'œufs que chaque poule doit poudre, et la quantité de lait que chaque vache doit fournir, sous peine d'une amende infligée au propriétaire ou à la commune. Ils abandonnent ensuite à la population, au prix qu'ils fixent eux-mêmes, ce dont les habitants ont besoin pour ne pas mourir de faim. »

La Roumanie n'établira de droits à l'exportation de

certains produits qu'avec le consentement de Berlin. L'Allemagne, en revanche, se réserve la liberté de percevoir des droits de sortie sur les charbons ; et comme la Roumanie n'a pas de houille, elle est à la discrétion du vainqueur. — Elle possédait les gisements de Pétrosény, qui en 1913 ont produit près d'un million de tonnes. Il se trouve, par une malheureuse coïncidence, que ces mines de Pétrosény sont comprises dans la rectification de frontières que l'Autriche s'est vue dans la pénible nécessité d'exiger !

L'Allemagne se réserve le monopole de l'exploitation des pétroles. A cet effet, elle constitue une société fermière qui aura le droit de se servir des chemins de fer et des installations publiques au tarif qu'elle déterminera elle-même ; elle pourra construire des routes, voies ferrées, conduites, canalisations, installations de transbordement, télégraphes et téléphones, sans avoir à payer de redevances. Le gouvernement de Bucarest mettra à sa disposition les bois qu'elle demandera, au cours moyen des trois dernières années, — en dépit de la hausse croissante qui s'est produite ; elle importera en franchise ses machines et son matériel.

La Roumanie renonce à la réparation des dommages causés sur son territoire par des mesures militaires austro-hongroises. — Elle indemnisera les sujets austro-hongrois et les neutres des dommages qu'ils ont subis dans le royaume par suite de l'invasion.

Elle prend en charge les billets que l'Allemagne a émis par l'intermédiaire de la Banque générale roumaine de Bucarest, une simple filiale de la Disconto de Berlin : — fin mars, l'émission de ces billets s'élevait déjà à 800 millions. — Elle avancera aux puissances centrales les sommes nécessaires pour leurs achats de céréales. Il se trouve ainsi que la Roumanie, qui ne paye aucune indemnité de guerre, est grevée, comme entrée de jeu, d'une dette de plus de 2 milliards de francs. — Où les prendrai-je ? ne put s'empêcher de demander M. Marghiloman lui-même ; les territoires qu'a occupés l'Autriche renferment des forêts estimées à trois milliards de francs ; vous m'avez interdit d'établir des droits de douane ; vous avez confisqué l'industrie du pétrole. — Ne vous embarrassez donc pas pour si peu, lui répondirent aimablement les banques allemandes ; faites un emprunt. — Où donc ? — A Berlin ; nous vous offrons de l'argent à 6 3/4 pour cent. — Marghiloman a accepté. — Vous êtes vraiment dans une situation pénible, disaient à M. Thiers, en 1871, le baron Henckel de Donnersmarck, grand brasseur d'affaires, et M. Bleichrœder, le banquier qui faisait fructifier les petites économies de Bismarck ; nous avons pitié de vous et de votre admirable pays ; nous vous aiderons à vous acquitter. — M. Thiers, qui n'était certes pas en joyeuse humeur, réprima difficilement un sourire ; il releva ses lunettes sur son front et se confondit en remerciements. Il n'accepta pourtant pas l'offre généreuse des naufrageurs berlinois. M. Thiers n'était pas un Marghiloman, et tout de même la France, même écrasée et désarmée, n'aurait pas toléré certaines interventions. — Vous avez beau dire, me disait ces derniers jours, — moitié figue, moitié raisin, — un Suisse qui n'est pas encore complètement rescapé : dans son genre, la convention de Bucarest est joliment machinée ; les Allemands sont incomparables, et leur génie d'organisation se révèle en tout, dans la guerre comme dans l'usure. — Ils finiront par s'user eux-mêmes.

La ligne Tsernavoda-Constanza sera affermée à une compagnie allemande ; un port franc sera ouvert à Constanza ; jusqu'en 1950, les Empires centraux auront le droit exclusif d'établir des stations télégraphiques sur la côte roumaine.

Le Danube, dont la navigation n'a cessé de croître depuis un quart de siècle, est destiné à devenir une des grandes voies de communication de l'Europe. La commission danubienne, qui avait été créée au lendemain de la guerre de Crimée, et où la France, la Russie et l'Angleterre étaient représentées, disparaît; dans la nouvelle commission ne siégeront que les Etats riverains, c'est-à-dire qu'elle deviendra en fait une commission allemande. La Roumanie reconnaît à la marine allemande les mêmes droits qu'à la sienne propre. Elle. avait à Turnu-Severinu des ateliers de constructions navales qui lui avaient coûté plusieurs millions; elle les afferme à l'Autriche pour une durée de trente ans, au prix de mille lei par an. — Le lei équivaut environ à un franc. — Dans cette concession de Turnu-Severinu, l'Autriche fera sa part à l'Allemagne, qui occupera un autre chantier à Giurgievo, un des ports les plus fréquentés du fleuve.

Nous n'en finirions pas si nous voulions entrer dans le détail de ce système d'exploitation qui a tout prévu avec la plus minutieuse attention. La Roumanie, corps et biens, est écrasée sous un pressoir qui, à chaque tour de vis, se resserre sur elle, si bien combiné qu'aucune parcelle de sa substance vitale ne saurait échapper au tortionnaire. Une feuille satirique représente un pauvre paysan valaque, squelettique, titubant sur les fuseaux de ses jambes, flottant dans sa chemise haillonneuse. — Tu ne me prendras pourtant pas ma chemise. — Donne toujours, il te restera ta peau pour recevoir les coups.

La presse pangermaniste, qui a les dents longues et la mâchoire exigeante, s'est montrée en général satisfaite du traité de Bucarest, — et son approbation suffit à en déterminer le caractère. — Quant à l'opinion publique, elle n'a pas marchandé ses éloges à l'adresse de ses diplomates, et la *Norddeutsche Allgemeine Zeitung* traduisait assez exactement le sentiment général en écrivant : « Si nous avons exigé de la Roumanie qu'elle nous indemnisât jusqu'au dernier centime des dommages que nous avons subis, tandis que, de notre côté, nous lui refusions la moindre compensation pour les dégâts causés par notre campagne, — tout le monde avouera sans doute que c'était la conséquence naturelle de la situation. » — « La paix qui a été imposée à la Roumanie, écrivait de son côté le radical *Berliner Tageblatt,* lui a été dictée jusqu'au dernier iota. La formule : ni annexions ni indemnités, a été interprétée plus largement encore à Bucarest qu'à Brest-Litovsk... La Roumanie est comme liquidée au profit des vainqueurs : indépendance, richesse nationale, même son travail, on lui a tout pris. » — Le *Berliner Tageblatt,* organe des modérés, n'en éprouve d'ailleurs ni désolation ni honte.

Il paraît que M. de Kühlmann avait mené à Bucarest une vie très accidentée; on a beaucoup clabaudé sur les compagnies trop joyeuses où il s'acoquinait. Un journal a amusé ses lecteurs avec le récit des scandales du secrétaire d'Etat; M. de Kühlmann s'est fâché et a intenté un procès à son diffamateur, qui, sans se laisser intimider, a demandé à faire la preuve de ses accusations. Quiconque a seulement traversé Berlin sait que les mœurs y sont pures et que les jeunes personnes qui animent les *cabarets à service amical* pourraient toutes concourir pour la couronne de rosière; le romancier Fontane donne bien à entendre dans ses nouvelles, qui sont d'ailleurs charmantes, que les petites ouvrières berlinoises ne sont pas insensibles aux faveurs dédaigneuses des officiers. Mais Fontane est mort, et depuis lors les goûts dans l'Athènes de la Sprée sont devenus moins *femelliers,* comme on dit dans le Midi. Les frasques de Kühlmann, vraies ou fausses, lui causèrent quelque embarras, — à moins qu'il n'ait adroitement mis à profit le scandale, sincère ou affecté, qu'elles provoquaient pour se retirer sans bruit au moment opportun et se préparer un retour sensationnel.

On a été injuste envers lui, et il avait vraiment tiré du citron tout le suc qu'il contenait. Quand, le 23 mai, il entonnait devant la chambre de commerce de Berlin un péan triomphal, il n'exagérait en rien ses mérites. — « Nous ne pouvions pas, a-t-il dit, avoir là-bas d'ambition territoriale ; même dans la presse, où apparaissent quelquefois des audaces singulières, personne n'a jamais rien demandé de pareil. Notre but ne pouvait être que d'obtenir les plus grands avantages économiques possible. Nous y avons réussi. Tant que la guerre dure, il faut que la Roumnie nous envoie des quantités importantes de vivres et de pétrole ; pour la période qui suivra la guerre et qui, au point de vue économique, sera certainement difficile, nous devons nous réserver la certitude d'en obtenir tout ce que nous ne sommes pas sûrs de recevoir des pays avec qui nous sommes en conflit. Enfin, la Roumanie est d'une extrême importance pour nous, parce qu'elle nous ouvre un passage vers la mer Noire et vers l'Orient en général, où nos intérêts sont devenus de plus en plus prépondérants. La grande voie d'eau qui réunit l'Ouest à l'Est est le Danube, dont les événements récents nous ont révélé complètement la valeur... Sur toutes ces questions, le traité de Bucarest nous donne tout ce que nous pouvions désirer. Pendant une longue période, la Roumanie nous fournira en céréales, en produits divers, en pétrole, tout ce qu'elle est en état de livrer. Cette année déjà, nous en avons reçu plus de 2 millions de tonnes de céréales, et il n'y a aucune exagération à constater que, sans cet apport, la situation des puissances centrales au point de vue des vivres eût été critique. Les conséquences de l'attaque frivole de la Roumanie pèseront lourdement sur son avenir. Ses charges pécuniaires seules représentent, suivant ses gouvernants actuels, 9 milliards de lei, ce qui n'est pas insignifiant pour un Etat relativement petit, dont la dette publique en 1915 ne dépassait guère 1.800 millions... La guerre et les épidémies lui ont enlevé de 800.000 à un million d'hommes, sur une population totale de 7 millions et demi. L'exploitation des pétroles, sur laquelle ses dirigeants espéraient fonder leur système financier, sera extrêmement gênée; la liberté d'action du royaume sera sérieusement réduite, à notre bénéfice; l'industrie ne se développera guère, si elle ne recule pas, puisque le régime protectionniste devra être adouci. Nous n'avons pas demandé une indemnité directe; elle n'en devra pas moins payer, pour une raison ou une autre, des sommes considérables. » M. de Kühlmann est un homme d'affaires qui ne se contente pas de mots. Son discours peut se résumer en deux lignes : la Roumanie n'est plus qu'une ferme allemande dont tout le personnel est condamné pour de longues générations à travailler à notre profit.

*
* *

Dans l'application, cette convention de Bucarest, qui leur ouvrait déjà de si larges perspectives, les Allemands, suivant leur pratique ordinaire, n'en ont même pas respecté les termes et en ont exagéré les rigueurs. Après comme avant le traité, ils conservent en fait l'administration du pays, qu'ils soumettent à la plus brutale des tyrannies; on dirait qu'ils se proposent de réduire le peuple, par la misère et la terreur, à un tel état de cachexie morale et physique que la moindre pensée de révolte ne puisse pas naître dans son cerveau anémié. Dans une grande partie du royaume, l'exploitation des propriétés rurales a été remise à des compagnies allemandes ou autrichiennes qui s'arrangent pour présenter toujours des comptes en déficit et demandent aux propriétaires de les couvrir de leurs frais : on cite le cas d'une société roumaine de Bucarest qui a été sommée de verser 380.000 francs à la Kommandantur allemande pour la peine que celle-ci avait prise de couper sur ses domaines une grande quantité de bois (le *Temps*, 21 juillet 1918). — Les biens séquestrés sont affermés pour de longues périodes à des prix dérisoires. Si les propriétaires protestent, on les éconduit, à moins qu'ils ne sachent gagner par des raisons sonnantes et trébuchantes la protection d'intermédiaires influents.

L'administration prussienne est généralement probe, mais seulement à l'intérieur ; les dilapidations dont, sous Frédéric-Guillaume II, elle donna l'exemple, lors de l'occupation de la Prusse méridionale, sont demeurées célèbres, et elles se sont renouvelées chaque fois que l'Allemagne a pris possession de terres étrangères ; les exactions dont Francfort fut le théâtre en 1866 et qui amenèrent le suicide du bourgmestre ne sont pas encore oubliées. En Roumanie, comme en Belgique, dans le nord de la France et en Pologne, on démonte et on déménage les machines, qu'on transporte en Hongrie ou en Bulgarie pour y établir à peu de frais des entreprises industrielles que patronnent les banques allemandes. Dans les villes, les maisons sont dévalisées ; « un prince de Schauemburg, détaché à la légation d'Allemagne à Bucarest, a dirigé lui-même le pillage des maisons où il avait été reçu avant la guerre et dont il connaissait les objets précieux. Les déprédations et les orgies ont été générales dans les maisons où résidaient des officiers » (le *Temps*, 21 juillet).

Tous les habitants, de 16 à 60 ans, sont soumis au service civil ; ils peuvent être employés sur tout le territoire du royaume ; il arrive ainsi que les paysans sont astreints au travail forcé à plusieurs journées de marche de leur village, séparés de leur famille, surveillés par les gardes-chiourmes prussiens. Les communications entre les diverses parties du royaume sont pratiquement interdites ; pour aller de Bucarest à Iassy, une autorisation spéciale du commandement allemand est exigée, — et il ne l'accorde presque jamais.

Liberté de la presse? — Tous les journaux d'opposition sont supprimés.

Liberté électorale? — M. Marghiloman lui-même a été obligé de reconnaître dans une lettre à M. Bratiano qu'il était hors d'état de la garantir en Valachie.

Liberté d'opinion ? — L'Allemagne exige le procès des hommes qui l'ont combattue. — Vous vous plaignez du sort qui vous est fait, disait à un Roumain un fonctionnaire allemand. Vous verrez comment nous traiterons nos ennemis de l'Ouest, quand nous les aurons vaincus, et vous apprécierez plus justement le traitement de faveur que nous vous avons accordé. — L'Allemagne est incapable de générosité; malheur à qui tombe dans ses mains. — « La guerre est une chose terrible, a dit M. Lloyd Georges, mais pas aussi terrible que le serait une mauvaise paix. » La situation de l'Europe orientale n'a que trop cruellement démontré la justesse de ces paroles. — *Que voulons-nous?* disait Hertling le 25 février 1917, *protéger l'Ukraine contre là tyrannie des Bolcheviks,* — ces honnêtes Bolcheviks, notons-le en passant, aux généreuses intentions desquels Kühlmann, à la même époque, rendait un hommage empressé et à qui le gouvernement allemand n'a pas cessé de prêter son concours, — *assurer le développement des peuples de la Baltique, libérer la Pologne, mériter l'amitié de la Roumanie.* » — Kühlmann renchérissait. « *Nous nous inspirerons dans nos négociations d'un esprit de philanthropie, de conciliation et de respect réciproque (22 décembre 1917).* — *Les délégations de la quadruple alliance,* roucoulait Czernin, *veulent une paix immédiate générale, sans acquisitions territoriales opérées par la force et sans indemnités de guerre. Elles ne prolongeront pas la guerre d'un seul jour pour faire des conquêtes (26 décembre 1917). — La*

Roumanie et la Russie savent aujourd'hui ce qu'il leur en coûte d'avoir pris au sérieux ces onctueuses paroles.

* * *

En face de ces palinodies cyniques, quelle a été l'attitude du peuple allemand ? — Un enthousiasme universel, une joie sans mélange, une admiration sauvage pour les diplomates qui complétaient si adroitement l'œuvre de l'état-major. — *Deutschland über alles !* Où trouverait-on en effet une race qui sût si fièrement se placer au-dessus de ses engagements, fouler si joyeusement aux pieds ses promesses les plus formelles et tirer un meilleur profit de la naïveté de ses adversaires ? — *La formule d'une paix de conciliation,* écrit la *Voix du peuple de l'Allemagne du Sud-Ouest, n'est plus qu'un document historique que l'on est libre d'encadrer.* — Hermann Wendel fait écho dans la *Voix du peuple de Francfort :* « *La résolution du Reichstag pour une paix de conciliation n'est plus bonne aujourd'hui qu'à faire un bateau en papier que nous regardons descendre joyeusement le courant.* »

Des protestations ne s'élèveront-elles pas parmi les radicaux ? Ne regimberont-ils pas devant les exagérations des annexionnistes et les dangers qu'elles créent ? — Grisés par le succès de l'offensive de Picardie, ils avouent leur manœuvre et se félicitent d'avoir préparé la victoire : *Quand nous avons, le 19 juillet dernier, demandé une paix sans annexions ni indemnités, le moment était des plus critiques. Les masses socialistes s'agitaient. Pour les maintenir dans l'ordre, nous avons été forcés de déclarer à la face du monde que l'Allemagne poursuivait une guerre défensive. Le calme est revenu. La Russie a été contrainte de signer la paix. Désormais, nous ne nous regardons plus comme liés par des principes posés dans des conditions absolument différentes.* » (Déclaration du groupe progressiste du Reichstag, avril 1918.)

Et les socialistes? — « NOUS NE DEVONS PAS OUBLIER QUE LES PROLÉTAIRES ALLEMANDS N'ONT PAS A EMPÊCHER DES ANNEXIONS QUI PEUVENT ÊTRE FAITES EN FAVEUR DE L'ALLEMAGNE, MAIS DOIVENT EMPÊCHER DES ANNEXIONS AUX DÉPENS DE L'ALLEMAGNE. » — « *Nous n'approuvons pas la façon dont ont été menées les négociations,* déclare Scheidemann; *mais puisque le traité termine la guerre à l'est, nous ne pouvons pas le repousser.* » (22 mars 1918.) — Vous ne croyez donc pas à la Sozialdemokratie? nous disent les pacifistes français. — Comment donc! elle n'a jamais perdu une occasion de prouver sa loyauté et de manifester ses principes : je prends, donc je suis. — La Prusse est un Etat merveilleusement aménagé, écrivait déjà Henri Heine, et nulle part on ne s'entend mieux à tirer parti de tout, même des ordures ménagères. Elle traite sans aménité ses révolutionnaires, mais elle ne néglige pas de s'en servir à l'occasion, et leurs rancunes s'effacent quand il s'agit de l'orgueil allemand.

« Nous n'oublierons pas, a dit le ministre des affaires étrangères de la Grande-Bretagne, M. Balfour (20 juillet 1918), le mépris que l'Allemagne affecte pour les traités et combien elle fait bon marché de son honneur. Quand le moment sera venu d'examiner autour de la table de la conférence les moyens de mettre le monde à l'abri d'horreurs et d'infamies telles que celles dont elle s'est rendue responsable, nous devrons nous souvenir à chaque instant qu'elle ne s'est jamais crue liée par ses promesses et qu'une paix qui reposerait uniquement sur sa parole serait singulièrement précaire. — Qu'on ne nous corne plus aux oreilles, disait-il quelques jours plus tard, que l'Allemagne n'est pas responsable de la conduite de ses chefs. Le peuple entier les soutient, les encourage, les approuve. C'est la nation qui a voulu la guerre, qui a acclamé les violences et les crimes

de l'état-major, qui aujourd'hui encore exige qu'on lui
livre le monde à dominer et à exploiter. Toute l'Allemagne est complice : savants, professeurs, théologiens,
industriels, ouvriers ; — il faut que l'expiation retombe
sur le peuple entier, parce que le peuple entier a eu sa
part dans le crime. »

Le résultat le plus clair des traités sauvages qu'elle a
dictés aux Etats vaincus a été de ruiner chez eux les
partis pacifistes qui, il y a quelques mois encore, étaient
disposés à accepter sa suzeraineté, pourvu qu'elle ne fût
pas trop accablante. Aujourd'hui, à l'exception de quelques jointées de bandits et de traîtres, gorgés de sang
et d'or, prisonniers de leurs crimes ou emmaillotés dans
leurs idées fixes et leurs haines aveugles, qui essayent de
prolonger quelques heures de plus leur vie de débau-
ches et de honte, dans toute l'Europe orientale, de la
Baltique à la mer Noire et de la Vistule à Vladivostok,
les peuples, recrus de misère, sans travail, livrés au
plus immonde despotisme, jettent vers les Alliés un cri
de détresse et les supplient de les arracher à un enfer
dont les épouvantes dépassent l'imagination.

En Roumanie, à la fin de l'année dernière, un groupe
assez nombreux appelait de ses vœux la paix à tout prix.
— Maintenant, en dehors des quelques centaines d'ar-
gousins et de financiers qui tripotent en eau trouble et
qui s'engraissent des larmes de la nation sous l'œil
complaisant de Marghiloman et de Kühlmann, la haine
contre l'Allemagne est universelle, et le jour où notre
armée de Salonique, trop longtemps négligée, arrivera
sur le Danube, une commotion générale soulèvera la
Moldavie, la Valachie et la Transilvanie. — Vers nous
s'élève la plainte émouvante, impérieuse, de ces opprimés « dont, suivant l'expression du président Wilson,
les sanglots et les cris de détresse emplissent actuellement l'air troublé du monde ». — La délivrance approche,
mais que de souffrances auraient été épargnées à

l'humanité, que de ri chesses n'auraient pas été anéan-
ties si, pour rappeler une autre parole de M. Wilson,
l'Allemagne n'eût pas trouvé parmi ses adversaires tant
de complices ou de dupes, qui se sont laissé empoison-
ner par ses mensonges!

CHAPITRE X

LA POLITIQUE DE KÜHLMANN

La reprise de la manœuvre pacifique à l'ouest. — Le programme de Hertling-Kühlmann (juillet 1918). — Militaires et diplomates. Les inquiétudes des financiers et des négociants. — Les combinaisons possibles. — Kühlmann et la politique mondiale. — Le toast de Guillaume II (17 juin). — Les deux conceptions opposées du monde. — Les dangers d'une négociation prématurée : divisions entre les alliés. — Les crises politiques et les conflits d'idées en France. — L'Allemagne seule peut trouver avantage à nous amener à des pourparlers. Elle est irréductible dans ses conditions. — Les Hohenzollern acculés à la victoire par la crainte de la révolution.

L'expérience orientale servira-t-elle de leçon aux nations de l'Occident? — Ce n'est pas démontré. Comme on l'a remarqué depuis fort longtemps, les erreurs d'autrui ne nous profitent guère et personne ne s'instruit qu'à ses propres dépens. Après le mois d'août 1917, l'Allemagne, sans laisser perdre complètement le contact, a prudemment suspendu ses manœuvres pacifiques de notre côté. Son attention était absorbée par l'affaire russo-roumaine, et elle pensait, avec quelque apparence de raison, que nous nous montrerions plus traitables le jour où nous nous verrions bien décidément abandonnés à nos seules forces. Elle jugeait habile aussi de laisser s'éteindre l'ardeur juvénile des nouveaux ministres de l'Entente avant d'éprouver la solidité de leur vertu. De temps en temps, à la tribune ou dans la presse, Hertling, Czernin ou leurs porte-paroles versaient quelques pleurs sur la saignée par où s'écoulait la vie de l'humanité, et ils rappelaient qu'ils ouvriraient volontiers les bras aux pécheurs repentants, pourvu qu'ils récitassent leur *mea culpa* et accomplissent les pénitences nécessaires. Pour les y décider, de mystérieux agents, autrichiens, bulgares, turcs et allemands, grattaient timidement aux portes pour rappeler que leur bonne volonté demeurait entière. Le rôle de ces courtiers marrons est délicat et suppose de grandes vertus, du tact, de la patience, une humilité qui ne s'offense de rien et oublie aussitôt les nasardes; avec cela, de l'audace, l'art de circonvenir l'adversaire et de l'engager sans qu'il s'en aperçoive, le choix du moment, par-dessus tout un mépris absolu de la nature humaine. Ces qualités, les commis voyageurs de l'Allemagne les possèdent au plus haut degré, et aussi ses espions et ses chargés d'affaires. Ils savent que la chair est faible et guettent dans l'ombre l'heure du muletier.

Ils pelotaient en attendant partie et comptaient remettre les fers au feu après quelque victoire éclatante. Cette victoire n'est pas venue, et la situation générale s'est sensiblement modifiée, au désavantage des Empires centraux. L'Italie, que les Allemands regardaient comme hors de combat, a pris sur la Piave sa revanche d'une défaite où la propagande germanique avait eu plus de part que le génie de Conrad de Hœtzendorf; les offensives foudroyantes de Ludendorff, si elles nous ont infligé des pertes douloureuses, et si surtout elles nous ont causé de lourdes tristesses, puisqu'il nous a fallu abandonner une partie des territoires qu'avait affranchis l'héroïsme de nos soldats, n'a donné que des résultats incomplets et, au moment où j'écris (10 août), la fortune revient visiblement à nos régiments. L'armée américaine est entrée en ligne, et chaque mois grossit ses contingents dans des proportions que les plus optimistes n'auraient jamais imaginées. La menace des sous-marins est conjurée, et les constructions maritimes font plus que compenser les pertes qu'ils infligent encore à notre marine. En Russie, les espoirs de l'Allemagne ne se sont pas réalisés ; elle n'y a pas trouvé les ressources qu'elle escomptait, et elle se heurte à l'opposition de plus en plus active de l'immense majorité des populations. La monarchie danubienne n'est plus qu'un cadavre en putréfaction ; Charles Ier, infortuné Diogène, court les rues, une lanterne à la main, pour trouver un homme qui le conseille et le sauve, et il a pour unique distraction les psalmodies de Seidler qui lui répète avec l'entêtement d'un enfant boudeur : « Sire, je voudrais bien m'en aller. — Je vous comprends, lui répond son maître, mais comment faire et que dirait Guillaume ? » Depuis, Husarek a remplacé Seidler, Hertling et Hintze ont plié bagage, sans que leurs souverains s'en portent mieux.

Il est visible que l'Allemagne, inquiète et déçue, va chercher à revenir à d'autres méthodes. Elle se remémore le vieil adage : *Cedant arma togæ*. Puisque la manière forte a échoué, revenons à la méthode insinuante. Depuis quelques semaines, nous avons eu ainsi le discours de Külhmann (24 juin), une série de déclarations de Hertling (vers le milieu de juillet) et le mémoire que le comte Burian, le chancelier d'Autriche-Hongrie, a communiqué au Reichsrat quelques jours plus tard par l'intermédiaire de Seidler. Les versions qui nous sont parvenues de ces récentes manifestations austro-germaniques ne sont pas absolument concordantes ; certaines parties ont été modifiées par la censure. Il semble que nos adversaires ne désirent pas que nous connaissions avec une exactitude absolue le texte des paroles qui ont été prononcées, et ils jugent utile de laisser une certaine indécision dans les esprits. Ils se sont livrés à un travail savant de refonte et de maquillage qui répond probablement à des intentions secrètes : il est toujours prudent de mettre en avant des textes divergents, qui permettent les reculades et les démentis. Malgré tout, au milieu de cet imbroglio, nous distinguons assez bien les lignes générales d'une pensée dominante. Chacun des orateurs lui imprime naturellement la marque de son tempérament propre et la développe selon ses habitudes spéciales de rhétorique. L'Autrichien, onctueux et verbeux, module sur sa lyre élégiaque des plaintes mélancoliques et ressasse les lamentations geignardes de la vertu calomniée; les Allemands, d'une patauderie mi-voulue, mi-naturelle, piétinent dans la boue d'un air plus détaché et affectent un air d'insolente bravade. Hertling, presque un homme d'église, se plaît aux périodes cadencées et balancées dont la fin nie le commencement; Kühlmann, alerte et fringant, prétend ne se piquer de rien et ne dédaigne pas de se donner les airs d'un scepticisme revenu de bien des choses et trop averti pour se payer d'apparences.

Ces nuances nous importent peu, et le fond seul nous intéresse qui prouve que, depuis 1915, la diplomatie allemande n'a amélioré ni ses intentions ni ses méthodes. « Les buts qu'elle s'est une fois proposés, disait M. Balfour aux Communes, le 27 février, elle les poursuit avec une insistance sans merci; tout ce qui varie, ce sont les prétextes qu'elle donne à sa politique. » Encore ces variations ne portent-elles guère que sur des détails secondaires.

Exorde : Les Empires centraux ont été attaqués; ils n'ont jamais voulu la guerre; ils n'ont toujours poursuivi qu'une guerre défensive.

Aussitôt après, l'invite aux négociations. — Quels que soient nos justes griefs, disent en mouillant leur voix les ministres de Charles Ier et de Guillaume II, nous n'avons pas de rancune et nous sommes toujours prêts à proposer la paix. Le président Wilson veut poursuivre les hostilités jusqu'à notre anéantissement; les invectives de M. Balfour font vraiment monter le rouge de la colère au visage de tout Allemand ; car enfin l'honneur de notre patrie ne nous laisse pas indifférents. L'invincible vaillance de nos troupes fera rentrer leurs injures dans la gorge de nos ennemis. « Si, cependant, nous découvrions, où que ce fût, une inclination sérieuse vers des négociations, si nous apercevions seulement les moindres velléités d'une humeur pacifique, nous ne nous enfermerions pas dans une obstination de refus. » (Discours de Hertling, 11 juillet.)

Pourquoi ne pas nous entendre ? Nous sommes d'accord sur les principes. Les idées qu'a exprimées M. Wilson, nous y souscrivons chaleureusement ; nous allons même plus loin que lui. Comme lui, nous rendons hommage au génie de l'humanité. Nous jetons sur les peuples qui sont aujourd'hui nos ennemis des regards toujours pleins d'espoir, pour voir s'ils ne veulent pas comprendre enfin leur erreur. Après quatre ans d'épreuves terribles, ne sentiront-ils pas la nécessité de mettre fin à un cataclysme où s'abîme le monde ?

Quelles conditions mettons-nous aux pourparlers ? — D'abord, des propositions nous seront faites officiellement par des représentants autorisés de l'Entente. — L'Allemagne se réserve ainsi la position avantageuse de défenseur ; elle veut forcer ses adversaires à se découvrir et espère trouver dans leurs demandes qui surviendront sans doute au moment où ses ressources militaires ne seront pas encore complètement épuisées, le moyen de maintenir le moral de ses peuples, las de trop de victoires stériles.

Pas de Congrès général. — Des conversations naturellement d'abord en cercle restreint. — « Nous causerons d'abord en petit cercle. »

On ne nous demandera pas de relâcher l'alliance qui nous unit à l'Autriche. Nous n'y consentirions à aucun prix, et l'Entente, pour peu qu'elle y réfléchisse, y verra le noyau de cette société collective des peuples dont le président Wilson s'est proclamé le prophète et dont nous contemplons l'aurore avec la sérénité d'une conscience paisible.

On ne nous parlera ni de concession territoriale ni d'intervention dans nos affaires intérieures. Notre gouvernement est le plus démocratique et le plus libéral du monde ; si nos ennemis sont d'un autre avis, c'est qu'ils ne comprennent rien à nos institutions, et d'ailleurs nos affaires ne les regardent pas. Ils se sont pris brusquement d'affection pour les Tchèques, les Iougoslaves, les Polonais, les Italiens, toute une racaille qu'ils ont inventée et qu'ils prétendent affranchir. Leur zèle hypocrite trahit surtout une ignorance crasse, et ils parlent de choses dont ils n'ont pas la moindre idée. Nulle part les diverses nationalités ne jouissent de droits aussi étendus que dans l'Etat autrichien ; sauf *le misérable Masaryk,* qui ne représente rien et n'a personne derrière lui, les Slaves éprouvent pour les Habsbourgs un attachement passionné, et nous ne permettons pas qu'on le mette en doute.

Il ne sera pas question, bien entendu, de réparations et de restaurations. Ce serait à nous d'exiger des indemnités, « car nous avons été attaqués, et les dommages qui nous ont été causés doivent avant tout être réparés ». — Quelque pratique qu'on ait de la manière diplomatique allemande, et si averti que l'on soit de l'audace dans le mensonge qui caractérise les ministres de Berlin et de Vienne, on est toujours surpris de certaines de leurs affirmations. Au lendemain des révélations accablantes de Lichnowsky et du docteur Muehlon, on se demande avec stupéfaction à qui le comte Burian espère faire croire que la Serbie (4 millions d'habitants) a attaqué l'Autriche (52 millions) et que la Belgique a pillé les manufactures de la Westphalie.

Au moment de la paix de Bucarest, continue Kühlmann, Mackensen a rappelé le mot célèbre, que les diplomates gâtent souvent l'œuvre des militaires; il a ajouté qu'il avait constaté lui-même que cette fois la plume des diplomates avait garanti ce que l'épée avait obtenu. Les résultats que nos vaillantes armées ont conquis du côté de l'est sont excellents; nous les considérons comme définitifs et intangibles; nous y avons conquis une situation prépondérante; nous ne l'abandonnerons pas.

Comment l'exploiterons-nous ? Nous n'en savons rien. La situation en Russie demeure instable. Pour le moment, nous avons partie liée avec Lénine; mais nous n'avons pas conclu avec lui un pacte éternel ; si nos intérêts nous le conseillent, nous nous réservons de modifier nos attitudes et de chercher ailleurs nos amis. Personne n'a rien à y voir, et nous ne consentirons jamais à ce que les Alliés empiètent sur un terrain qui est notre chasse gardée.

La question de la Pologne est délicate. Nous la réglerons en tenant compte des aspirations des habitants, — dans la mesure où notre sécurité le permettra.

On nous accuse de vouloir garder la Belgique. — Ce n'est pas exact. « Notre marche sur la Belgique nous a été imposée par les nécessités de la guerre. La même nécessité nous a forcés de l'occuper. Nous y avons introduit tous les ressorts de l'administration allemande, ce qui n'a pas été au désavantage de la population. Elle est dans nos mains un gage que nous ne remettrons que contre des garanties. Nous voulons être assurés qu'elle ne deviendra pas *à nouveau* pour nos ennemis un terrain d'attaque, non seulement au point de vue militaire, mais au point de vue économique. » Nous ne sommes d'ailleurs inspirés que par son intérêt même. « Son caractère, sa situation et son développement la rejettent entièrement vers l'Allemagne (!). Si nous établissons avec elle des relations économiques étroites, si nous réussissons ainsi à nous mettre d'accord avec elle sur les questions politiques qui touchent aux intérêts vitaux de l'Allemagne, nous y trouverons la meilleure protection contre les dangers futurs qui peuvent de ce côté nous venir de la France et de l'Angleterre. » — Autrement dit : la Belgique assujettie au point de vue économique, surveillée par des garnisons allemandes, condamnée à ne pas entretenir de forces militaires et à détruire ses forteresses, remise à la discrétion de ce *Conseil des Flandres,* ramassis de misérables honnis par la population et qui représente aussi exactement le pays que le Conseil d'Etat de Pologne représente les Polonais, ou la Diète de Riga les Lettons.

« Contrainte par la nécessité, dit le Manifeste que vient de publier le Conseil des Flandres, l'armée allemande a foulé en ennemie le sol de notre pays. Dans l'exercice de la guerre, malgré les souffrances qu'ont subies les territoires occupés, les habitants ont reconnu que leur ennemi véritable n'est pas l'Empire allemand, mais le gouvernement belge... Livré à la France, à l'Angleterre, à l'Amérique, notre peuple se décomposerait, notre art se corromprait, notre histoire s'éteindrait... La communauté de vues, d'histoire et de besoins vitaux impose à l'Allemagne et à la Flandre un but unique : une Flandre libre et indépendante. » — Indépendante comme la Courlande, la Finlande ou la Bavière ! .

On nous accuse, continue Kühlmann, de poursuivre la domination universelle. — Pures billevesées et calomnies impudentes ! Que demande l'Allemagne ? — *Elle veut vivre en sécurité, libre, forte, autonome, dans la limite des frontières qui lui ont été tracées par l'histoire, avec, au delà des mers, des possessions dignes de notre force et des facultés de colonisation dont nous avons donné les preuves éclatantes, et les moyens de développer sans obstacles sur la mer libre notre commerce sous toutes les latitudes du monde.*

Et avec cela? — Kühlmann, Hertling et Burian ne réclament rien davantage. — Modestie digne d'éloges! Nous ferons bien de nous rappeler ce qu'ils entendent par modération quand ils viendront à nous la bouche souriante et la main tendue. — Je vous aurais vraiment crus plus intelligents, nous dit Burian. Est-ce que vraiment vous ne me comprenez pas, ou bien affectez-vous de ne pas entendre mes paroles?

« La paix que l'Empereur appelle délivrera l'avenir de tout esprit de rancune et de vengeance. » — Nous n'avons pas toujours la mémoire bien longue, et nous oublions trop vite les injures que nous avons supportées. Il nous semble cependant que de pareilles promesses ont retenti à nos oreilles. A ce moment, elles s'adressaient aux Russes et aux Roumains, à l'ouverture des négociations de Brest-Litovsk et de Bucarest!

Les Allemands eux-mêmes, d'ailleurs, ont dégagé le sens réel des propositions qui nous arrivaient indirectement de Berlin et de Vienne. Il est certain, écrit Harden dans la *Zukunft,* que personne chez nous ne veut même entendre parler de la société des nations; le gouvernement allemand, qu'on l'appelle pangermaniste ou autrement, n'attend la paix que du glaive. — Droit pour l'Allemagne de se développer librement, écrit de son côté Bernstein, liberté des mers, autant de formules élastiques sous lesquelles on place tout ce que l'on veut; autant de variations dont peuvent se contenter des annexionnistes aussi intransigeants que le comte Westarp ou M. Dietrich Schæfer... On parle beaucoup de garanties, de sécurités : la seule garantie sérieuse, c'est le désarmement. Hertling est aussi peu disposé à l'accepter que Michaëlis ou Bethmann. La seule sécurité réelle, c'est la restauration de l'Europe suivant le désir des peuples librement consultés. Nos ministres prétendent l'esquiver par des procédés de prestidigitation et des escroqueries électorales. — Puissent nos

pacifistes ne pas être moins clairvoyants que les journalistes d'outre-Rhin !

* * *

Les manifestations des ministres austro-allemands
pendant le courant de juillet sont dignes d'être rete-
nues, parce qu'elles nous découvrent les intentions
vraies de nos adversaires. Elles ont eu un retentissement modeste chez les Alliés et elles étaient peu dangereuses, puisqu'elles étaient en somme plutôt de nature
à convaincre même les hésitants et les faibles de la
nécessité de continuer la guerre. Prononcées sous
l'impression des offensives militaires qui, aux mois de
mars et de mai, avaient valu à l'Allemagne de sérieux
avantages, au moment où se préparait la poussée que
l'on annonçait décisive, le fameux *Friedensturm,* qui
devait amener Ludendorff à Paris, elles étaient surtout
une manœuvre d'intimidation. Depuis lors, la situation
s'est singulièrement modifiée : Ludendorff a été con-
tenu, puis refoulé ; la victoire que Guillaume II annonçait imminente s'éloigne dans un avenir incertain.
L'opinion publique, que l'on a jusqu'à présent maintenue assez péniblement par la promesse d'une paix
rapide, s'inquiète et s'énerve. Il est vraisemblable que
les événements décisifs de ces dernières semaines auront
leur contre-coup à l'intérieur de l'Empire.

Deux hypothèses sont également probables. — Si
tous les Allemands sont unis dans la conviction que
l'empire du monde leur appartient, ils ne sont pas
absolument d'accord sur le meilleur moyen de le conquérir. — Les uns, qui se groupent autour de l'état-
major, représentent la tradition purement prussienne
et se considèrent comme les véritables héritiers de
Bismarck : ils se recrutent surtout dans l'aristocratie
foncière et veulent avant tout étendre leurs domaines

directs; ils cherchent leurs prises autour d'eux, en Pologne, dans les provinces baltiques, en Lituanie. Depuis l'avènement de Guillaume II, leurs idées se sont élargies, et ils ne diraient plus comme jadis que la conquête de l'Orient ne vaut pas les os d'un grenadier poméranien. Malgré tout, ils ne se sont pas ralliés sans hésitation à la politique mondiale, et l'imagination grandiose et fumeuse du souverain ne rencontre chez eux qu'une admiration mélangée; leur horizon ne dépasse guère l'Europe. Ils ne comprennent comme moyen d'action que la guerre, et ils comptent exclusivement sur la force militaire; ils sont opposés à toute pensée de réforme intérieure et ont, avec l'horreur du parlementarisme, quelque dédain pour les diplomates. Ils voient mal la complexité des questions économiques et se soucient modérément du développement de l'industrie qui anémie les corps, affadit les âmes et couve les doctrines subversives. Ils semblent avoir pour le moment placé leurs espoirs dans M. de Bülow, qui a été cependant un des principaux auteurs des progrès matériels de l'Empire et qui est le père putatif de la politique mondiale.

M. de Bülow, *debater* adroit et subtil, qui montrait jadis quelque goût pour les assemblées, avait essayé à diverses reprises de s'appuyer sur le Reichstag pour contenir l'Empereur, dont les frasques imprévues gênaient son action. Garde-t-il rancune au Parlement de l'indifférence avec laquelle la majorité a accepté sa chute en 1909? S'est-il convaincu de l'irrémédiable débilité des libéraux et de l'impossibilité de balancer l'influence de l'état-major et des conservateurs? — Quoi qu'il en soit, il semble, d'après son attitude et ses manifestations récentes, avoir radicalement modifié sa ligne de conduite et s'être mis complètement au service des pangermanistes. Il a évidemment la nostalgie du pouvoir et, pour y parvenir, il accepterait toutes les alliances. Il est homme à ne pas reculer devant les mesures les plus brutales et briserait le Parlement au premier signe de résistance sérieuse. Son avènement serait ainsi le prélude d'une dictature militaire qui organiserait la lutte à outrance et la continuerait tant que les alliés ne seraient pas à Berlin.

A notre point de vue, le triomphe de Bülow et de la droite serait extrêmement désirable, puisqu'il aurait l'immense avantage de nous placer en face d'une situation parfaitement nette et définie ; nous serions débarrassés des intrigues diplomatiques qui risquent de compromettre et d'annuler notre victoire et sont en réalité beaucoup plus dangereuses que les offensives de Ludendorff.

Malheureusement, le succès de cette combinaison me paraît, en somme, assez peu vraisemblable. D'abord, il n'est pas sûr que l'Empereur, moins constant que tumultueux et dont le bouillant courage connaît des somnolences, consente à en accepter les risques, et il n'éprouverait peut-être qu'une satisfaction médiocre à se livrer pieds et poings liés à Bülow et aux généraux. La destinée de Nicolas II est grosse d'enseignement, et les coups d'Etat militaires qui tournent mal ont pour leurs auteurs de pénibles conséquences. Il est vrai que le terrain est aussi mal préparé que possible en Allemagne pour une révolution, et les mesures les plus réactionnaires ne rencontreraient au début aucune résistance chez les masses populaires : qu'on ajourne indéfiniment le Reichstag ou même qu'on le supprime, la disparition d'une assemblée aussi impuissante et discréditée sera accueillie avec une complète indifférence, sinon avec une certaine satisfaction. — Mais l'armée ? — Elle est terriblement lasse. Trouvera-t-on chez les soldats épuisés par quatre années de lutte, la vigueur et l'enthousiasme nécessaires pour poursuivre le combat ?

La victoire même, si décisive qu'on la suppose, ne serait acquise qu'au prix de terribles sacrifices, et elle laisserait après elle bien des rancunes, des ruines et des embarras. La *Gazette de Francfort* a publié (5 juillet) un article très curieux de M. Walther Rathenau, le roi de l'électricité. M. Rathenau n'est pas suspect de pessimisme ; il prévoit l'écrasement prochain de la France, dont le gouvernement devra se réfugier à Saint-Sébastien ou à Portsmouth ; cette perspective ne suffit pas cependant à dissiper sa mélancolie : et il avoue les inquiétudes que lui cause l'avenir : les armées ont pris un développement prodigieux, et les industries de guerre une extension que personne ne prévoyait encore en 1914. « L'Allemagne, dit-il, va se trouver en présence de dix grandes nations qui se sont armées jusqu'aux dents. A essayer de leur faire équilibre, elle s'épuisera vite, moralement et physiquement... Ne vaudrait-il pas mieux en revenir aux méthodes qui avaient fait leurs preuves avant le conflit actuel et qu'on a eu le tort d'abandonner ? »

M. Rathenau est l'organe d'un groupe très puissant, qui compte parmi ses membres, avec les directeurs des banques et des grandes sociétés de navigation, les chefs de ces envahissantes compagnies d'électricité qui avaient couvert le monde de leurs filiales, et les fabricants de produits textiles qui reçoivent leurs matières premières de l'étranger. Ce parti de financiers et d'armateurs possède nombre d'hommes de valeur ; quelques-uns parmi eux ont l'oreille du maître ; ils ont donné des preuves incontestables de leur patriotisme, et leurs avis ne sauraient être dédaignés. On y trouve, à côté de Dernburg qui fut ministre des colonies et de son successeur Solf, le ministre du commerce Sydov, le professeur Hans Delbrück, dont les *Preussische Jahrbücher* ont une sérieuse autorité, von Gwinner de la Deutsche Bank, Gutmann de la Dresdner, Ballin, directeur de la Hamburg-Amerika, et bien d'autres. Ils se sont opposés de leur mieux à la reprise de la guerre sous-marine à outrance, et l'événement a prouvé que leurs craintes étaient justes et leur prudence fort avisée. Ils insistent sur les difficultés inextricables que causerait à l'Empire l'hostilité persistante de l'Angleterre.

L'Allemagne actuelle, disent-ils, telle que l'a créée l'évolution contemporaine, ne saurait vivre en marge de l'univers ; pour se nourrir et pour procurer à ses ouvriers le travail dont ils ont besoin, elle ne peut pas se passer des importations de l'Amérique et de l'Afrique. L'époque de l'*économie nationale* est dépassée, et nous sommes entrés dans la période de l'économie mondiale. Le salut de l'Empire germanique et son avenir exigent une réconciliation sincère et complète avec les grandes Puissances occidentales, qui resteront hostiles et défiantes tant que le pouvoir en Prusse appartiendra aux généraux. —

Ces considérations ne laissent pas l'Empereur indifférent, et il n'y aurait rien d'étonnant, dès que le succès lui paraîtra sérieusement compromis, à ce qu'il appelât aux affaires des hommes qui se présenteraient comme modérés, dans l'espoir que l'Entente ne refuserait peut-être pas d'entrer en conversation avec eux. Nous serions menacés ainsi, dans un délai plus ou moins rapproché, d'un cabinet à façade parlementaire, où entreraient, avec quelques progressistes, Ballin et Scheidemann, tandis qu'à Vienne Czernin reviendrait au pouvoir, peut-être avec le professeur Lammasch, le grand prêtre du fédéralisme officiel. Le départ de Radoslavov à Sofia et son remplacement par Malinov ne serait que la première étape et le signe avant-coureur de l'évolution qui se préparerait à Berlin dans la coulisse.

Je ne serais pas étonné outre mesure de voir figurer dans ce cabinet de paix, comme ministre des affaires étrangères, le prince de Lichnovsky. Je pars en effet d'un principe qui doit suivant moi dominer notre esprit

et régler notre conduite : — Par définition, et jusqu'à
information très sûre, tout Allemand est suspect, et nous
devons supposer que chacun de ses actes est inspiré
par une pensée secrète où se cache la volonté de nous
nuire ; nous ne serons jamais trop défiants ; soyons sur
nos gardes, comme nos soldats, quand ils occupent un
village que l'ennemi vient d'évacuer ; ne considérons
les déserteurs eux-mêmes que comme des amorceurs
déguisés et des espions. — Pourquoi le prince Lichnovsky a-t-il publié récemment son retentissant mémoire ? — J'avoue en toute humilité que je ne l'aperçois
guère. Les raisons qu'on en a fournies sont puériles et
ne résistent pas à l'examen. Il a voulu libérer sa conscience ? — Nous savons bien que les Allemands sont
lents et lourds ; nous ne nous imaginons guère pourtant
qu'il ait fallu au prince quatre années de réflexion
pour prendre une résolution. L'ambassadeur, nous
disent ses amis, qui ont de singulières façons de le
défendre, n'a jamais eu que l'esprit de l'escalier. Eût-il
habité le paradis d'un gratte-ciel de New-York, qua-
rante-deux mois pour se reprendre, c'est beaucoup. Un
repentir si tardif est décidément bien bizarre. — Comment expliquer ensuite que ses remords intempestifs,
sinon prématurés, ne lui aient pas attiré de plus sérieux
inconvénients et que son indiscrétion, que nos adversaires jugent criminelle, — et avec raison, — ne l'ait
pas amené devant la justice de son pays ? Les journaux
annonçaient bien dernièrement qu'il avait été exclu de
la Chambre des Seigneurs. Jadis le comte Arnim fut
plus durement frappé pour une faute vénielle ! Sa con-
fession ne serait-elle pas une manœuvre montée de
loin pour le recommander à la confiance de l'Europe ?
Il n'a pas laissé de mauvais souvenirs à Londres, où on
se louait de ses manières, de son tact relatif et de sa
loyauté personnelle ; dans ses *Mémoires,* il parle de la
Grande-Bretagne avec sympathie et il se garde de ré-

péter les accusations absurdes dont regorgent les journaux. On sent à chaque ligne le souci de l'homme qui
réserve et prépare l'avenir. Bismarck excellait dans
ces combinaisons à double fin et à détente différée. Ses
continuateurs n'ont pas la même imagination et la même
entente de la scène; mais ils ont été élevés à bonne
école, et on sait qu'une méthode sûre, même appliquée
par des élèves médiocres, peut donner des résultats
appréciables. En même temps que Lichnovsky serait
favorablement accueilli en Angleterre, Ballin aurait une
bonne presse à New-York. Quant à Scheidemann, le
maquignon de l'extrême gauche, l'entremetteur des plus
déconcertantes palinodies, il n'aurait qu'à brandir le
« Kapital » et à réciter le prêchi-prêcha de la lutte des
classes, pour que, derrière les Troelstra et les Grimm,
dans les divers pays du monde, une longue théorie
d'innocents, de jouisseurs et de fanatiques se jetât à
ses pieds et nous enjoignît d'accepter de l'Allemagne
les conditions qui nous livreraient à sa merci.

Car — et c'est ce qu'il faut que nous ayons sans
cesse présent à l'esprit — les divers groupes allemands
diffèrent par leurs méthodes, mais leur objet est le
même et leurs ambitions sont identiques.

Dans son discours de Berlin (24 mai 1918), Kühlmann,
après avoir célébré son triomphe à Bucarest, ajoutait : « Ces succès nous étaient nécessaires pour nous
assurer une base économique plus large en Europe et
nous permettre de lutter par la suite, au point de vue du
nombre, avec les grands États nouveaux, tels par exemple que les États-Unis. Mais ils ne sont pas le but et la
fin de notre développement. Le Rhin se jette dans la
mer du Nord, et l'Elbe puissante, l'artère de l'Allemagne centrale, nous oriente vers la même direction. Tous
nos efforts pour consolider et relier plus fortement nos
bases sur notre sol natal, l'Europe, ne doivent être,
pour un lointain avenir, qu'un aiguillon et un encoura-

gement qui poussent le commerce allemand à rechercher le premier élément de tout commerce florissant et réellement libre, la mer libre. » — Ballin, qui a lancé le mot d'ordre célèbre : « Notre domaine est le monde! » est tout prêt à se contenter de la liberté des mers. Qu'entend-il par là ? — L'occupation sous une forme ou sous une autre des rives de la mer du Nord, de sorte que la Grande-Bretagne et la France soient constamment sous le coup d'une invasion et ne puissent s'opposer à aucun des desseins de l'Allemagne.

Le 15 juin, Hindenburg, à son quartier général, avait offert un banquet au Kaiser, à l'occasion du trentième anniversaire de son avènement. L'Empereur — c'est un de ses regrets — n'est pas un aussi solide buveur que Bismarck; quelques flûtes de champagne lui portent à la tête; il était arrivé au dîner fort excité par l'avance de ses troupes au Chemin des Dames; l'esprit prophétique s'abattit sur lui, et il vaticina :

« J'ai commencé mon règne par 26 années de paix; elles m'ont apporté bien des désillusions. Je me consolais de mes déboires en fortifiant mon armée. Nous savions bien que Dieu susciterait pour la guider des hommes capables de la conduire à la victoire. Quand la guerre éclata, le peuple allemand n'en comprit pas aussitôt le sens. Mais moi, ce sens, je le comprenais bien exactement. La première explosion d'enthousiasme ne put pas m'aveugler ni modifier mes projets et mes calculs. Je savais très bien ce qui était en jeu... Il ne s'agissait pas d'une campagne stratégique, mais de la lutte de deux conceptions du monde : d'un côté, la conception prussienne, allemande, germanique;... de l'autre côté, la conception anglaise. Ces deux conceptions sont en face l'une de l'autre. Il faut absolument que l'une d'elles succombe. Je n'ai pas besoin de dire pourquoi nous combattons; chacun le sait, l'ennemi lui-même l'avoue; c'est pourquoi nous aurons la victoire. *La*

*victoire de la conception allemande du monde, voilà ce qui
est en jeu.* »

On remarquera dans ce discours quelque incohérence. C'est la suite naturelle de la chaleur communica-
tive des banquets. Il serait excessif d'ailleurs de demander aux Allemands la logique rigoureuse à laquelle nous
ont habitués nos maîtres, les Grecs et les Latins. C'est
même une des raisons de la difficulté que nous éprouvons à nous entendre avec eux. Notre besoin de clarté
et de suite leur inspire un extrême étonnement et un
mépris transcendant; ils y reconnaissent une des preuves de l'étroitesse de notre esprit. Heine avait raison :
un Français aurait beau passer sa vie à étudier Hegel;
il ne pénétrera jamais les arcanes de son système et
ne se réconciliera pas avec l'identité des contraires.

Guillaume II ne manque pas de certaines qualités de
l'orateur : ses discours ont souvent du mouvement et de
l'éclat; il trouve des expressions pittoresques; il a de
l'imprévu, et le sens des images. En revanche, ce n'est
à aucun degré un dialecticien, et il a plus de verve et
de couleur que de continuité dans les idées et de précision dans l'esprit. Ses défauts ne choquent personne
parmi ses sujets, et ses courtisans y voient la preuve
de la puissance synthétique de la race et comme la
marque de fabrique par où son vieil Éternel a garanti
l'authenticité de ses droits.

Dans l'ensemble, cependant, le toast à Hindenburg
est parfaitement clair. Les diplomates en regrettèrent
même la limpidité excessive. « Était-il bien indispensable, songeait Kühlmann, d'avouer au monde que les
vingt-six années de paix du début du règne avaient laissé
quelques déboires ? On donnait ainsi à entendre que,
dès lors, les pensées de l'empereur visaient haut et
loin, puisque enfin, pendant cette période, l'Allemagne
n'avait pas eu à se plaindre de la fortune. A quoi bon
aussi rappeler à l'univers attentif et soupçonneux que,

pendant ce long laps de temps, tous les soins avaient été consacrés à renforcer et à augmenter l'armée ? — D'autant plus que, dans un télégramme au comte Hertling, le même jour, Guillaume revenait sur le même sujet, avec une insistance vraiment regrettable. — « *Le militarisme prussien,* que nos ennemis attaquent beaucoup, *nous l'avons développé, mes ancêtres et moi;* il incarne le sentiment du devoir, l'esprit d'ordre, de fidélité et d'obéissance; il a donné au peuple allemand et à l'épée allemande la force de vaincre, et la victoire apportera la paix, qui garantira l'existence des Allemands. » — Sans doute, sans doute, grommelait Kühlmann; historiquement, rien n'est plus exact; mais les Alliés ne le savent que trop, et cet éloge exubérant du militarisme prussien est tout de même un peu intempestif. N'y avait-il pas aussi meilleure manière d'amadouer l'ennemi que de proclamer qu'il s'agissait d'assurer la victoire de la conception allemande du monde ? — Tout ce qui se fait n'est pas bon à dire, et l'Empereur oubliait trop souvent que le silence est d'or.

Le docteur Muehlon raconte, dans sa *Dévastation de l'Europe,* qu'au début des hostilités, une personne fort élégante et des plus cultivées s'étonnait de le voir si troublé par l'invasion de la Belgique. « Ne vous frappez pas! lui disait-elle. La nécessité nous a-t-elle obligés à envahir la Belgique ? Le droit a-t-il été violé ? Questions oiseuses. Soyons les plus forts et prouvons-le au monde entier. Après quoi, si quelqu'un n'est pas satisfait, nous lui donnerons sur la figure, jusqu'à ce qu'il soit convaincu. » C'était l'opinion commune, et Harden l'a constaté à diverses reprises. Après les effusions du Kaiser, vibrantes et somptueuses, la mélancolie de Kühlmann étonna de même beaucoup de gens et, quand il chercha, quelques jours plus tard (24 juin), à réparer l'imprudence de son maître, il provoqua un tollé universel.

Il n'avait guère avancé pourtant que des truismes :
— *On ne saurait espérer une décision uniquement des opé-*
rations militaires. La coalition de nos ennemis est fort nom-
breuse, et, parmi eux, certains nous sont presque insai-
sissables. Nous n'assurerons notre victoire que par leur
assentiment; il faut donc que nous entrions en relations
avec eux. Si nos adversaires nous proposent une paix
honorable, ils ne trouveront pas la porte verrouillée, et leur
offre ne tombera pas dans l'oreille d'un sourd. Naturelle-
ment, les négociations n'auront quelque chance de succès
que si elles s'inspirent d'une certaine dose de confiance
réciproque dans l'honnêteté et l'esprit chevaleresque des
uns et des autres. — L'honnêteté allemande, quiconque
a eu à traiter avec eux la moindre affaire sait ce qu'il en
faut penser, et en fait de chevalerie, ils n'ont jamais
possédé que des chevaliers d'industrie.

Le discours du secrétaire d'Etat est assez mal composé et fort embrouillé; on a le sentiment qu'il est gêné,
qu'il ne trouve pas l'expression juste; — en un mot,
qu'il barbote. Avouons, à sa décharge, que sa situation
était difficile et son rôle ingrat. Sa mission consistait à
corriger les paroles du maître en le couvrant de fleurs,
et à ramener à la réalité les esprits surchauffés et déso-
rientés. Malgré son adresse, — qui n'est pas mince, —
il perdit pied. Hertling, qui le voyait se noyer, se jeta à
l'eau pour venir à son secours; il s'aperçut vite qu'il ne
le repêcherait pas et qu'il courait risque de se noyer
avec lui. Héroïquement, il l'abandonna à sa destinée.

Ce naufrage, Kühlmann ne l'avait-il pas en partie
voulu? Ce suicide apparent ne serait-il pas une déro-
bade calculée? Le discours du 24 juin n'aurait-il pas été,
— non pas, comme on l'admet généralement, le chant
du cygne, — mais le programme où un ministre, qui juge
prudent de quitter momentanément le pouvoir, prépare
sa rentrée? M. de Kühlmann est un tacticien éminent
et un ambitieux retors; s'il a si facilement accepté sa

défaite, il avait ses raisons, et il n'est pas inutile de rechercher, sous les fioritures compliquées de sa parole, le fond de sa pensée.

Il commence naturellement par prendre le ciel à témoin de la loyauté de ses intentions; il mouille sa voix pour constater, avec une douce mélancolie, « que chaque ouverture est considérée par l'autre partie comme une offensive de paix et comme une entreprise suspecte ». — Ces premières phrases, dans leur généralité équivoque, nous renseignent déjà sur la bonne foi de l'orateur : à quel moment une ouverture de paix est-elle venue de l'Entente? Les Alliés ont depuis longtemps compris que la paix avait pour condition préliminaire la victoire, et ils ne se sont pas laissé ébranler par les agitations et les criailleries d'une brassée de minoritaires.

Leur froideur désole l'âme généreuse et tendre du secrétaire d'Etat, mais sa mansuétude ne leur garde pas rancune : — O ciel! pardonne-leur comme je leur pardonne! — Il ne désespère pas, à force d'instances, de fléchir leur résistance et de les amener autour du tapis vert. Ces pourparlers, qu'en attend le secrétaire d'Etat et qu'en attend l'Allemagne? — Tout d'abord, — M. de Kühlmann nous l'a révélé lui-même, — dissocier l'Alliance. A mesure que la guerre se prolonge, le problème devient plus compliqué, parce que le sens des événements apparaît désormais en pleine clarté : tous les ennemis des Empires centraux ont maintenant la conviction que leurs désirs, de quelque nature qu'ils soient, ont pour condition préalable la défaite de l'Allemagne, et que, si elle sortait invaincue du conflit, chacun de ses adversaires serait exposé à d'implacables représailles. Il n'en demeure pas moins que chacun d'eux a ses revendications particulières, poursuit des buts qui lui tiennent davantage au cœur, et que, si ses désirs étaient satisfaits, il mettrait moins d'ardeur à soutenir les vœux de son voisin, — ou du moins que ce soupçon peut naître, — ce qui, au point de vue de l'Allemagne, revient presque au même. A Brest-Litovsk, M. de Kühlmann a joué de l'Ukraine contre les Grands-Russes, et il se sert encore des Lituaniens contre les Polonais. Le comte Czernin, en nous offrant ses bons offices pour l'Alsace, visait avant tout à inquiéter l'Italie. Le principal souci des agents impériaux, dès que les pourparlers s'engageront, sera de murmurer à l'oreille de chacun des négociateurs que son voisin est tout prêt à oublier ses promesses si on lui accorde ce qu'il demande. Le jeu est classique; ces méfiances une fois nées, les jalousies inévitables dans une coalition déchaînées, les explications les plus franches ne les dissipent plus; la division s'infiltre dans le camp des Alliés. La ruse aura réussi là où avait échoué la force, et l'unité de notre front sera rompue.

L'Allemagne pense n'avoir rien à craindre de semblable, parce qu'elle n'a pas d'alliés, mais des vassaux. Elle se dit qu'elle tient Vienne, Constantinople et Sofia par ses avances pécuniaires et par leur épuisement absolu; elle a mis la main, sous une forme ou sous une autre, sur quelques-uns de leurs services les plus importants; elle a rempli leurs états-majors de ses officiers.

Les événements actuels en Autriche montrent clairement l'état de dépendance irrémédiable de Charles Ier. Il a essayé de faire quelques concessions aux Slaves pour atténuer leur opposition. Quelle était sa sincérité et quelles arrière-pensées avaient guidé sa conduite, nous n'avons pas à le rechercher ici. Ce qui est certain, c'est que, dès que Berlin a eu vent de ses projets, un ordre exprès est arrivé, impérieux, qui n'admettait ni discussion ni délai, et le monarque repentant a aussitôt proclamé que l'Autriche était une puissance allemande et que nul changement ne serait introduit dans la constitution qu'avec le consentement des Allemands. Nous

n'avons pas davantage à rechercher quelles raisons ont
déterminé la brusque et hautaine intervention de Guillaume II : fanatisme de race, ou, plus probablement,
crainte que Charles Ier, sur un trône mieux affermi, ne
se montrât moins malléable ?— Le fait seul pour le moment nous intéresse, qui est l'obéissance immédiate et
complète du souverain autrichien. Celui-ci n'ignorait pas
les difficultés inextricables où l'acculait la volonté du
Kaiser et le déchaînement des passions populaires qu'allait provoquer son intempestive profession de foi. Mais
comment aurait-il eu la pensée de braver son suzerain !
Aujourd'hui, les Habsbourgs sont plus dépendants de
la Prusse que les Wittelsbach de Bavière, dont les devoirs sont prévus et les privilèges garantis par des conventions écrites et qui, s'ils étaient menacés dans leurs
prérogatives, seraient soutenus par les autres princes
de la Confédération. Charles Ier est obligé de choisir
pour ministres les hommes que lui désigne son allié ;
il doit subir en silence les venimeuses insultes dont les
reptiles allemands poursuivent sa femme.

La soumission des alliés de Guillaume sera-t-elle
éternelle, et ne se trompe-t-il pas en tablant sur leur
inaltérable fidélité ? — A tort ou à raison, il calcule qu'il
n'a à craindre ni surprise ni rébellion et qu'il peut
poursuivre son travail de sape sans avoir de contre-
mines à redouter.

Mais ce n'est pas seulement entre ses divers adversaires que Kühlmann espère jeter des germes de division, c'est aussi — ou plus exactement c'est surtout
— à l'intérieur de chacun des Etats ennemis.

*
* *

Quand Guillaume II oppose à la conception allemande du monde la conception anglaise, il exprime une
idée profondément juste, — sous cette seule réserve que

la conception britannique est en même temps celle de
tous les peuples occidentaux et, d'une façon plus générale, de tous les peuples libres. En Allemagne, l'Etat
est souverain, l'individu n'existe que par lui et pour
lui ; le devoir primordial du sujet est la discipline ; il
n'est entre les mains du prince qu'un moyen dont
celui-ci se sert pour atteindre sa fin, qui est d'étendre
et de fortifier sa puissance.

Notre conception est radicalement opposée. Elle **part**
de l'idée du contrat ; les hommes se réunissent en sociétés parce qu'ils ont besoin les uns des autres, et ils
abdiquent nécessairement une part de leurs droits ;
mais cette abdication, qui leur est pénible, ils la réduisent strictement aux sacrifices indispensables ; elle est
limitée, conditionnelle et nettement définie. Le but de
l'Etat est le bonheur de l'individu, et, comme chacun
de nous est le meilleur juge de ses besoins et de sa
félicité, le citoyen retient la plus large part possible de
sa liberté personnelle. D'après la tradition anglaise,
américaine et française, tout ce qui n'est pas défendu
est permis, et la loi n'interdit que les actes nuisibles à
un autre membre de la société. — En Allemagne, tout
ce qui n'est pas spécialement permis, est défendu.

Notre conception, les Allemands la jugent vieillotte,
et, depuis un siècle, leurs sociologues n'ont cessé d'en
signaler les abus, — aussi bien les 'libéraux comme
Dahlmann que les réactionnaires tels que Stahl ou
Treitschke. Ils éprouvent à notre égard un sentiment
qui n'est pas sans analogie avec celui que les indifférents
en matière religieuse inspirent aux chrétiens fervents.
Nous nous croyons affranchis, ils nous jugent anarchiques.

Ils exagèrent, mais avouons que leurs critiques renferment une part de vérité. L'habitude et la raison nous
enseignent la nécessité de nous soumettre à la loi, mais
nous ne nous y résignons que par réflexion et nous n'y

éprouvons aucune joie ; notre obéissance n'est pas naturelle, mais voulue ; elle n'est pas le produit de l'instinct, mais de la raison, ou, ce qui revient au même, de
l'expérience acquise. Schiller en aurait conclu qu'elle
représente une étape plus avancée de civilisation, un
degré supérieur de moralité. Elle suppose d'autre part
une surveillance constante de l'esprit sur les penchants
naturels de l'âme, une victoire permanente de la conscience sur la passion. Renan a écrit que l'existence d'une
nation est un plébiscite perpétuel ; c'est vrai surtout pour
les Etats libres qui ne vivent que par le sacrifice constant que les citoyens font de leurs désirs propres et de
leurs opinions individuelles à l'intérêt public et à l'opinion moyenne. Du jour où chaque habitant d'un pays
réclamerait son *liberum veto*, l'Etat s'effondrerait.

Cette *servitude volontaire*, qui est la noblesse et la
grandeur des nations modernes, implique fatalement
quelques inconvénients. Il n'est pas possible que notre
vigilance n'ait pas des heures de distraction où l'instinct
d'insubordination et de révolte prend sa revanche sur
la contrainte habituelle qu'il s'impose.

Au moment de l'évolution historique que traverse le
monde, ces tendances à l'insubordination, ces révoltes
du sens propre, ces poussées anarchiques semblent plus
puissantes en France et, d'une façon générale, chez les
peuples latins que dans les pays de culture anglaise.
Faut-il y voir, comme on l'a souvent prétendu, la survivance du tempérament celtique incomplètement voilé
par notre éducation latine ? Ce n'est pas impossible,
bien que ces théories ethnographiques m'aient toujours
paru fort incertaines.

Ce qui est certain, c'est que ces protestations de la
volonté individuelle contre l'Etat, qu'il s'agisse de citoyens isolés ou de classes sociales, ont été entretenues
et développées par notre histoire. Depuis le seizième
siècle, l'Etat en France avait acquis une puissance

excessive; il avait étendu ses attributions avec une si
redoutable exagération que le citoyen, pour ne pas être
absorbé et annihilé, a été amené à s'opposer à lui et à
le considérer comme un ennemi. En 1789, les droits du
citoyen furent proclamés, et l'omnipotence de l'Etat fut
brisée. — Pour un moment. — Par la faute de Napoléon,
il reprit presque aussitôt son autorité, et le pouvoir
central sortit de la lutte mieux équipé et pourvu de si
larges attributions que Louis XIV, au milieu de toute
sa gloire, n'en avait jamais imaginé de pareilles. Les
partisans de la liberté n'eurent donc d'autre ressource
que de reprendre leur combat contre l'Etat, et, dans
cette lutte nécessaire, il leur arriva souvent de dépasser
la mesure et d'oublier le sens commun.

Le lieu n'est pas ici de suivre dans ses détails l'histoire de cette lutte de l'individualisme contre le pouvoir, ni de montrer comment elle a été poussée à son
paroxysme par certains incidents de notre vie publique depuis 1871. Il suffit de rappeler que la République, même après son triomphe officiel en 1879, n'a pas
cessé d'être exposée aux retours offensifs de la réaction,
et que cette réaction a trouvé longtemps son point d'appui le plus efficace dans l'administration, dans le clergé
et dans certains cercles militaires. La crise dreyfusiste,
qui s'est prolongée une dizaine d'années, a été une véritable guerre civile qui a secoué le pays jusque dans
ses racines, et qui, comme toutes les guerres, a exaspéré les passions et ébranlé les assises nécessaires de
la société. Il était fatal que, pour résister aux entreprises d'un gouvernement inféodé aux idées réactionnaires et prisonnier des conservateurs les plus bornés,
les défenseurs de la France moderne allassent jusqu'à
l'extrémité de leur pensée et que l'individualisme ne
reculât pas devant certaines conséquences redoutables
qui mettaient en question l'existence même de la nation.
Mon ami, l'éminent chirurgien Paul Reclus, me disait,

au moment où la crise dreyfusiste était le plus aiguë :
« Nous voulons une armée forte, nous sommes patriotes,
et nous tenons avant tout à ne pas compromettre notre
sécurité militaire. » Il traduisait fidèlement ainsi la pensée de l'immense majorité des hommes qui dénonçaient
avec le plus de véhémence les erreurs et les crimes de
quelques bureaux du ministère. — Mais, au milieu de la
tourmente, on n'est pas toujours maître de mesurer ses
coups, et comment surtout empêcher certains esprits
géométriques et bornés d'aller jusqu'au bout de leurs
principes ? — *Medio tutissimus ibis :* garde-toi des excès
et ne tire pas des axiomes les plus évidents leurs dernières conséquences ; elles aboutissent toujours à l'absurde. Comme les sociétés sont formées pour les
hommes, écrivait déjà Spinoza, « il s'ensuit que ce n'est
point aux maximes de la raison qu'il faut demander
les principes et le fondement de l'Etat, mais qu'il faut
les déduire de la nature et de la condition commune
de l'humanité ». — Malheureusement, on ne saurait
attendre de chaque citoyen la sagesse du philosophe
hollandais.

La France, dans son ensemble, est un pays de modération, qui tient compte de l'expérience et qui, suivant
les paroles de Montaigne, même dans ses folies, garde
le goût de la raison. — Avec cela elle a un faible pour la
logique et la déduction ; elle a toujours produit des ma-
thématiciens illustres ; elle se plaît aux généralisations ;
elle est imbue de ce que Taine nomme l'esprit classique. Par snobisme, nous affectons d'être séduits par la
pittoresque liberté des jardins anglais, nos préférences
vraies vont à Versailles et à ses nobles perspectives ;
nous jouissons des architectures savamment ordonnées
et des systèmes solidement construits. La chaleur du
combat engagé à propos de l'affaire Dreyfus entre deux
conceptions politiques et sociales opposées favorisa ces
tendances rationnelles, et le haut du pavé appartint pour

quelque temps aux logiciens outranciers. La mode montra une certaine indulgence aux anarchistes qui, pour prévenir les empiétements de l'Etat, le suppriment, et l'opinion toléra avec une déplorable complaisance les fantaisies scélérates de quelques cerveaux brûlés qui essayaient de discréditer l'armée et de ruiner chez nous l'esprit militaire. Ce fut une odieuse et triste campagne, heureusement assez courte, parce qu'elle se heurta vite au bon sens de l'immense majorité de la population, et la plupart de ceux mêmes qu'avaient un moment séduits les sophismes de l'internationalisme, furent bientôt dégrisés par la menace de l'Allemagne et par ses agressions multipliées depuis 1905.

La propagande antimilitariste et antipatriote ne fut pourtant pas complètement inefficace, et son action n'a pas été purement éphémère, parce qu'elle répondait à une fort ancienne tendance de l'esprit français. « Deux idéals se partagent ou se disputent ce peuple, écrit M. Morton Fullerton dans son livre remarquable (*Problems of power*), celui des droits de l'homme et celui de la raison d'Etat. La lutte entre ces deux principes fait de l'histoire de France la plus fascinante en même temps que la plus humaine des études. » — Nulle part, l'instinct national n'est aussi fort que chez nous ; nulle part l'individu, dans l'intimité de son âme et de sa pensée, ne ressent plus directement le contre-coup de la vie de la nation ; on a pu dire, sans exagération, que l'âme de chaque citoyen ressemble à une de ces horloges électriques qui n'ont pas de mouvement propre, mais qui reçoivent l'impulsion d'un moteur commun. Et, en même temps, nulle part le sentiment de la solidarité humaine et l'idée de la justice internationale ne sont aussi répandus et n'exercent un attrait aussi impérieux sur les cœurs.

Ces contradictions ne sont pas faciles à concilier et embarrassent singulièrement la tâche de nos gouvernements ; elles expliquent aussi les vicissitudes de notre histoire, ses incohérences apparentes, sa variété et sa beauté. Tocqueville, avec sa lucidité ordinaire, a marqué d'un trait pénétrant les caractères distinctifs de ce peuple de France, « si rempli de contrastes et si extrême dans chacun de ses actes, tellement inaltérable dans ses principaux instincts qu'on le reconnaît encore dans des portraits qui ont été faits de lui il y a deux ou trois mille ans, et en même temps tellement mobile dans ses pensées personnelles et dans ses goûts qu'il finit par se devenir un spectacle inattendu à lui-même et demeure aussi surpris que les étrangers à la vue de ce qu'il vient de faire. »

En réalité, il n'est nullement impossible de concilier le cosmopolitisme le plus sincère avec le nationalisme le plus fervent : il suffit de prendre comme pierre de touche de sa conduite la justice, et, ce qui en découle, le devoir de s'opposer à l'injustice et de travailler à la réparer. — « Nul effort compatible avec l'honneur national ne saurait être négligé, disait M. Roosewelt à la Sorbonne en 1909, quand il s'agit d'éviter la guerre. Mais une nation qui se respecte ne doit dans aucun cas se soumettre à l'injustice... Les peuples sont tous pour la paix et la justice. Mais, si la paix et la justice étaient aux prises, ils mépriseraient l'homme qui ne se rangerait pas du côté de la justice, alors même que le monde entier se liguerait contre lui. »

Généreuses paroles, qui appellent cependant certaines réserves. Il est extrêmement douteux que les peuples soient tous. pour la paix et la justice. Les esprits simplistes que M. Roosewelt appelle « les sentimentaux hystériques de la paix », considèrent « les différentes nations du monde civilisé comme des entités semblables, coopérant à l'envi au progrès de la civilisation, au développement du commerce et de l'industrie, à la diffusion de la lumière et de la culture intellectuelle à travers le

monde ». Ils sont assez nombreux en France ; encore à
l'heure actuelle, ils ne sont pas bien sûrs que nous
soyons en guerre ; ils supposent à nos adversaires la
mansuétude qui les anime eux-mêmes, ils se désolent de
ne pas pouvoir les serrer dans leurs bras et ils attendent
d'eux avec une naïveté paradisiaque une complète réci-
procité de loyauté et de bienveillance. Leur frivolité,
leur inconscience et leur myopie les livrent sans défense
aux plus redoutables embuscades ; ils finiraient bien
sans doute par s'apercevoir du danger, mais trop tard,
quand la trappe se serait refermée sur leurs têtes.

Comme, avec des nuances, — assez sensibles, mais
non fondamentales, — la situation morale en Italie et en
Angleterre présente des analogies frappantes avec celle
de la France, le danger de négociations préventives est
manifeste. L'Allemagne représente le passé ; elle a donc
un système parfaitement défini, consacré par l'histoire,
cohérent par ses négations mêmes. Les Alliés construi-
sent l'avenir ; ils marchent vers lui à tâtons dans les
ténèbres ; d'accord sur le but, ils ne voient pas toujours
clairement le chemin pour y arriver : de là, des inquiétudes, des dissentiments, des variations, dont nos adversaires tireraient profit ; ils prendraient avantage sur
nous de notre supériorité morale même. « L'Empire
germanique du moyen âge, écrit M. de Bülow, n'est pas
sorti de l'union volontaire des tribus, mais de la victoire d'une de ces tribus sur les autres qui, pendant
longtemps, ont supporté impatiemment la loi du plus
fort. Au dix-neuvième siècle de même, l'opposition à l'u-
nité n'a été vaincue que par le fer et le feu. De même
que l'ancien Empire avait été fondé par une tribu supérieure, le nouveau a été établi par le plus fort des Etats
particuliers. Sous une forme moderne, mais à la vieille
manière, la nation allemande a, de nouveau, au bout de
mille ans, et d'une manière plus parfaite, complété l'œuvre de jadis qu'elle avait eu le tort de détruire. » Cet

Empire offre à ses sujets, en échange de leur servitude, l'espoir d'un large butin, « et la domination du monde à la suite de la vivisection des nations civilisées sous le tranchant de l'épée » (Jayme Hill, ambassadeur des Etats-Unis); grisés par « cette vision d'une proie pantelante dont ils attendent la répartition », ses peuples accordent à l'Etat un blanc-seing illimité, renoncent à discuter ses ordres, se plient à toutes ses volontés, foncent tête basse et sans examen sur l'adversaire qu'il leur désigne. — Un aréopage qui commet l'imprudence d'entrer en discussion avec une bande de prétoriens, est sûr d'être leur victime. Il ne sera pas aisé de fixer la constitution de la nouvelle société des nations; mais une chose est certaine, c'est que, pour y réussir, notre premier devoir est de mettre hors d'état de nuire la nation de proie dont l'existence seule, sous sa forme actuelle, est la négation de cette Société.

La force allemande est une machine qu'une main unique met en branle; elle ne subit aucune réaction morale; on suspend sa marche et on la remet en mouvement sans secousse et sans que le rendement fléchisse. Chez nos ennemis, la discipline est mécanique; chez les Alliés, elle est naturellement soutenue et maintenue par la crainte de la loi, l'ascendant des supérieurs et l'entraînement; mais elle repose essentiellement sur un consentement volontaire; elle est la conséquence d'une libre soumission des âmes. Cette soumission acceptée suppose cependant un tel esprit de dévouement et implique un sacrifice si dur que, si on lui fournit le moindre prétexte de relâchement, un fléchissement brusque peut se produire. Tous les alpinistes connaissent l'invincible paresse qui, pendant la halte, s'empare des excursionnistes les plus éprouvés et la peine qu'il leur en coûte de la surmonter. Ils la surmontent, et nos soldats reprendraient aussi le fusil avec la même résolution que par le passé quand ils apprendraient les propositions de Berlin; les Allemands se trompent quand ils supposent que, les pourparlers une fois entamés, nous en serions réduits à accepter leurs conditions les plus humiliantes parce que nous serions hors d'état de ramener nos régiments au feu; les Français ne sont pas des bolcheviks. Mais les hypothèses excessives de Guillaume partent cependant d'une observation juste. Nous aurions un moment difficile à traverser et nous reprendrions le combat dans des conditions moins favorables. Un temps assez long s'écoulerait avant que les esprits eussent retrouvé leur assiette; çà et là peut-être quelques actes isolés d'insubordination se produiraient pendant la trêve; les défaitistes auraient eu le loisir de recommencer leur propagande; moins surveillés, ils auraient recruté de nouveaux adhérents, organisé leurs cadres; la lutte en serait rendue plus difficile, et la victoire plus lointaine. Pendant des semaines, des mois, nous ressentirions les effets de notre imprudence; l'accord entre les Alliés serait moins complet; dans l'intérieur de chaque pays, les polémiques seraient plus amères et plus violentes; l'opinion, qui aurait entrevu la paix, demeurerait incertaine et troublée. Les chevaux s'usent vite dont leur cavalier arrête brusquement l'élan pour leur demander aussitôt après un nouvel effort.

Rappelons-nous le mot de Bismarck : « Si quelqu'un vous propose une affaire qui lui soit évidemment avantageuse et qui vous soit nuisible, il est dans son rôle; si vous l'acceptez, vous êtes un imbécile et vous aurez tort ensuite de vous plaindre des inconvénients qui en résulteront pour vous. » Kühlmann travaille dans son intérêt et il est dans son rôle quand il nous tend la main.

En ces heures de bataille et de victoire, notre pensée se porte involontairement vers Château-Thierry que les Allemands ont si ignoblement déménagé, et nous pensons à notre La Fontaine : — Ah! mon frère, dit le chat; viens m'embrasser : ton soin me fait injure.

— Et moi, reprit le rat, penses-tu que j'oublie ton naturel ? — Kühlmann et Czernin ont plus d'une corde à leur arc ; les bolcheviks les ont mis en goût, et, après les Russes, ils voudraient bien gober les Français et les Italiens. — Malheur aux souris qui croient aux métamorphoses des Alexandres et des Attilas d'outre-Rhin : elles vont

chercher leur perte.
Un rat, sans plus, s'abstint d'aller flairer autour.
C'était un vieux routier, il savait plus d'un tour ;
Même il avait perdu sa queue à la bataille.
« Ce bloc enfariné ne me dit rien qui vaille,
S'écria-t-il de loin au général des chats :
Je soupçonne dessous encor quelque machine.
Rien ne te sert d'être farine ;
Car, quand tu serais sac, je n'approcherais pas. »
C'était bien dit à lui, j'approuve sa prudence ;
Il était expérimenté,
Et savait que la méfiance
Est mère de la sûreté.

Les Allemands se piquent de psychologie ; ils ont même inventé une série d'instruments fort ingénieux pour mesurer les mouvements de l'esprit. La perfection de leur outillage ne les garde pas toujours de cruelles erreurs, et leur maître Bismarck ne leur a pas laissé son secret en pareille matière. Peut-être aussi avons-nous tiré quelques leçons de nos dures expériences et avons-nous un peu perdu de notre naïveté. Soyons fermes sur les principes et tenons-nous-en, sans raffiner, à quelques commandements : — Tant que nos ennemis ne s'avouent pas vaincus et ne font pas amende honorable, aucun point de contact n'est possible entre eux et nous. Nous poursuivons une paix humaine ; ils réclament une paix allemande, — qui est précisément l'opposé.

Les événements nous ont inspiré la conviction absolue qu'il est odieux et révoltant d'admettre que l'humanité puisse être de nouveau soumise à de pareilles affres. — Ils en concluent au contraire que l'utopie pacifiste est décidément condamnée.

D'aimables visionnaires, — écrit Edouard Meyer, que ses travaux sur l'histoire ancienne ont rendu célèbre, mais que la fréquentation des civilisations antiques n'a pas converti à l'humanisme, — *nous berçaient de l'illusion d'une paix perpétuelle. Que sont devenus leurs rêves ? — Ils avaient été fort bien accueillis en Amérique, et, ces dernières années, le peuple s'y était efféminé dans cette amollissante atmosphère. L'ère de l'internationalisme est passée et ne reviendra jamais plus. Y retomber et lui sacrifier encore des intérêts capitaux serait un crime contre notre peuple. L'Etat ne connaît qu'une loi : s'étendre, et, pour qu'il puisse s'étendre, il faut qu'il se concentre dans une splendide monarchie créatrice et qu'il s'identifie avec la personne du souverain. Ce souverain, qui assume toute la responsabilité dont personne ne peut le décharger, est intangible et sacré, tant qu'il ne viole pas son devoir essentiel, qui est d'accroître la puissance de l'Etat. Si, par faiblesse, fausse pitié, humanitarisme pédantesque ou vaine pruderie, il oubliait sa mission, il perdrait sa raison d'être, et, du même coup, ses droits s'évanouiraient.* »

Que ce ne soient pas là de vaines menaces, Guillaume II ne l'ignore pas. Le 5 mai 1917, le baron de Gebsattel écrivait à Bethmann-Hollweg pour le mettre en demeure de ne rien sacrifier des exigences de l'Allemagne : « Ma conscience, lui disait-il, m'ordonne de vous prévenir du danger de la moindre renonciation. La faiblesse constituerait la plus funeste des fautes politiques, et *sa conséquence immédiate serait la révolution.* Si l'on songe au poids des dettes qui accableront l'Empire, il est certain que, dans le cas où les bénéfices de la guerre seraient insuffisants, les impôts s'accroîtraient dans des proportions énormes. Que l'on se mette à la place des soldats qui regagneront alors leurs foyers : chacun attendra certainement quelque récompense. Au lieu de cette récompense, ils ne trouveraient que des impôts beaucoup plus lourds à supporter. Résultat : une immense déception et la plus cruelle amertume. Il n'y aura plus de centre de gravité et le peuple se soulèvera. La monarchie sera en danger, elle sera renversée, et alors le sort de notre peuple sera scellé.

« Excellence! continue l'impétueux héraut de la noblesse, ne voyez pas là les divagations d'un cerveau angoissé et exalté par la solitude. Je traduis les paroles, les pensées et les craintes d'une foule innombrable d'hommes, dont le dévouement à la monarchie est absolu, mais qui savent ce qui se prépare dans les masses. Il s'agit du sort de notre peuple et il s'agit du fondement monarchique de l'Empire et des Etats confédérés. Je vous en supplie, Excellence, en parfait accord avec mes amis politiques; écartez ces terribles dangers, en nous procurant une paix qui apporte à notre peuple les satisfactions auxquelles il a droit. »

Justes ou non, exagérées ou réelles, de semblables terreurs assiègent l'âme de Guillaume. Tant que la guerre dure, il est sûr d'une pleine obéissance, parce que tous les Allemands savent que la discipline la plus absolue est la condition de la victoire. La paix signée, pour peu qu'elle n'apporte pas les magnifiques résultats qu'ils escomptent, du fond des masses profondes surgira la tempête des colères qui accuseront l'Empereur d'avoir mené le pays à l'abîme. Dès lors, comment hésiterait-il? — En vertu de quelles considérations mystérieuses se déciderait-il aux concessions que nous avons le droit d'exiger et qui entraîneraient presque infailliblement sa déchéance? — Ce qu'il désire, ce n'est pas, ce ne peut pas être la paix, mais une trêve. Elle relâcherait le blocus, favoriserait la contrebande et procurerait quelque soulagement à l'Allemagne assiégée ; elle lui permettrait de reprendre plus aisément ses relations avec les neutres, d'organiser son ravitaillement, de reconstituer ses munitions, de compléter ses armements et d'appeler sous les drapeaux des conscrits qui combleraient les vides terribles creusés dans les régiments par les holocaustes de Hindenburg.

— Est-ce là ce que désirent les pacifistes ?

CHAPITRE XI

LE DANGER DE L'HEURE

Pourquoi quelques diplomates allemands seraient disposés à une paix blanche à l'ouest. — Si la paix était signée actuellement, l'Allemagne aurait gagné la guerre. — Témoignages de Rohrbach, Ernst Jæckh, Mehrmann, List. — Les modérés à la remorque des ultras. — L'Allemagne met son espoir dans nos divisions intestines. — Faiblesse réelle des défaitistes et péril qu'ils peuvent créer. — La liberté allemande.

Les ambitions de M. de Külhmann visent plus haut. Il ne pense lui aussi qu'à une trêve, mais qui aurait les apparences d'une paix et qui pourrait ainsi durer quelques années. Pour l'acheter, il ne serait pas éloigné de quelques concessions, au moins apparentes, et il se flatte que, prônées par ses agents et complaisamment commentées par la presse, elles seraient accueillies avec faveur par les groupes assez nombreux qui n'attendent que l'occasion de retomber sous le charme de l'Allemagne. M. Henderson, il y a quelques jours à peine, pour avoir reçu indirectement une réponse alambiquée et obscure d'une douzaine de socialistes transrhénans, ne remplissait-il pas les airs d'une fanfare de joie? Il entonnait le cantique de Siméon : enfin, l'Allemagne se repent; la colombe de l'arche nous est arrivée; l'heure bénie de la réconciliation a sonné.

On nous reproche sans cesse de vouloir confisquer la Belgique, disait Kühlmann dans son dernier discours. A quoi nous servirait d'en promettre l'évacuation? M. Balfour a pris d'avance ses précautions en nous annonçant qu'elle ne suffirait pas à lui donner satisfaction.

Les réserves de M. Balfour allaient tellement de soi qu'il aurait presque pu se dispenser de les formuler. Il suffit en effet d'un regard sur la carte pour constater qu'un traité qui rétablirait à l'ouest la situation telle qu'elle était en 1914 et laisserait à l'Allemagne les positions qu'elle a conquises vers l'Orient, lui assurerait une prépondérance si écrasante qu'elle serait en fait maîtresse du monde. Les Allemands se plaisent à répéter l'adage de Clausewitz : « La guerre n'est que la continuation de la politique avec des moyens différents. » — Mais le contraire n'est pas moins vrai. La politique, telle que la pratique la Wilhelmstrasse, n'est que la guerre avec d'autres procédés. Si Kühlmann nous décidait même à discuter les propositions qu'il suggère, il aurait remporté sur nous la victoire décisive, celle qu'ont vainement cherchée le prince royal de Prusse et le prince Robert de Bavière ; nous aurions scellé notre asservissement.

L'Allemagne a en effet réussi pendant la guerre à constituer au centre de l'Europe un Etat si puissant que, s'il subsistait, tout effort ultérieur pour nous arracher à son étreinte serait condamné à un échec fatal, ou du moins qu'il ne pourrait être renversé qu'au prix de luttes interminables où s'épuiserait la civilisation humaine. La conquête des bouches de la Meuse et de l'Escaut était sans doute une des ambitions essentielles de nos ennemis au moment où ils ont commencé les hostilités ; ils n'y renoncent pas, mais, puisqu'ils se sont heurtés à une opposition invincible, ils ne verraient aucun inconvénient à ajourner leurs desseins et à sérier leurs conquêtes.

Leur but pour le moment est de dissoudre la coalition des résistances qui se sont rassemblées contre eux ; si l'Allemagne sort à peu près indemne du combat, c'est-à-dire si sa puissance militaire n'est pas écrasée, elle se retrouvera en état de reprendre ses projets le jour où les circonstances lui en fourniront l'occasion, et elle disposera alors de forces si supérieures qu'elle atteindra son but sans coup férir. Elle ne prend même pas la peine de dissimuler ses intentions, et ses journalistes nous les révèlent avec une louable franchise.

« Les gains du côté de l'Ouest, écrit Rohrbach *(Der Krieg und die deutsche Politik,* p. 182), n'auront jamais qu'une valeur indirecte : ils affaibliront nos adversaires. Par contre, nous nous chargerons de ce côté de terres étrangères, non allemandes, difficiles ou impossibles à germaniser. Moins nous en prendrons, mieux cela vaudra... Les circonstances nous contraindront peut-être à prendre possession de territoires qu'au point de vue de notre unité nationale nous aurions avantage à ne pas occuper. Certaines nécessités sont inéluctables, et je ne m'élève pas contre elles; mais ce dont nous avons besoin, ce sont les pays de la Baltique; de ce côté et là seulement sont nos agrandissements nécessaires; tournons-nous vers l'Orient, qui sera le champ de travail et le grenier à provisions de l'Allemagne. La Courlande, l'Estonie et la Livonie sont aussi grandes que la Bavière et le Wurtemberg réunis, et si on y joint la Lituanie, elles représentent un tiers de l'Empire. Appelons-y nos émigrés, aujourd'hui dispersés dans le vaste monde; ils seront heureux de retourner sur le sol natal; très rapidement nous aurons là de 15 à 20 millions de nouveaux sujets; l'Allemagne seule arrivera ainsi très rapidement à former un groupe d'un seul tenant de 100 millions d'hommes; avec les 50 millions d'Austro-Hongrois et les Turcs (20 millions), elle constituera une masse énorme, dont l'irrésistible attraction s'exercera sur les populations balkaniques et les royaumes scandinaves. Qui donc, dans le monde, aura même la pensée de lutter cóntre un bloc de 200 millions d'hommes organisés par l'Allemagne et conduits par ses généraux ? — On ne songera plus alors à nous affamer ou à ruiner notre industrie en lui refusant les matières premières : dans les Balkans, en Ukraine, en Asie Mineure, en Perse, des trésors inépuisables s'ouvrent à notre activité : grains, pétroles, minerais de toutes sortes; les alluvions de la Cilicie, la Syrie septentrionale et le Turkestan nous fourniront le coton; les plateaux de l'Anatolie nous enverront la laine de leurs innombrables troupeaux; nos industries trouveront dans ces pays neufs et régénérés par nous des débouchés grandissants. Mais, objectera-t-on, nous n'aurons pas vaincu l'Angleterre, notre rivale la plus redoutable et la plus acharnée, et elle nous aura imposé sa volonté, puisque nous évacuerons la Belgique. — En apparence peut-être. — Bien fol qui s'arrête aux apparences. Ni les avions ni les sous-marins n'ont dit leur dernier mot; la science de nos ingénieurs maritimes est grosse de promesses; pour peu qu'ils perfectionnent notre outillage, la côte belge nous sera inutile, et les navires anglais, même s'ils ont pour bases Anvers et l'Escaut, ne se risqueront plus à venir embouteiller nos vaisseaux dans le fameux triangle que couvre cet îlot d'Helgoland, que lord Salisbury nous a si généreusement cédé. D'Athènes et d'Alexandrette, nous tiendrons sous nos canons Suez et l'Egypte; par la Perse, nous nous avancerons vers l'océan Indien. Quelques sacrifices que nous ait coûtés la guerre, si elle nous livre la Baltique, et si, en établissant solidement notre union avec l'Autriche et la Turquie, elle ouvre à notre industrie l'Orient, nous aurons atteint ce que nous désirions. »

*
* *

J'ai devant moi une vingtaine de brochures, toutes à grand tirage, relatives aux conditions de la paix. Elles se divisent en deux catégories : les unes croient à la victoire complète, immédiate; elles demandent le morcellement de la France, des contributions de guerre énormes, l'abandon par l'Angleterre de ses postes de défense militaire, Gibraltar, Malte, l'Egypte, Aden, Singapour. — Les autres, de beaucoup les plus nombreuses, se prononcent pour un traité de conciliation et de compromis. — Conciliation à l'allemande, bien entendu, — et compromis de pure forme.

Les auteurs qui prêchent la modération sont-ils déterminés par quelque esprit de justice? — En aucune façon. Leurs raisonnements se ramènent tous à la même argumentation : à quoi bon continuer la lutte, puisque, dès à présent, nous avons virtuellement atteint les buts que nous poursuivions, et qu'il ne nous reste plus qu'à obtenir des ennemis qu'ils reconnaissent notre victoire et consacrent par leur signature la situation que nous avons conquise. Entre les annexionnistes à outrance et les prétendus représentants d'une politique de compromis, aucune divergence sur le point essentiel du débat. Sauf une demi-douzaine de minoritaires, sans influence et sans crédit, tous répètent la même antienne : l'Allemagne a soumis l'univers; nous sommes prêts à traiter, à condition qu'on reconnaisse le fait accompli et qu'on accepte notre triomphe.

Les socialistes ne sont pas moins nets que les pangermanistes. — Admettez-vous que l'Allemagne soit sur le même pied que les autres nations? — Sans doute, pourvu qu'elle occupe la place qui lui revient, et qui est la première.

Vous nous accusez d'avoir commencé la guerre, disent de leur côté Burian et Hertling. La question est obscure, et nous ne nous mettrons jamais d'accord sur les responsabilités. Puisque nous désirons une réconciliation, écartons une bonne fois ces discussions oiseuses et irritantes. Dans tous les cas, cette guerre, vous ne pouvez nier que vous la prolongez en repoussant nos offres. — Et que nous offrez-vous ? — De garder ce qui nous est nécessaire pour notre sécurité. — Qu'entendez-vous par sécurité ? — La certitude que, quoi que nous fassions, nous ne pourrons pas être attaqués. — Et nous, qui nous garantira ? — Notre magnanimité bien connue et notre intérêt. Pourquoi vous attaquerions-nous, puisque vous serez obligés d'accepter nos lois. Nous avions pris les armes pour conquérir l'univers ; il est à nous ; nous n'en demandons pas davantage. Nous sommes tout prêts à nous rallier aux principes du président Wilson. Ce que nous voulons, a dit cet éminent professeur de droit, c'est que le monde devienne un lieu sûr où l'on puisse vivre, un lieu paisible, spécialement pour toute nation amie de la paix. — C'est aussi ce que nous désirons, et pour mieux garantir cet ordre public, nous nous chargeons bénévolement d'en faire la police. Soyez convaincus que nous y montrerons quelque vigueur et que nous châtierons rudement quiconque s'aviserait d'y troubler l'ordre. — C'est justement cette police prussienne et cet ordre tudesque dont les Alliés ne veulent à aucun prix.

Par moments, quand ils désespèrent de briser notre résistance, les Allemands triomphent plus modestement, dissimulent leurs gains et affectent de croire que la guerre n'a rien changé à la situation antérieure et que nous aurions tort de nous plaindre, puisque, malgré leurs triomphes éclatants et les territoires qu'ils occupent, ils nous offrent d'annuler la partie. Cette modestie ne trompe personne, et la carte est assez claire. Ils ne persistent guère d'ailleurs dans cette attitude, l'orgueil est plus fort que la prudence, et l'insolence de leur joie se répand en un torrent tumultueux.

Le professeur Ernst Jæckh invente une science nouvelle, la Géopolitique, pour démontrer que l'union de l'Europe centrale sous la domination de l'Allemagne est une loi physique, une fatalité naturelle, imposée par la géographie, la logique et la biologie (*Das Græssere Mitteleuropa*, p. 11). « *Cette Europe centrale donne à l'Allemagne les lignes intérieures, immense avantage en face d'adversaires qui, s'ils veulent combiner leurs plans, sont exposés à voir leurs généraux subir le sort de lord Kitchener. Le rôle de directrice et de dominatrice appartient à l'Allemagne, parce que, seule entre les nations, elle est capable de création organique. N'est-il pas curieux et caractéristique que le premier penseur (Denker ?) allemand, Nicolas de Cues, au quinzième siècle, ait parlé déjà de l'identité des contraires ? Il entend par là cette idée d'organisme que nous trouvons à la base de la mystique allemande, des systèmes de Leibnitz et de Kant, de Fichte et de Hegel, de Schelling et de Schopenhauer. L'unité de l'individu et de l'absolu, la conciliation du partiel et du général, Leibnitz l'appelle la nature ; Kant, la connaissance ; Fichte, la morale ; Schelling, l'art ; chez Schleiermacher, c'est la religion, et chez Hegel, l'histoire. L'unité dans la variété, la variété dans l'unité, c'est-à-dire l'harmonie, voilà l'idée, le thème éternel de la pensée allemande, — ajoutons de la politique allemande.* » (P. 19.) Et voilà pourquoi les Allemands ne sont pas muets, — et doivent prendre la direction du monde en tenant solidement l'Europe centrale agrandie et transformée suivant leur dessein.

Le docteur Mehrmann (*Das Neue Gleichgewicht der Staaten*) est moins lyrique ; il ne part pas de la géopolitique ou de la biologie, et ne revient pas à Nicolas de Cues pour chercher ses preuves. — Tous les chemins conduisent à Rome, disent les Latins ; chez nos voisins, toutes les routes aboutissent à la domination œcuménique assurée à l'Allemagne par l'organisation de l'Europe centrale. — Moltke, nous dit Mehrmann, quand il revint victorieux de la campagne de France, justifia d'un mot l'établissement du nouvel Empire : il fallait au centre de l'Europe une puissance politique assez forte pour dicter la paix. A elle seule, l'Allemagne n'aurait pas eu la force d'assumer une tâche aussi haute. Elle a attiré à elle les peuples qui se sont montrés dignes de comprendre le même idéal. — Saura-t-elle maintenir unis des groupes différents de race, de langue, de civilisation, de religion ? — Le problème n'est pas si compliqué, et il convient de ne rien exagérer. Non seulement en Russie, mais même en Grande-Bretagne et en France, des peuples vivent dans un Etat centralisé qui sont plus profondément distincts les uns des autres que ceux qui se sont groupés sous la bannière de Guillaume II. Personne ne songe à nier les nuances qui séparent les diverses sectes chrétiennes et musulmanes. Mais ces nations, divisées par le dogme, sont rapprochées les unes des autres par la chevalerie, qui est un des traits de leur tempérament national, et par la similitude de leurs institutions politiques (p. 45). Leurs territoires peuvent être mis en communication directe par des canaux qui relieront les mers du Nord et la Baltique à l'océan Indien et rattacheront au Danube, qui coule vers l'est, les rivières allemandes qui se dirigent vers le nord ; sans parler des voies ferrées qui, de l'artère d'Anatolie, s'embrancheront vers le golfe Persique et l'Egée, de manière à embrasser dans un même ensemble territorial l'Europe orientale et l'Asie antérieure.

De longues années se sont écoulées, poursuit Mehrmann, avant que Michel le Géant ait compris la parole de Moltke. La guerre lui a révélé ses forces et tracé son devoir. Solide, il se dresse sur ses larges pieds, une jambe sur les côtes de Flandre, une autre sur le Bosphore ; dos à dos avec lui, ses vaillants amis, sous son bouclier protecteur, défendent le repos et l'avenir de l'Europe centrale. —

Michel n'oubliera pas la dure leçon qu'il a reçue, nous affirme List. La politique d'encerclement de nos adversaires n'a pu être réalisée dans une certaine mesure que parce que l'Empereur, dans son amour de la paix à tout prix, leur a laissé le temps de dresser leurs embûches et qu'il n'a entravé leur action par aucune résistance. En dehors de sa mansuétude, il était forcé d'assister inactif à leur travail souterrain par la maudite bonhomie allemande. Si les conducteurs de notre politique avaient profité aussitôt des circonstances favorables qui s'offraient à eux pour briser ce réseau d'intrigues, l'immense majorité du peuple, pacifique, inexpérimentée, les aurait désapprouvés, et la guerre n'aurait pas été conduite avec l'unité d'enthousiasme nécessaire. Même aujourd'hui, quelques insensés, çà et là, ne comprennent pas le sens des événements : fous fieffés! Mieux vaudrait ignorer leurs misérables turpitudes, si l'on n'avait pas à craindre la contagion qu'exerce si fâcheusement la folie. Les difficultés et les souffrances actuelles comportent cependant un enseignement que l'immense masse du peuple n'oubliera pas : *Plus de politique pacifique à tout prix.* En dépit de tous les progrès scientifiques, humains, sociaux et socialistes, le monde est resté le même : c'est une caverne où le plus fort cherche à dépouiller le plus faible. Qui ne se hâte pas d'être marteau, doit s'attendre demain à être enclume. (List, *Deutschland und Mitteleuropa,* p. 70.)

La politique n'est pas une science abstruse, et les lois qui la régissent sont claires et simples; elles ne diffèrent pas de celles que chacun de nous applique dans sa vie privée. Quel est l'homme qui ne cherche pas à arrondir son domaine? — Pour assurer la paix, il faut que notre puissance repose sur une large base territoriale, — que nous la possédions directement, ou qu'elle nous soit garantie par des fermes à long bail. La guerre a prouvé que l'étendue des domaines n'est un facteur réel de force que s'ils sont contigus et si les communications entre les diverses parties ne peuvent pas être coupées. L'Allemagne doit, à ce point de vue, imiter la conduite de n'importe quel industriel avisé. Un homme d'affaires intelligent n'acquiert pas seulement les terrains qui lui sont immédiatement nécessaires, mais ceux dont il peut avoir besoin plus tard, — surtout si l'occasion se présente de les obtenir à bon compte ; — quelquefois même il les achète alors sans autre pensée que de les enlever à un concurrent possible. Il jette de préférence son dévolu sur les terrains non bâtis, parce qu'on lui demande des prix moins élevés et que les vieilles constructions ne représentent le plus souvent que des frais de démolition. Il cherche à former un cartel ou un trust avec les maisons qui exploitent la même industrie ou qui la complètent. Un industriel est en même temps un négociant ; il n'étend pas ses entreprises au delà du raisonnable, il ne poursuit pas l'impossible et il sait que, particulièrement en matière d'acquisitions immobilières, il convient de savoir attendre. — Il ne serait pas prudent, continue Théodore List, d'afficher trop vite les buts de notre politique ; nos adversaires pourraient en tirer avantage. Il est cependant indispensable que notre peuple, nos diplomates et nos ministres s'imprègnent de quelques idées maîtresses sans lesquelles ils courraient risque de s'égarer. Pour se tirer de ce dilemme et instruire ses compatriotes sans révéler ses projets aux profanes, M. List a recours à des paraboles : — Michel, dont l'intelligence est subtile, en pénétrera aussitôt le sens ésotérique, et les Alliés n'y verront que du feu. — Voyez-vous, disait à un de ses camarades un jeune Leipzigois au sortir d'un cours de l'Alliance française, ces professeurs parisiens font illusion quand on les entend pour la première fois, et je ne m'étonne pas que vous y ayez été pris ; attendez huit jours et vous verrez le fond : les gens ici ne sont pas solides, *keine Gründlichkeit.* — Essayons pourtant de suivre List dans ses déductions : il n'est pas aussi malaisé

qu'il le suppose de soulever le voile mystérieux qui les
enveloppe.

Donc, nous enseigne M. List, Bismarck tâta le terrain et prépara les occasions. Il déclarait l'Allemagne
saturée, — parce qu'elle digérait, — comme si un grand
pays pouvait être saturé! — Il n'en pensait pas un mot;
il s'agissait seulement de ne pas donner trop vite l'éveil
aux concurrents. Il commença par mettre tout douce-
ment la main sur l'Autriche, lui promit son appui contre la Russie, et protégea les Allemands de la monarchie. Il mérita la reconnaissance des Magyars en flat-
tant leur fastueuse suffisance; il favorisa la poussée des
Habsbourgs vers les Balkans, et il attacha à sa fortune
Charles Ier de Roumanie et Ferdinand de Cobourg. Les
affaires étaient en bonne voie quand il mourut.

A mesure que la base continentale de l'Allemagne devenait plus large et plus stable, sa richesse grandissait
et son influence s'étendait au loin. L'Angleterre ne
voyait rien, absorbée par ses acquisitions en Afrique et
aveuglée par son antique jalousie contre la France. Le
moment viendrait cependant où elle secouerait sa tor-
peur. Quand elle s'apercevrait de nos progrès dans
l'Europe centrale et orientale, et constaterait qu'elle
avait été supplantée à Constantinople, elle se mettrait
en défense. Il faudrait en découdre avec elle, et pour
cela une flotte était indispensable. Guillaume II, Bülow
et Tirpitz eurent le mérite de prévoir la fatalité du conflit et se mirent en mesure d'y faire face. M. de Bülow
a remarqué très justement que l'affaire exigeait une
extrême prudence. Il a écrit dans sa *Politique allemande*
que notre méthode n'est pas celle du marchand qui spé-
cule à tout risque, mais plutôt celle du paysan aux
allures pondérées, qui, ses semailles faites avec soin,
attend tranquillement la moisson. — Pourvu seulement
qu'une grêle intempestive ne s'abattît pas sur le champ
avant que la récolte fût engrangée. Nous nous trouvions

dans une position fort délicate ; parce que, dès qu'il s'agit de la mer, les Anglais sont fort susceptibles et n'entendent pas raillerie. David Urquhardt disait, à la veille de la guerre de Crimée : La situation insulaire de la Grande-Bretagne ne lui laisse d'alternative qu'entre la toute-puissance ou l'impuissance ; elle sera la reine de l'Océan ou elle sera engloutie par lui. Il reprenait ainsi une tradition générale et fort ancienne et, depuis le seizième siècle, l'Angleterre n'a jamais oublié cette vérité essentielle. Ne prendrait-elle pas ombrage de nos progrès maritimes? Si elle s'avisait à temps du danger, nous étions perdus, car, vis-à-vis d'elle, nous étions alors, suivant l'expression d'un juge compétent, comme du beurre au soleil. Nous avons été assez heureux et assez adroits pour ajourner l'heure de l'explication jusqu'au moment où notre situation a été assez renforcée pour braver les menaces de notre ennemie.

Peut-être, ajoute M. List, M. de Bülow prolongea-t-il au delà du nécessaire cette période de préparation. Il manqua d'audace. Puisqu'un duel était inévitable, il aurait été préférable de le provoquer au moment opportun. En 1905, par exemple, au moment de l'affaire de Tanger. La Russie, ruinée et épuisée par la guerre du Japon, ne comptait plus ; la France, qui sortait de la crise dreyfusiste, était désarmée. Notre victoire eût été rapide et certaine. Mais le passé est passé : un jour, Bismarck, en 1849, laissait entendre à Frédéric-Guillaume IV que sa conduite n'avait pas été toujours très heureuse ; le roi, à bout d'arguments, lui répondit : « Et puis, quand j'avouerais que j'ai été un âne, à quoi cela servirait-il? » La faute de Guillaume II et de Bülow a été lourde, et nous l'avons payée par une guerre douloureuse et de sanglants sacrifices. L'Empereur n'a pas été peut-être non plus bien inspiré quand, pour effacer le souvenir de ses reculades antérieures, il a attaqué en 1914, juste à l'heure où la constellation du monde nous était aussi défavorable que possible. A un moment donné, le péril a été sérieux. Les fautes de la coalition et les bolcheviks nous ont sauvés.

A quelque chose d'ailleurs malheur est bon. Tout en construisant la flotte, l'Empereur n'oubliait pas nos intérêts continentaux. Il avait détourné l'attention de la Russie vers l'extrême Orient, et, pour ne pas être gêné dans ses entreprises, il avait jeté un os à ronger à la France en l'engageant dans l'aventure marocaine. Quant à lui, il avait continué la méthode de Bismarck qui est précisément celle de Ludendorff, l'infiltration, qui disloque les forces ennemies, tourne les positions dont l'attaque directe serait trop coûteuse et en prépare la chute. Il suffit ensuite d'un assaut brusque pour les faire tomber.

La guerre a révélé et achevé nos conquêtes. Aujourd'hui, l'Autriche n'est plus qu'une secundo-géniture de l'Allemagne; la Bulgarie et la Turquie sont des principautés vassales; même si elles essayent un moment de se séparer de nous, elles seront forcées de nous revenir. La Russie n'existe plus. En admettant que nous devions renoncer à mettre immédiatement la main sur quelques-uns des territoires de l'Ouest que nous convoitions, le bénéfice encaissé est assez substantiel pour que nous nous en contentions, — d'autant plus qu'il ne s'agira que d'une partie remise. Les neutres, dont plusieurs nous ont prouvé leurs dispositions favorables, seront facilement domestiqués et ils entreront peu à peu dans notre sphère d'influence. La France sortira de cette guerre épuisée; de toutes les nations du monde, elle a été la plus éprouvée; ses plus riches départements ont été rasés, et nous avons pris nos précautions pour que de longtemps ils ne se relèvent pas de leurs ruines. Écrasée d'impôts, orpheline de ses meilleurs enfants, déchirée par les discordes intestines que déchaîneront la défaite et la misère, elle végétera, impuissante et loqueteuse, et le souci du pain quotidien lui enlèvera définitivement le loisir de songer à ses provinces perdues. Quelles que soient les clauses du traité que nous dicterons à Paris, la conception germanique du monde l'aura définitivement emporté sur la conception anglaise; les conséquences, directes ou indirectes, n'en seront pas moins heureuses pour nous que celles des paix de Brest-Litovsk et de Bucarest.

⁎
⁎ ⁎

Est-il nécessaire de verser au dossier d'autres citations? — Le détail des arguments varie, le fond est toujours le même : l'Allemagne, en établissant solidement sa domination sur l'Europe orientale, a acquis dans le monde une situation hors de pair qu'aucune coalition ne saurait ébranler. Elle ne demande rien de plus, puisqu'elle a tout. Pour amener les Alliés à accepter le fait accompli, elle ne répugne pas à leur accorder quelques vaines satisfactions d'amour-propre; elle n'exigera d'eux aucun sacrifice direct; elle n'en a aucun besoin, puisqu'ils seront réduits à une impuissance complète et définitive et qu'ils signeront un pacte d'éternelle servitude.

Dans son discours au Congrès (11 février 1918), le président Wilson a parfaitement mis en lumière les méthodes de la diplomatie ennemie et le but où elle tend. — Le comte Hertling, dit-il, ne veut discuter qu'avec la Russie seule le sort des peuples de la Baltique, avec la France les conditions d'évacuation de son territoire, et avec l'Autriche l'avenir de la Pologne. Pour les affaires balkaniques, il s'en remet à l'Autriche et à la Turquie, et il attribue à la Turquie seule le soin de régler le sort des populations ottomanes de l'empire musulman. Sa méthode est celle du Congrès de Vienne. Son esprit se meut encore dans un monde défunt, disparu. On ne saurait au contraire concevoir de paix équitable que par un règlement synthétique des divers problèmes qu'a posés la guerre. Le chancelier proteste contre des ententes particulières et égoïstes en ce qui concerne le commerce, l'industrie et les matières premières, et il dit qu'elles ne seraient pas de nature à assurer la paix. Croit-il qu'il n'en serait pas de même pour des ententes particulières et égoïstes en ce qui regarde les provinces et les peuples?

Jamais, conclut le président Wilson, nous n'accepterons une paix qui ne soit une paix d'émancipation générale, jamais nous ne consentirons à vivre dans un univers que gouverneraient la force et l'intrigue, où la vie humaine serait privée des conditions sans lesquelles on ne comprend pas qu'elle puisse subsister. »

Ces magnifiques paroles, si pleines d'avenir, si resplendissantes de lumière, où donc trouveront-elles un écho plus général et plus sonore qu'en France? Les fils de La Fayette seraient-ils moins fidèles à leurs ancêtres que les descendants de Washington?

*
* *

Même ainsi, si Kühlmann, Scheidemann et Ballin réussissaient à imposer leur programme aux pangermanistes et aux militaires, nous ne pourrions accepter leurs conditions. Mais, tout ce que nous savons de l'Allemagne démontre que leur modération affectée et suspecte provoquerait aussitôt une formidable levée de boucliers des partis belliqueux qui tiennent en mains le pays. Les négociations à peine amorcées, ils reviendraient aussitôt à leurs méthodes coutumières d'usurpation et à leurs procédés ordinaires d'empiétements; sous peine d'être balayées par l'indignation universelle, ils étendraient rapidement leurs exigences, et leurs brutales convoitises s'étaleraient avec d'autant plus d'insolence qu'ils nous jugeraient plus incapables de résistance. Peu satisfaits d'un triomphe différé, il poursuivraient notre écrasement immédiat. Le gain ne leur suffirait pas, s'ils n'y ajoutaient l'assouvissement de leurs rancunes.

L'Allemagne nous hait, d'une haine sauvage, féroce, inexorable, inextinguible. Sa victoire, quelque lucrative qu'elle fût, ne lui laisserait que des regrets, si elle ne nous saignait pas à blanc, si elle ne supprimait pas en nous les rebelles qui refusent de courber leurs fronts indociles devant sa pensée souveraine.

La Germanie, écrit le pasteur Julius Werner (*Kreuz Zeitung,* 9 mars 1916), doit remplir l'office de prêtre pour la terre entière rassemblée autour de l'autel de la véritable humanité. L'esprit allemand est la lumière du phare qui plane sur la mer mouvante de l'histoire. — « Les étrangers, lisons-nous ailleurs, nous tournent en dérision parce que, suivant la parole d'un de nos grands penseurs, Fichte, le représentant de la philosophie de la volonté, nous nous appelons : la nation élue. Nous acceptons ces railleries comme un titre d'honneur et nous nous élisons nous-mêmes. La force essentielle qui nous permet de remplir notre mission est notre foi dans l'Allemagne : dans les mains de la puissance divine qui mène le monde, elle est l'essai d'une forme supérieure. » Elle doit tenir à distance le reste du monde pour permettre à son individualité unique de se développer complètement, afin de transformer ensuite les autres peuples. Son rôle est d'être le peuple chef, le principe qui gouverne et organise. Si la Germanie ne se perfectionnait pas par cette culture supérieure, les nations occidentales périraient sans espoir de salut, rongées par un mercantilisme sordide, par la lente phtisie d'une hyperculture sophistique, par la neurasthénie psychologique d'une complète impuissance d'esprit et de cœur. Qu'on ne voie pas là arrogance et orgueil; nous nous laissons entraîner par le courant irrésistible de l'évolution, nous nous soumettons au procès éternel de cette Nature qui est Dieu. (Henri Driesmann, *Die Europæischen Staats und Wirtschafts-zeiten,* 4 mai 1916.)

Une race ainsi élevée au-dessus des règles communes, « qui comme du fumier regarde tout le monde », commettrait un véritable crime envers l'Eternel et se mettrait en travers du courant de l'évolution, si elle se laissait arrêter par les traités. — « Au point de vue formel, écrit le docteur Labberton à propos de l'invasion de la Belgique, la marche de nos armées a été certainement contraire aux traditions juridiques; mais les conditions nouvelles, modifiées, faisaient en réalité à l'Allemagne le devoir de ne pas respecter des conventions vieillies. Elle se plaçait à un point de vue infiniment supérieur... Elle est la cellule morale de l'Europe, et c'est d'elle que l'Europe doit recevoir sa régénération. Devant l'obligation que lui imposait cette tâche sublime, que pouvaient peser les titres et les parchemins de la Belgique ? » (*Kœlnische Zeitung,* 27 sept. 1915.)

Soit. On se demande seulement à qui pourrait venir l'idée saugrenue de traiter avec un peuple qui n'obéit qu'à sa mission. On ne cesse de nous le répéter : nous ne sommes que l'engrais dont la fleur tudesque tirera la saveur de son parfum et l'éclat de ses couleurs, l'ordure que transformera la vertu purificatrice du sol germanique. — C'est entendu. Il est tout de même un peu étrange que les Allemands nous demandent de nous prêter bénévolement à ce rôle plutôt humiliant. La trêve que l'on nous offre, on nous en avertit, ne sera qu'un moyen de nous absorber à moins de frais. On nous invite à déposer les armes, et, en retour, on nous promet, quoi ? Une paix équitable ? — Pas le moins du monde, — mais un régime d'envahissement hypocrite, d'exploitation implacable, et d'ignoble tyrannie. — Tendez-nous les mains, nous dit-on, pour que nous vous passions les menottes plus commodément. — Nous avons de la méfiance, et nous songeons aux brebis qui avaient livré leurs chiens :

> Les chiens, qui sur leur foi reposaient sûrement,
> Furent étranglés en dormant;
> Cela fut sitôt fait qu'à peine ils le sentirent.
> La paix est fort bonne de soi,
> J'en conviens, mais de quoi sert-elle
> Avec des ennemis sans foi?

** * **

Aucun homme de sens, si candide qu'on le suppose et quelque horreur que lui inspire le sang versé, ne se risquera dans un pareil guêpier et n'entrera dans la fosse aux lions. Mais — et c'est le calcul des Kühlmann et Cie — est-il impossible de profiter de la lassitude et de l'épuisement des masses, impulsives, peu capables de réflexion, enclines aux brusques entraînements? On les trompera, on fera papilloter à leurs yeux le mirage d'un traité équitable, et on se servira d'elles pour peser sur les gouvernements.

Bien avant la guerre, l'Allemagne avait préparé ses mines, comme elle avait étudié de longue main l'emploi des gaz délétères, bien qu'elle eût signé les conventions de la Haye qui en interdisaient formellement l'emploi. Non moins que sur ses armées, elle comptait sur la trahison et l'émeute. « Nous pouvons envisager l'avenir avec une pleine confiance, écrit Rohrbach, et le règlement final nous sera favorable. Nous en finirons avec la Russie; nous battrons la France; des deux côtés, nous serons vraisemblablement aidés dans le cours de la guerre par les défaillances intérieures qui paralyseront nos ennemis. » (*Der Krieg und die deutsche Politik,* p. 135). — « Nous ne comptons plus sur le front, dit M. de Lancken, mais sur les arrières.

Nous ferons réclamer chez les Alliés par leurs propres peuples la paix sans annexions ni indemnités, et, grâce à l'épuisement général, la ruse prendra, non seulement en Russie, mais ailleurs. Cinq cents Lénine nous coûtent moins cher qu'une journée de guerre. » — Le témoignage de Lancken est particulièrement intéressant; secrétaire d'ambassade à Paris, il a joué un rôle assez louche pendant les affaires du Maroc, et, quand on connaît les mœurs des diplomates allemands, il n'y a aucune calomnie à supposer que ces soulèvements de l'arrière, destinés à faciliter et à hâter la défaite des Alliés, il ne s'était pas contenté de les prévoir, mais les avait organisés.

Il n'est pas douteux que l'Allemagne avait étendu fort loin ses intrigues et qu'elle faisait dans ses calculs une très large part aux divisions intestines qu'elle couvait : agitations socialistes en Russie, en Italie et en France, insurrection de l'Irlande, révolte de l'Egypte, soulèvement de l'Afrique australe, dissensions au Canada, troubles en Amérique. L'événement a trompé ses espérances. — Non pas complètement cependant. Sans parler même de la Russie, il serait puéril de nier que la question d'Irlande a causé à l'Angleterre de sérieux embarras; une révolte au Cap a retenu une partie des forces qui étaient nécessaires à la conquête de l'Afrique orientale. En France et en Italie, à certaines heures, les gouvernements ont éprouvé de sérieuses inquiétudes, et les manœuvres défaitistes ont eu jusque dans les armées de déplorables retentissements. Aux Etats-Unis, les résistances des germanophiles n'ont pas été vaincues sans difficultés par le président. On parle couramment de milliards dépensés par les Allemands pour leur propagande. En pareille trame, — si secrète et si minutieusement ourdie par des spécialistes aussi habiles que peu scrupuleux, — il est impossible de découvrir la vérité complète. Les procès de ces derniers mois en

France et en Italie, qui n'ont levé qu'un coin du voile, nous ont permis cependant d'entrevoir l'existence d'un immense complot dont nous sommes loin de posséder tous les fils.

Malgré leurs insuccès, les Allemands n'abandonnent pas la partie. En France, les éléments d'action dont ils disposent sont assez pauvres : — quelques primaires, infatués de leurs vagues connaissances, incapables de critique, qui se gargarisent d'un petit nombre de mots sonores dont ils seraient incapables de définir le sens, et chez qui une rhétorique ampoulée a tué le sens de la réflexion et de l'observation directe; — une bande de politiciens compromis par leurs fautes antérieures, en partie responsables de l'état d'infériorité où nous a surpris la guerre, qui sentent peser sur eux la réprobation populaire, et qui, plutôt que de perdre leurs sièges électoraux, sont prêts à sacrifier les intérêts de la patrie et l'avenir du monde à leurs ambitions mesquines, à leurs préjugés de parti et à ce qu'ils nomment, par une pompeuse et ridicule antiphrase : l'honneur de la République; — une poignée de fanatiques, haineux, bornés, habitués depuis longtemps à demander leur mot d'ordre à l'Allemagne, que les socialistes d'outre-Rhin ont façonnés au joug et qui ne peuvent plus se passer de leur servitude, morphinomanes que la privation de leur drogue mortelle jette dans une crise de fureur désespérée; — une brassée d'idéalistes impénitents ou relaps qui se refusent à voir l'Allemagne telle qu'elle est, sur qui les faits glissent sans les atteindre et dont la morale se résume dans un optimisme niais et une veule résignation.

C'est tout, et ce n'est guère. — Ces défectionnaires n'en mènent pas moins grand tapage et ils disposent d'un certain nombre de journaux, dont il serait intéressant d'étudier les budgets et de connaître les bailleurs de fonds. Il serait d'autant plus imprudent de les considérer comme une quantité négligeable que nous

devons tenir compte de l'extraordinaire excitation morale provoquée par la guerre. — « A toutes les époques,
écrit le lieutenant général de Freytag-Loringhoven (*Leçons de la Grande Guerre*), la puissance de la suggestion
sur les hommes a été grande; nous en voyons la preuve
dans les crises de fanatisme. L'heure actuelle a développé dans des proportions énormes cette susceptibilité
de notre nature. Nous vivons tous dans un état perpétuel d'exaltation, et cette tension nerveuse, poussée à
l'extrême, provoque nécessairement des réactions imprévues et brusques. Elles sont d'autant plus violentes
et générales que l'unité des Etats est plus avancée, les
communications plus parfaites et que le développement
de l'instruction a accru dans des proportions énormes
le pouvoir de la Presse. » Les observations de Freytag-
Loringhoven s'appliquent tout particulièrement au
peuple de France, mobile, impressionnable, « conduit
par des sensations plus que par des principes, extrême
dans ses actes », passant avec une rapidité déconcertante
de l'enthousiasme au désespoir, « faisant toujours plus
mal ou mieux qu'on ne s'y attendait; tantôt au-dessous
du niveau commun de l'humanité, tantôt fort au-dessus ».
A certaines heures, la fatigue, la souffrance, — et qui
donc n'endure pas depuis 1914 des tortures qu'il lui eût
été impossible auparavant même d'imaginer ? —peuvent
aboutir à un de ces accès de neurasthénie où la raison
s'efface et qui livrent l'âme désemparée aux plus perfides conseils.

Dans ces minutes perfides de prostration sans défense,
il suffit de quelques brochures, adroitement mensongè-
res, d'une campagne de presse habilement ménagée ou
de la sournoise propagande d'une poignée de meneurs
pour créer un courant d'opinion et entraîner une partie
du pays. Si, à ce moment, des misérables ou des fous,
soudoyés par l'ennemi ou indirectement inspirés par
lui, savent saupoudrer leur propagande de quelques

termes cabalistiques : lutte des classes, oppression capitaliste, union des peuples, humanité, il ne leur sera
pas difficile de grouper autour du noyau défaitiste une
troupe assez nombreuse, faite de faibles, de timides et
de ces moutonniers qui ne vivent que par reflet et ren-
voient en bruyants échos les mots d'ordre qui arrivent
jusqu'à eux. De là peut surgir un péril immense et que
l'opinion doit surveiller avec soin. Dans un des derniers
numéros de la *Revue de Paris,* M. Joseph Reinach écrivait un article sur la rentrée de la surprise dans la stratégie. Les surprises de l'arrière seraient plus redoutables que celles du front et moins facilement réparables :
elles nous enlèveraient le bénéfice de nos années de combats et nous souilleraient d'une honte éternelle.

Les meneurs de cette abominable campagne de trahison et de défection en retireraient-ils quelque profit
personnel? — Ce n'est pas certain, et les acheteurs de
consciences n'ont guère l'habitude de ménager les traîtres
qui leur ont vendu la place ennemie. Dans tous les cas,
les masses démocratiques qu'ils auraient un moment
séduites, expieraient durement leur aberration d'une
heure.

*
* *

Au moment de la mobilisation, toutes les classes
sociales ont répondu d'un même cœur à l'appel de la
patrie. Nobles, bourgeois, ouvriers, paysans, croyants
et libres penseurs, traditionalistes et apôtres des idées
nouvelles, tous ont entendu le cri de la mère commune,
menacée dans son honneur et son existence. Comment
en aurait-il été autrement? — N'avaient-ils pas tous
leur part de travail et de gloire dans la formation de la
France? N'avaient-ils pas été tous atteints par ses blessures? Pourquoi cette unanimité du début est-elle aujourd'hui moins complète et plus contestée. Quels argu-

ments invoquent les hommes qui se donnent comme les chefs de la démocratie pour lui conseiller de se séparer de la nation et lui prêcher l'émigration à l'intérieur? Quel événement nouveau justifie leur criminelle désertion?

Nous étions sûrs que nous n'avions pas voulu la guerre et que nous étions traîtreusement attaqués. — Depuis lors les documents les plus authentiques, les plus irréfutables, ont confirmé la préméditation de l'Allemagne.

Nous savions que Guillaume II poursuivait une œuvre de rapine et de vol. — Les pillages et les destructions systématiques qu'ont accompli ses armées, non moins que les manœuvres de ses diplomates, ont démontré aux plus aveugles qu'il avait en vue notre extermination complète et notre anéantissement définitif.

Nous avions la conviction que sa victoire signifiait la défaite de la démocratie et du progrès. — N'est-il pas plus évident que jamais que, si l'Allemagne n'était pas définitivement mise hors d'état de nuire, la civilisation ferait un saut en arrière?

Que désirent les démocrates, à quelque pays qu'ils appartiennent, à quelque école qu'ils se rattachent? — En premier lieu, la liberté. — Iront-ils la demander à l'Allemagne?

La raison et l'expérience prouvent que la liberté civile n'existe que dans les pays où elle a pour fondement et pour garant un régime politique qui permet aux citoyens d'exercer un contrôle permanent sur les pouvoirs publics. — En Allemagne, ce contrôle n'existe pas. Toute l'autorité appartient à l'Empereur et à l'Empereur seul. Le Parlement est une parlotte dont les discussions sont sans importance et dont les votes sont des manifestations platoniques. — A quoi bon un Parlement, disait Naumann en janvier 1914, pourquoi prend-il des résolutions, si derrière lui il y a un immense panier à papier où on les jette? — On se sent monter le rouge à la face, disait le docteur Frank au Reichstag (23 janvier 1913), en pensant que les Allemands, qui dans le commerce et l'industrie ont réalisé de si immenses progrès, sont en politique privés des droits les plus élémentaires. — La principale cause de la haine que nous inspirons aux autres peuples, écrit G. Anschütz (*Preussische Jahr-bücher,* mai 1916), c'est qu'ils sentent que nous représentons un type politique d'une autre nature que le leur : nous ne sommes pas des citoyens, mais des sujets ; non des membres de l'Etat, mais des instruments du souverain. Ils haïssent notre autocratie plus que l'autocratie russe, parce qu'ils la jugent plus dangereuse, et ils ont raison, parce qu'il n'y a rien en Russie qui corresponde à ces piliers de notre système politique que l'on peut résumer sous le nom de féodalisme. —

Ainsi donc, chez nos voisins, pas de Parlement, dans le sens que nous donnons à ce mot et qui est le vrai. — Pas d'opinion publique, parce que la presse est dans les mains du gouvernement.

Ce n'est pas depuis la guerre seulement que l'Allemagne pratique le mensonge. Son régime politique n'est qu'un trompe-l'œil ; c'est de l'architecture de placage. *Nur Schein und Schemen,* disait le député Wiemer le 10 novembre 1908, ombres et fantômes. — On la juge souvent d'après ses lois, — et de là vient la ténacité des illusions que conservent sur elle quelques libéraux. Mais ces lois sont fausses et annulées par la pratique et par l'interprétation qu'elles reçoivent.

La Constitution proclame la liberté de discussion. — L'article 110 du Code pénal frappe « quiconque excite à désobéir aux lois, aux ordonnances légales et aux mesures prises par les autorités compétentes, et quiconque affirme publiquement ou répand des faits inventés ou dénaturés propres à jeter le discrédit sur des institutions de l'Etat ou des ordonnances de l'autorité ». — En 1908, Liebknecht est condamné à dix-huit mois de forteresse pour sa brochure : *Militarisme et Antimilitarisme,* fort modérée de ton, nullement révolutionnaire, où il condamne la grève militaire, l'insurrection et la désertion (Barthélemy, p. 237). — L'article 130 du même Code condamne l'excitation à la violence, et on considère comme excitation à la violence toute parole, écrit ou manifestation quelconque qui, sous forme d'aspiration, de désir ou de regret, peut être considéré comme une menace à l'ordre de choses existant, même pour un avenir lointain. — Notre misère ne durera pas toujours, — appel à la violence et condamnation. — La Pologne n'est pas morte, — appel à la violence et condamnation. — L'avenir appartient aux ouvriers — appel à la violence et condamnation.

La Constitution proclame le droit de réunion. — Les commissaires de police le suppriment. — Le Reichstag proteste contre leurs abus de pouvoir. — Le chancelier répond sans s'émouvoir qu'il s'agit d'un acte du pouvoir exécutif et que, par conséquent, l'assemblée n'a pas à intervenir.

Vous nous reprochez notre régime, disent les Allemands. Notre Reichstag n'est-il pas élu au suffrage universel ? — Sans doute; seulement la Prusse, qui est l'Etat dirigeant et qui impose sa politique, a une diète élue au suffrage censitaire le plus étroit et combiné de façon à assurer une prépondérance écrasante aux plus imposés, « parce que la plus grande proportion des forces intellectuelles se trouve parmi les plus riches »; les élections sont orales et publiques, « parce que le vote public est le seul digne d'un homme libre », — entendez, parce que le sous-préfet, le grand propriétaire et le patron sont sûrs ainsi de déjouer la moindre tentative d'opposition. — Résultat : en 1918, les conservateurs ont 320 députés avec 900.000 électeurs; les libéraux de toutes nuances 116 élus pour 1.400.000 votants.

A la suite de cette campagne (dont le scandale saute

aux yeux, le peuple, qui, depuis longtemps, réclame la
révision de ce régime inique et absurde, s'agite : discussions véhémentes au Reichstag; meetings, cortèges dans
les rues, campagne violente dans la presse. Quelques
observateurs ont eu la naïveté de prendre au sérieux ce
mouvement qui affecte des allures révolutionnaires.
L'Empereur, dont les nerfs ne sont pas très solides,
s'émeut : — Vos réclamations sont parfaitement fondées; cette loi de 1849 est surannée et ridicule; nous
allons la modifier. — Sur son ordre, le chancelier soumet un projet — fort anodin — à la Diète qu'il s'agit
de réformer et qui, naturellement, le repousse. — Au
Reichstag, la gauche insiste, rappelle les promesses du
souverain. — Que voulez-vous? Le Landtag ne veut pas
de réforme; c'est bien regrettable, nous n'avons qu'à
nous incliner. — Domptés par l'excellence de ces raisons, la gauche s'excuse, les socialistes rengainent leurs
foudres, l'affaire est enterrée; comme par le passé, les
conservateurs règnent sur une Prusse satisfaite et somnolente.

Survient la guerre. Guillaume s'avise qu'il serait
équitable — et prudent — de jeter au peuple quelque
aumône, sans pourtant trop alléger son escarcelle. On
remet sur l'eau la question de la réforme électorale en
Prusse : le souverain promet solennellement que le suffrage égal sera établi. — Et le Landtag? Les hobereaux
seront-ils plus disposés que jadis à abdiquer leurs
prérogatives? — Si la Diète résiste, je la dissoudrai. —
Sans s'émouvoir, elle rejette de nouveau le projet qui
lui a été soumis. — Eh bien! le moment d'exécuter votre promesse est arrivé, crient les démocrates à Hertling. — Y songez-vous? En pleine guerre? Vous ne
voyez donc pas que nous risquerions de mécontenter
les conservateurs! Après la paix, nous en reparlerons.
— Demain, on rasera gratis.

Et c'est ce régime de privilèges et d'arbitraire qui

inspire à quelques-uns de nos socialistes une irrésistible passion ! Ont-ils à un tel degré la fièvre de la régle-
mentation qu'ils soient vraiment séduits par l'infinie
complexité et l'inépuisable abondance des ordonnances
prussiennes qui, avec une inexorable ponctualité, dic-
tent à chaque citoyen sa conduite à tous les moments de
sa vie, dans les moindres détails, de sa naissance à sa
mort et du premier jour de l'année à la saint Sylvestre?
— M. Harbutt Dawson a consacré sa vie à l'étude de
l'Allemagne ; il y a séjourné longtemps, il en a analysé
avec une admirable méthode les institutions et les
mœurs. Il résume son opinion par la parole de Bismarck : « L'Allemagne est encore un peuple de sous-
officiers. L'homme y a exactement le degré de valeur
sociale qui correspond à sa marque officielle, à son rang,
à sa place ». Chaque citoyen y prouve son importance
par le nombre des règlements qu'il édicte et des ukases
qu'il promulgue. « A Berlin, un bail de trois mois est
aussi plein d'articles de prohibitions et d'interdictions
qui prévoient tous les événements possibles qu'un chapitre du Lévitique. » — « Je suis convaincu, disait le
3 mai 1910 le député Schiffer, national libéral, c'est-à-
dire d'humeur docile, que les lois, décrets, ordonnances
et règlements en vigueur rempliraient des bibliothè-
ques entières. Nous courons grand risque d'être étouf-
fés par l'amour précautionneux qu'on nous témoigne, et
d'expirer sous les soins qu'on nous prodigue. Qui peut
être sûr, quand il se met au lit, de ne pas transgresser
quelque règlement de police? » — Nous n'aurions jamais
pensé que les anarchistes et les socialistes d'extrême
gauche, qui montrent tant d'empressement à nous jeter
autour du cou la laisse de Guillaume II, eussent tant d'affection pour la police.

Quelques-uns parmi eux ont acquis leur réputation
et leur siège de député par les luttes qu'ils ont soute-
·nues avec quelque tapage contre leurs chefs hiérarchi-

ques. Sans mettre en doute leur courage, il est permis
de dire que leur insubordination n'avait rien d'héroïque.
L'administration française est bonne fille, elle se bouche volontiers les yeux, et quand elle est forcée de
sévir, ce n'est jamais pour longtemps. — Les allures de
la bureaucratie prussienne sont plus revêches et plus
brutales. Elle exige de tous ses agents, non seulement
une obéissance méticuleuse, mais un dévouement sans
restriction. — Aux élections, un fonctionnaire prussien
n'a même pas le droit de s'abstenir : son devoir strict
est de voter *nationalement,* c'est-à-dire de donner sa
voix au candidat que protège le sous-préfet. Tout
bonheur se paye en ce monde : le bureaucrate allemand
exerce son autorité autour de lui sans que personne
ait le droit de lui demander des comptes ; malheur en
revanche à l'employé, quelle que soit sa fonction, pasteur, instituteur ou juge, qui oublie le respect dû à la
hiérarchie et ne se plie pas docilement aux caprices de
son supérieur.

La loi de lèse-majesté protège, en même temps que
l'Empereur et ses agents personnels, ses ancêtres, les
princes de l'Empire, leurs aïeux, leur auguste famille et
leurs représentants. On se rappelle les tragiques apos-
trophes du *Vieux Cordelier* sur les lois de lèse-majesté ;
nous convenons qu'en Allemagne les peines prononcées
sont moins dures que sous les Césars romains ou pendant la Terreur ; en revanche, c'est un régime immuable,
et les victimes en sont innombrables ; aucune classe sociale n'est à l'abri des dénonciations grotesques et des
condamnations abusives ; elles aboutissent à un servi-
lisme général, parce que, à la longue, une oppression
continue déprime les âmes et use jusqu'à la pensée de
la résistance. On a calculé, écrit M. Barthélemy, que,
de 1888 à 1898, dans une période de dix ans, il a été
distribué, pour le seul délit de lèse-majesté, onze cent
vingt années de prison. L'abus est devenu si scandaleux

que l'Empereur, dans un accès de folle magnanimité, a renoncé à quelques-unes de ses prérogatives (1908). — Les Hohenzollern, suivant le dicton berlinois, n'ont jamais attaché leurs chiens avec des saucisses, — aujourd'hui moins que jamais, et les libertés qu'ils concèdent ne les laissent pas désarmés. Pauvres progrès que ceux qu'a introduits la loi de 1908 : le juge, s'il le trouve bon, peut accorder les circonstances atténuantes; la prescription est ramenée de cinq ans à six mois; enfin, pour qu'il y ait délit, il faut qu'il y ait eu volonté et réflexion. — Qui juge de l'intention? — Le tribunal, nommé par l'Empereur.

La Révolution française a brisé l'autorité de l'Eglise et fondé l'Etat laïque; les questions religieuses sont en dehors de la compétence de l'autorité, et chacun professe librement les convictions que lui dicte sa conscience. Précieuse conquête que nos partis avancés défendent avec une véhémence dont nous leur savons gré, encore que, par moments, elle soit un peu ombrageuse et méticuleuse. — La Prusse se vante d'avoir été toujours un pays de liberté religieuse. — Entendez par là que les citoyens sont libres, dans la mesure qu'il convient au gouvernement de déterminer. — Les Juifs ne sont plus enfermés dans leurs ghettos; en fait, ils demeurent écartés de l'armée et exclus des plus hautes fonctions publiques. Quand, il y a quelques années, à la suite de scandales retentissants au ministère des colonies, on chargea de nettoyer les écuries d'Augias un juif, M. Dernburg, qui avait donné des preuves de rare compétence, sa nomination provoqua un mouvement d'indignation unanime dans l'aristocratie prussienne, et, quelque talent qu'il déployât dans l'exercice de ses fonctions, il fut bientôt obligé de les abandonner. — Les catholiques sont libres, — tant qu'ils votent avec le ministère et, s'ils s'émancipent, la menace d'une reprise du *Kulturkampf* pèse toujours sur eux. Le 5 février

1908, quelques députés de la Diète prussienne proposent que les enfants dont les parents le demanderont ne soient pas forcés de suivre l'instruction religieuse. — Refusé. — La loi scolaire du 28 juillet 1906, la plus récente, décide qu' « en règle générale, les écoles primaires publiques devront être organisées de telle sorte que l'enseignement soit donné aux enfants protestants par les instituteurs protestants, aux enfants catholiques par les instituteurs catholiques. — Et les autres? — Quels autres? — Les citoyens qui ne se rangent pas dans une des catégories officielles jouissent tout au plus d'une tolérance de fait, pourvu qu'ils n'en abusent pas, qu'ils se contentent de la situation subordonnée qui leur est accordée, qu'ils payent les taxes ecclésiastiques et qu'ils se soumettent sans discussion aux injonctions de l'autorité. — Un professeur de Breslau est dénoncé au ministre par un de ses auditeurs, — ce sont les mœurs allemandes. — Le ministre lui écrit : « Vous êtes libre dans votre enseignement; ne vous étonnez pas cependant si vous apprenez que j'ai cru devoir me passer de vos services. » — « La religion protestante, a dit Bismarck, n'a été d'abord que l'hôtesse de l'Etat prussien; elle est devenue par la suite copropriétaire de l'Etat, mais l'Etat se rappelle qu'il a été le propriétaire primitif. » Il est impossible de résumer plus clairement la situation : l'Eglise souveraine, mais souveraine dans l'intérêt de l'Etat et sous son contrôle. — Et le citoyen? — Le citoyen paye, obéit et trouve une satisfaction surabondante dans la pensée que l'Allemagne a la plus redoutable armée du monde et que l'Olympe frémit quand son Empereur fronce le sourcil.

Reconnaissons que d'habitude, — il y a des exceptions, et nombreuses, — mais enfin souvent, l'administration ne s'effraye pas des hardiesses de l'exégèse; elle témoigne quelque condescendance aux historiens qui nient la divinité du Christ et l'authenticité des Ecritures, à condition qu'ils évitent le scandale, qu'ils respectent les apparences et qu'ils enveloppent leurs conclusions sous assez de pédantisme et d'obscurité pour que leurs doctrines ne pénètrent pas dans les masses populaires ; elle est sans pitié pour quiconque, laïque ou prêtre, ne se consacre pas tout entier à servir la Prusse et ses souverains, quiconque ne célèbre pas sous la forme lyrique la loyauté de Frédéric II, la chasteté de Frédéric-Guillaume II, le courage de Frédéric-Guillaume III, la sobriété et la clarté d'esprit de Frédéric-Guillaume IV, l'intelligence quasi divine de Guillaume Ier et la parfaite simplicité de Guillaume II, le chevalier du Cygne, le successeur de Saladin.

L'instituteur est un maître des cérémonies patriotiques qui a pour mission essentielle, à des jours déterminés et de plus en plus fréquents, d'exciter dans l'âme de ses élèves l'enthousiasme belliqueux et monarchique ; il les dresse à la baguette, il les plie à l'obéissance, en attendant qu'un sergent ploie leurs jambes au pas de l'oie.

Les nations démocratiques sont d'accord pour admettre que la guerre est la plus stupide et la plus odieuse des absurdités, une survivance du passé, contraire aux principes modernes, et qu'un des devoirs de l'humanité contemporaine est de maîtriser cet épouvantable fléau, comme le vaccin a vaincu la petite vérole ou la rage. « Ridicule sentimentalité cosmopolite, écrit Freytag-Loringhoven, dont la guerre nous a désencombrés une fois pour toutes... L'humanité n'a pas dépouillé ses vieux penchants ; la guerre actuelle nous l'a abondamment démontré. A l'avenir comme dans le passé, l'Allemagne cherchera sa force et son unité dans sa glorieuse armée et sa jeune flotte couronnée de lauriers. » — Où sont les lauriers de cette jeune flotte ? Je ne le vois pas exactement, mais la question n'est pas là. — Ce qu'il faut retenir, c'est que Freytag-Loringhoven — et les

Allemands qui se séparent de lui sur ce point, on n'en formerait pas une escouade — a tiré des hécatombes actuelles une seule conclusion : nous n'étions pas assez bien armés, et nous devrons augmenter nos régiments. « La guerre a prouvé la force financière de l'Allemagne, mais elle a prouvé aussi que des dépenses supplémentaires consacrées à l'armée en temps opportun n'auraient pas été de l'argent gaspillé. Les demandes présentées au Reichstag n'étaient qu'une faible partie de ce qui était réellement désirable. La leçon ne sera pas perdue : à l'avenir, nous ne serons pas arrêtés par les objections qui nous ont été opposées, et nous veillerons à ce que la disproportion entre nos demandes de crédit et nos besoins effectifs ne soit jamais aussi grande qu'elle l'a été avant la guerre. » Et le général précise ses exigences; il a déjà un projet de loi tout prêt : nous veillerons à ce que personne n'échappe au service; nous réduirons les exemptions au strict minimum. — Le temps du service ¡pourra être diminué? — Pas le moins du monde; la guerre a démontré que ce serait affaiblir notre armée. — Vous adoucirez la discipline? — A aucun prix; notre dressage traditionnel demeurera, dans tous les cas, la base permanente et impérissable de notre instruction militaire. Tous les soldats ne sont pas des héros; seule une discipline impitoyable crée un instinct d'obéissance qui subsiste dans le désarroi du combat. Les volontaires de 1792, les Krümpers beaucoup trop vantés de Scharnhorst, les armées improvisées par Gambetta n'étaient que de pitoyables troupeaux sans cohésion, qui, à la moindre défaite, étaient emportés par un vent de panique; les opérations hardies et fructueuses exigent une armée où l'uniformité d'entraînement ait façonné les âmes sur un même modèle.

Ce dressage n'est-il pas un peu dur? insinuent quelques radicaux. Pour y plier les hommes, nos sous-

26

officiers ont quelquefois la main lourde. Les débats parlementaires ou judiciaires ont révélé des faits regrettables : un sergent accusé de 600 cas de violences et de mauvais traitements ; — un homme si maltraité qu'il doit être envoyé à l'hôpital ; de retour à la caserne, la persécution recommence : pour échapper à son bourreau, il se jette par la fenêtre d'un troisième étage et se tue. Le cas n'est pas unique : coups de pied, coups de poing dans la figure ; des sous-officiers tirent les oreilles à leurs subordonnés jusqu'à ce qu'elles se décollent ; ils attachent les hommes à un poteau et les lardent de coups de fouet. Un officier, moins endurci, encore naïf, s'étonne de ces barbaries et demande aux victimes pourquoi elles ne se sont pas plaintes : — c'est que nous craignions d'aggraver notre situation, — et l'événement a prouvé que leur crainte était parfaitement fondée.

La guerre n'a pas modifié ces mœurs. Erzberger a rapporté quelques faits récents : dans une compagnie, un sous-officier est condamné pour s'être rendu coupable de 1500 sévices graves ; le capitaine, qui a connu les faits et ne les a pas empêchés, est puni. — Sa punition à peine terminée et pour le consoler de sa mésaventure, il est nommé commandant, au choix et bien que sa dernière promotion fût récente. — On a révélé au Reichstag, il y a quelques années, qu'en cinq ans 100.000 soldats avaient été traduits devant les conseils de guerre, qui avaient distribué 2.300 années de travaux forcés et 16.000 années de prison. Personne ne s'est ému.

De semblables abus laissent parfaitement calme le lieutenant général Loringhoven et ses émules. — Ils ne contestent pas les faits, ils les déplorent ; ils les passent par profits et pertes. — Il y aura toujours des tyranneaux ; on ne fait pas d'omelette sans casser des œufs et on ne fonde pas un empire mondial sans laisser en arrière quelques cadavres. L'important est que la machine donne son plein rendement. Il faut que l'habit du roi soit respecté. —

L'*Arbeiterzeitung*, le grand journal socialiste de Vienne, racontait ces derniers jours un fait-divers peu banal. — Des officiers achevaient de dîner dans un restaurant de Kastelruh : une jeune servante les prévient que l'heure de la fermeture est arrivée et les prie de se retirer; ils n'en font rien, et comme la servante insiste, un lieutenant tire son revolver et la tue. Scandale épouvantable, émotion universelle dans la ville! Les officiers désolés assistent aux funérailles et l'un d'eux prend la parole; il déplore la vivacité du lieutenant et il termine par ces mots prodigieux : « Nous ne voulons pas juger cette affaire et nous laisserons à Dieu le soin de se prononcer. » — En attendant le jugement de Dieu, le lieutenant continue à faire son service et à vaguer dans les rues sans muselière. — Le récit de l'*Arbeiterzeitung* est-il exact? — C'est probable, puisque sans cela la censure ne l'aurait pas laissé imprimer. Même faux d'ailleurs, il montre ce que l'opinion admet comme possible.

Qu'on me comprenne bien. Rien ne saurait être plus loin de ma pensée que de prétendre que le corps des officiers prussiens est composé de brutes féroces et sanguinaires. Plût à Dieu pour nous que ce fût exact! Nous en aurions eu plus facilement raison. Beaucoup d'entre eux s'occupent de leurs hommes, veillent sur leur santé et leur bien-être; presque tous sont laborieux, dévoués à leur métier, capables de sacrifice et d'héroïsme. Malgré les barbaries qu'ils ont ordonnées et les déprédations honteuses dont un trop grand nombre se sont souillés, je demeure convaincu, pour l'honneur de l'humanité, que la plupart méprisent les voleurs qui les déshonorent et que les exactions auxquelles ils procèdent par ordre leur causent une indicible gêne. Mais ce n'est pas des hommes qu'il s'agit, c'est du système qui produit de telles difformités, qui les accepte, les excuse et les encourage. Singuliers pacifistes que les apôtres qui, la bouche en cul de poule et des larmes dans la voix, nous invitent à nous mettre à plat ventre pour entrer dans le paradis dont Guillaume tient les clefs et où Freytag-Loringhoven nous inculquera les beautés de l'entraînement prussien!

*
* *

Certains faits sont d'une évidence si hurlante, d'une clarté si aveuglante qu'on se demande avec une sorte d'épouvante comment des hommes qui, dans la vie ordinaire, ne paraissent pas absolument incapables de sens commun, s'arrangent pour ne pas les apercevoir. Les socialistes allemands ont-ils essayé d'arrêter la guerre? — Quand? — Comment? — Ont-ils jamais séparé leur cause de celle de l'Empereur? — N'ont-ils pas refusé avec une obstination significative de discuter la question des responsabilités? — Ont-ils reconnu le droit de la Serbie, de la Belgique, de la France à une restauration intégrale? — Ont-ils protesté contre le pillage des usines étrangères?

L'immense majorité d'entre eux n'a ménagé aux généraux ni ses éloges ni son dévouement. — Les plus sincères, les meilleurs, les plus hardis se bornent à regretter le malheur des temps et se déclarent impuissants. — Soit. Seulement, si, de leur propre aveu, ils ne représentent rien, à quoi bon traiter avec eux? — Et leur impuissance, l'avoueraient-ils avec autant de complaisance, si elle ne flattait leurs instincts profonds, si elle ne répondait à leurs convictions intimes, si elle n'était conforme aux doctrines que leur ont inculquées Karl Marx et Bebel? Ils sont à la fois les esclaves et les complices du militarisme féodal; ils n'ont jamais tenté sérieusement de le contenir et de le limiter; ils se sont assimilé ses passions et ses convoitises. En réalité, ils descendent au plus méprisable de tous les métiers ; ils rabattent le gibier aux pangermanistes ; ils remplissent le rôle de *moutons* et, quand ils appellent les camarades, c'est avec l'intention de les livrer, comme ils ont livré les bolcheviks.

Les socialistes américains, du premier coup d'œil, ont lu dans leurs cartes et découvert leurs arrière-pensées. Comment expliquer alors que trop de gens chez nous, qui ont assisté de près aux événements, qui ont entendu les récits des réfugiés, qui ont visité et Reims, et Verdun, et Arras, et Château-Thierry, et Montdidier, montrent un si opaque aveuglement ? — Laissons de côté les vendus, qui sont nombreux parmi les meneurs, peu redoutables cependant s'ils n'étaient soutenus par la bande des ahuris, des agités et de ces incorrigibles bavards, tambours d'autant plus bruyants qu'ils sont plus creux. Pour comprendre l'état d'esprit de cette escouade qui guette l'occasion de nous acculer à des négociations dérisoires et à un compromis désastreux, il faut se rappeler la puissance des formules qui, à force d'être répétées, s'infiltrent dans les âmes et les ravagent, et la persistance rongeante des rancunes et des jalousies, d'autant plus acerbes que le plus souvent elles ne reposent sur rien ; joignez-y l'espoir de se tailler un rôle de premier plan et la vanité de se distinguer de la foule en se mettant au travers du sentiment national ; la satisfaction de conduire quelques poignées de badauds qui se flattent d'être *avancés,* les rancœurs de la médiocrité envieuse qui sent vaguement sa nullité et ne la pardonne pas à la société. Parmi les hommes qui se parent du nom ignominieux de défaitistes, pas mal de fonctionnaires défroqués, qui se disent affranchis et ne sont que des révoltés, des fantaisistes qui ont approché du **pouvoir** et dont l'orgueil n'a d'égal que l'insuffisance ; des

demi-savants qui n'ont pas compris que la science est
avant tout une méthode et qui ne seront jamais que des
famuli, enfin, perdus au milieu de cette tourbe de médiocres et de ratés, quelques humanitaires bêlants qu i,
pour arrêter l'effusion du sang, tendent niaisement la
tête aux assassins.

Tous, — et par là ils se distinguent tristement des
démocrates et des socialistes américains, — ils sont
hors d'état de se mettre en face de la réalité. Ils ont
traversé l'Allemagne en courant, chambrés dès leur
arrivée par des compagnons qui leur dissimulaient la
vérité, grisés par les compliments intéressés dont on
les accablait, les oreilles bouchées par les discours qu'ils
répandaient autour d'eux en averses inépuisables. On
leur montre les faits, ils répondent par les mots qu'on
leur a serinés. Les Américains ont moins étudié les
livres classiques; ils ont vécu côte à côte avec les
émigrés qui leur ont raconté ce qu'était la vie en Allemagne et en Autriche; ils n'ergotent pas sur des poin-
tes d'aiguilles. Quand on leur parle de la Belgique, ils
ne se demandent pas si elle se préparait à envahir
l'Allemagne; quand on leur raconte que la Serbie voulait la guerre, ils haussent les épaules. Quand on leur
montre en perspective la victoire de l'internationalisme
préparé par le triomphe de l'Allemagne, ils refusent
de saluer en Sudekum ou Scheidemann les précurseurs
d'un monde nouveau.

Les socialistes d'outre-Rhin se targuent de leurs
succès électoraux et ils alignent les gros bataillons de
leurs électeurs : en 1912, 4.238.919 voix, plus d'un
tiers de l'ensemble des votants, un million de plus qu'en
1907. — Encore un effort, et la majorité leur appartiendra. — D'où vient alors, puisqu'ils sont si nombreux,
qu'ils ne parviennent pas à arracher à la majorité la
réforme la plus modeste ?

Depuis un demi-siècle, leur action sur la vie politique et sociale a été nulle, et on n'aperçoit pas qu'ils aient exercé la moindre influence sur l'opinion. Ils n'ont modifié ni les mœurs ni les lois. La Prusse est aujourd'hui ce qu'elle était il y a un siècle : un pays absolutiste, aristocratique et féodal.

En France, parmi les élèves qui chaque année sortent des grandes écoles et qui sont destinés à occuper les positions sociales les plus en vue, la part est considérable des enfants du peuple. — La Prusse est divisée en castes étroitement fermées, séparées les unes des autres par des cloisons étanches; chaque citoyen est parqué dès sa naissance dans un groupe au-dessus duquel il lui est interdit de s'élever; son ambition est limitée, son horizon si étroitement borné par la tradition qu'il ne songe même pas à s'insurger contre les obstacles qui l'enserrent. M. Paul Descamps, dans un livre remarquable (*la Formation sociale du Prussien moderne*) qui a été publié en 1916, mais qui était composé avant la guerre, a démonté le système et montré par quel ingénieux mécanisme tout y est combiné pour maintenir le pouvoir entre les mains des classes supérieures, — depuis l'école, où « l'éducation consiste à inculquer l'obéissance, la discipline, le respect extérieur, par la gymnastique d'ensemble, la punition sévère de l'indiscipline, souvent une certaine atmosphère générale de terreur et de méfiance », jusqu'à l'atelier, dont l'organisation soumet l'ouvrier au *paternalisme patronal* et le rive à son employeur aussi inexorablement que le serf était lié à la terre; — depuis les associations d'étudiants, où l'on n'entre qu'en jurant fidélité à l'Empereur et qui défendent à leurs membres de lire les journaux et de s'occuper de politique, jusqu'aux sociétés chorales, qui ont pour mission essentielle d'entretenir le culte de l'armée et la soif des conquêtes.

Un écriteau, raconte M. Descamps, interdisait de passer sur une pelouse : — *Verboten,* — et un agent surveillait l'exécution de la consigne. — Un Français fait le pari de violer la défense, et, en plein jour, se promène tranquillement sur la pelouse sacrée, sans que le sergent de ville ose s'interposer. — Mais pourquoi l'avez-vous laissé faire? lui demandent les spectateurs de cette scène. — Ma foi, il a passé avec une telle assurance que je l'ai pris pour un haut fonctionnaire. — C'est ainsi que le Prussien comprend l'égalité devant la loi. — « Un professeur allemand, M. Heiman Lévy, reconnaît que, dans son pays, le libéralisme de civilisation est inconnu. Il y a trop de restrictions, trop d'obstacles. En voulant trop patronner, on abaisse au lieu d'élever. » (Descamps, p. 331.) — Dans les pays démocratiques, l'ouvrier, son travail terminé, passe son veston, et ne se distingue plus du bourgeois. « En Allemagne, le peuple, tenu à l'écart, ne peut s'affiner; « ses manières sont restées rudes, et ses instincts sont encore primitifs. En outre, il se constitue plus malaisément une élite dans chaque classe, ce qui accentue encore la difficulté de s'élever. »

Et les fameuses lois sociales de l'Allemagne! Nous en a-t-on assez rebattu les oreilles! et que de fois nous les a-t-on représentées comme un immense progrès, destiné à assurer la dignité de l'ouvrier et la sécurité de sa vieillesse! — Encore un de ces trompe-l'œil que nous trouvons à chaque pas en Allemagne! — Ces lois, l'idée primitive en revient à Bismarck, ce même Bismarck qui s'avisa un jour de raconter au Reichstag que les Hohenzollern avaient toujours été les défenseurs du peuple. Quelque habituée qu'elle fût aux fantaisies ébouriffantes du Chancelier, l'assemblée fut un peu estomaquée par cette affirmation, et, en effet, à chaque page de l'histoire, nous voyons ces rois libérateurs, ces souverains démocrates s'appuyer sur la noblesse, défendre ses privilèges, favoriser ses empiétements, servir ses intérêts et opposer une résistance insurmontable aux moindres demandes d'émancipation. L'opinion de Bismarck sur la démocratie et le socialisme, il ne l'a jamais dissimulée, et nous connaissons abondamment la haine et le mépris qu'il leur avait voués; il n'en parle que comme d'une maladie, d'une infection, d'un chancre dont il faut arrêter les ravages par tous les moyens; dans aucun cas, on ne saurait traiter les socialistes de la même manière que les partis bourgeois; ils se sont placés eux-mêmes hors la société, ils méritent d'être déclarés hors la loi, mis au ban de l'Empire (*schützlos und vogelfrei, in Acht und Bann*).

Dans les lois sociales, il n'a vu qu'un moyen de soumettre la classe ouvrière à l'État, de l'enchaîner à son rang, de ruiner sa volonté d'indépendance, d'énerver ses forces d'opposition. Il y a réussi, puisque la Sozialdemokratie d'outre-Rhin, châtrée et pourrie, sert aujourd'hui d'entremetteuse aux diplomates impériaux, et d'avant-garde aux armées de Hindenburg. Encore a-t-il eu l'habileté, car il savait compter, d'extorquer aux travailleurs des sommes infiniment supérieures à celles qui lui ont suffi à acheter leur soumission. En même temps, en effet, qu'il inaugurait sa politique sociale et faisait voter les lois d'assurances, il se ralliait à la politique protectionniste, pour le plus grand profit des propriétaires de l'Elbe et des grands industriels. En échange des millions qui tombaient dans leurs caisses et que le prolétaire devait retrancher sur son salaire, ils pouvaient bien lui abandonner quelques pourboires.

Les droits de douane, qui enrichissent les hobereaux et les métallurgistes, élèvent le coût de la vie : le prix du pain augmente, la viande est presque inabordable. — N'est-il pas à craindre que les ouvriers se plaignent, s'agitent? — Bismarck a prévu ces complications et pris ses mesures en conséquence. D'avance, des tran-

chées ont été creusées derrière lesquelles s'abrite le
pouvoir patronal, soutenu par les tribunaux et l'administration. — Les ouvriers ont dans les usines des comités chargés officiellement de défendre leurs intérêts,
« mais en général ces comités se recrutent par coopta-
tion et les élections doivent être ratifiées par la compagnie » (Descamps, p. 166). — La loi leur reconnaît le
droit de fonder des associations, — pourvu qu'elles ne
soient ni politiques ni religieuses, et la police saxonne
assimile les associations professionnelles aux associations politiques. Ils ont le droit de coalition, mais on
applique aux grèves l'article 253 du code pénal qui
punit l'extorsion de salaire. « On ne peut permettre,
dit le ministre des chemins de fer, M. de Breitenbach
(13 nov. 1911), que les employés des chemins de fer
soient des socialistes militants. »

Et le résultat? — M. Descamps a étudié les salaires.
Dans un grand domaine de l'Elbe, les journaliers ga-
gnent de 2.50 à 3 francs, et 1.50 en hiver; les femmes,
1 franc par jour. — Plus à l'est, la situation est plus
mauvaise. — A Berlin, et il en est de même dans la
plupart des grandes villes, « la vie familiale n'existe pas
et la famille ouvrière est plus ou moins désorganisée »
(p. 299). — « Les ouvriers des villes, écrit l'ambassadeur américain, sont de grands travailleurs; ils ont
moins de bien-être que les ouvriers des autres pays
tout en peinant peut-être davantage... A mon arrivée,
je me les représentais assis à la table familiale, buvant
de la bière et prêtant une oreille attentive à la musique
classique qu'on joue non loin de cette table. Au bout
de quelque temps, je constatai qu'ils ne s'asseyaient
devant une table que parce qu'ils tombaient de fatigue.
... On peut dire qu'aucun signe d'indigence ne s'offre
dans les rues de Berlin au regard du passant. Mais la
plupart des familles vivent dans une seule chambre
(plus de 55 p. 100). La façon dont les Allemands sont

élevés et éduqués ne peut être comparée qu'à celle qui n'est en usage chez nous que dans les asiles d'indigents et les pénitenciers. La liste des gens qui doivent leur situation à leurs propres mérites — les *self mademan* — est plutôt limitée : je parle de ceux qui sont sortis de la classe ouvrière. » (P. 107.)

*
* *

Les chroniqueurs allemands nous décrivent l'expression de colère, de haine et de douleur que reflétaient les visages des paysans lorrains et champenois au moment de l'invasion prussienne en 1792. Une horde d'esclaves, de traîtres et de rois conjurés accourait pour leur passer de nouveau aux mains et aux pieds les chaînes que la Révolution venait de briser. Voudrions-nous aujourd'hui renoncer aux conquêtes de nos pères, après les avoir lentement agrandies dans de longues années de travail et d'effort? Gouvernement du peuple par le peuple, régime parlementaire, suprématie du pouvoir civil sur l'autorité militaire, Etat laïque, liberté de la pensée et de la presse, égalité des classes, voie largement ouverte à l'énergie et au talent, tout ce qui fait l'honneur des civilisations occidentales, voilà ce qui disparaîtrait par la victoire de l'Allemagne, voilà ce qu'abolirait la paix blanche à laquelle elle nous invite sournoisement.

En retour de tant de sacrifices, elle se chargerait de nous organiser... à son profit. Elle nous fournirait des patrons, des chefs d'industrie, des ingénieurs, des contremaîtres, qui nous dresseraient et nous inculqueraient, à coups de matraque, leurs méthodes garanties par le gouvernement. Elle mettrait fin à l'anarchie que crée la concurrence des intérêts, — en s'attribuant, ainsi qu'il convient, la part du maître. Pour nous habi-

tuer à la discipline, elle nous inonderait de ses décrets;
elle substituerait à notre code vieilli ses lois du dernier
modèle. Notre langue serait un patois toléré, en attendant le moment où nous serions dignes de parler allemand. Les impôts seraient calculés de manière à nous
maintenir dans la misère et à supprimer ainsi toute
pensée de révolte.

Il y a nombre de manières aujourd'hui, écrit Tannenberg, de réduire un peuple en servitude. — Nous pouvons en effet nous en faire une idée par l'administration
de l'Autriche en Croatie et en Bohême. — Les voies
ferrées les plus indispensables sont indéfiniment ajour-
nées; le trafic est détourné de sa voie naturelle par des
tarifs différentiels; l'industrie du pays est entravée
par des règlements abusifs, et son essor est paralysé
par des primes d'importation.

La *Nation tchèque* a publié (1er février 1918) un manifeste signé par plus de mille socialistes tchèques :
« Fidèles aux principes de notre parti, nous voulons la
paix entre les nations. Après mûre réflexion, nous nous
engageons cependant dans l'armée tchécoslovaque et
nous sommes persuadés qu'en agissant ainsi nous ne
renions pas les principes du socialisme. » — C'est qu'ils
ont vu de près les Allemands à l'œuvre. « Bien avant la
guerre, dans les syndicats professionnels, ils ne recu-
laient devant aucun moyen pour nous anéantir. » M. Bé-
nech a montré comment, par un système fiscal adroitement combiné, ils drainaient vers Vienne les capitaux
de la Bohême, de manière à exercer sur le mouvement
économique une influence prépondérante et à assurer
aux entreprises germaniques un traitement de faveur.

Il est d'usage de comparer la rapidité du développement économique de l'Allemagne depuis un demi-siècle
avec la lenteur relative du progrès en France; il y aurait bien des réserves à faire sur le pessimisme dont témoignent la plupart de nos écrivains et sur les louanges

exagérées qu'ils accordent à nos voisins : tout ce qui reluit n'est par or. Sans entrer ici dans la discussion qui nous mènerait loin, je veux seulement attirer l'attention sur un point que l'on oublie presque toujours. Les charges que représentent annuellement les indemnités que nous a imposées l'Allemagne en 1871 s'élèvent au bas mot à 500 millions. Si notre outillage national a été trop lentement complété, si nos services d'assistance ont été trop chichement dotés, si nos universités n'ont pas reçu les laboratoires où se prépare la richesse, si nos budgets, en un mot, ont été trop étroits, que d'améliorations n'aurait pas permises ce tribut annuel que nous avons payé à nos ennemis ! Dans la lutte économique, nous étions lourdement handicapés ; et ce qui est étonnant, ce n'est pas que nous ayons eu quelque peine à conserver notre rang, c'est que nous n'ayons pas été hors de combat dès le premier jour.

Quelle serait notre situation au lendemain d'une paix qui ne nous apporterait pas les indemnités qui nous sont légitimement dues ? Le sort que nous réservent nos ennemis, il nous est facile de nous en rendre compte par la façon dont ils traitent les pays occupés. Dans son numéro du 29 juillet 1918, la *Cote de la Bourse et de la Banque,* dont on connaît la méthode rigoureuse et dont le directeur n'est certes pas suspect de chauvinisme, a calculé que, rien que du fait de la contribution de guerre mensuelle, la Belgique a payé à l'Allemagne :

Novembre 1914 à octobre 1916......	960 millions.
Novembre 1916 à mai 1917..........	350 millions.
Juin 1917 à mai 1918..............	720 millions.
	2.030 millions.

Il faut ajouter à ces chiffres six mensualités imposées le 2 juin 1918 (malgré les protestations des Conseils provinciaux) et qui vont être escomptées par voies d'emprunts et de bons de caisses : 360 millions, — soit un

27

total de près de deux milliards et demi en espèces, —
sans compter, bien entendu, les exigences particulières,
les réquisitions en nature, les déprédations, les pillages
et les vols de toute nature.

En Russie, M. de Kühlmann commence par affirmer
qu'il n'exigera aucune contribution de guerre, et il présente ensuite aux bolcheviks un compte de neuf milliards de roubles.

En Alsace-Lorraine, où le gouvernement avait cependant un intérêt manifeste à ménager la population, des
exemples symptomatiques montrent les répercussions
dans le domaine matériel d'une domination étrangère.

M. Karl Hänggi, dans un article de *Wissen und Leben* (11 oct. 1917), a mis en lumière les méthodes des
vainqueurs. A toutes les occasions, dans les domaines
les plus divers, les intérêts de la province ont été systé-
matiquement sacrifiés. L'Alsace possède des gisements
immenses de sels de potasse : pour que les mines de
Stassfurt (Thuringe) puissent lutter avec celles de Non-
nenbruch, une loi d'Empire a élevé arbitrairement
les prix, et le paysan alsacien doit payer très cher la
potasse qui est à sa porte ; cette loi n'a été abrogée qu'au
début de la guerre, dans l'espoir de ramener les esprits.
L'exploitation des mines a été retardée et gênée par
les mille procédés dilatoires dont dispose partout une
bureaucratie tracassière. L'agriculture, les industries
textiles et métallurgiques n'ont pas été mieux traitées.
Les vins d'Alsace concurrençaient les vins du Rhin : on
a empêché la reconstitution des vignobles en interdisant les plants américains. Les industriels réclamaient
la construction d'un vaste canal, au-dessus de Mulhouse,
dont les chutes produiraient la force motrice qui leur
est nécessaire ; l'administration a multiplié les difficultés
et les lenteurs, si bien que le canal est toujours en projet. Presque toute la production du fer, en Alsace et
dans la Lorraine annexée, est dans les mains des Thys-

sen, des Rœchling et des Miehte, — qui, naturellement, pour tous les postes importants, écartent les indigènes. Le Reichsland a toujours été plus frappé d'impôts que les autres Etats. On a construit une série de lignes de chemins de fer qui n'ont qu'un intérêt stratégique, et la province a dû leur garantir une subvention de 20.000 marks par kilomètre, alors que les chemins de fer de l'Etat ont toujours refusé de payer le moindre impôt sur leur revenu, qui est considérable. Quand on étudie les choses de près, on est forcé de souscrire au jugement de MM. Henri et André Lichtenberger qui affirment que le régime allemand, loin de déterminer l'essor économique du pays, l'a entravé.

Le calcul de l'Allemagne, quand elle parle de paix sans indemnités ni annexions, est vraiment si transparent et ses projets si manifestes qu'on éprouve quelque honte à s'y arrêter et à en signaler la perfidie. — Pendant que les Alliés travailleraient à reconstituer leurs usines, — ee qui demanderait au moins plusieurs années, — les fabricants allemands, dont le matériel non seulement n'a pas souffert, mais s'est accru du produit du pillage, exploiteraient sans concurrence le marché du monde et prendraient sur leurs adversaires une avance décisive. Les Alliés, écrasés d'impôts, découragés par le résultat de la guerre, se résigneraient à leur infériorité et se soumettraient à la destinée, c'est-à-dire à l'Allemagne. Kühlmann et les diplomates auraient parachevé l'œuvre de Hindenburg et de l'état-major. Que le triomphe soit dû d'ailleurs au génie des généraux ou à l'adresse des hommes d'Etat, le résultat ne variera pas : la France sera ruinée, la civilisation occidentale écrasée, la liberté anéantie. Quant aux imbéciles qui auraient préparé la ruine de leur patrie, on les abandonnera aux justes vengeances des peuples qu'ils auront trompés, et ils seront lynchés par les ouvriers, comme les meneurs bolcheviks seront un jour ou l'autre branchés par les révolutionnaires de Moscou, s'ils ne savent pas à temps se réfugier à Berlin.

* *
* * *

La plupart des journaux français ont reproduit une affiche trouvée à Holnon (Aisne) et signée du colonel commandant (mars 1917) :

« Tous les ouvriers, et les femmes et les enfants de 15 ans sont obligés de faire travaux des champs tous les jours, aussi dimanche de 4 heures du matin jusque 8 heures du soir. Récréation : une demi-heure au matin, une heure à midi et une demi-heure après midi.

« La contravention sera punie de la manière suivante :

« 1° Les fainéants ouvriers seront combinés pendant la récolte en compagnie des ouvriers dans une caserne sous inspection des caporaux allemands. Après la récolte, les fainéants seront emprisonnés 6 mois ; le troisième jour — (c'est-à-dire tous les trois jours) — la nourriture sera seulement de pain et de l'eau.

« 2° Les femmes fainéantes seront exilées à Holnon pour travailler. *Après* la récolte, les femmes seront emprisonnées 6 mois.

« 3° Les enfants fainéants seront punis de coups de bâton.

« De plus, le commandant réserve de punir les fainéants ouvriers de 20 coups de bâton tous les jours.

« Les ouvriers de la commune Vendelles sont punis sévèrement. » *Affiché!*

Quand, en sortant de pareilles lectures, on tombe sur certains articles de journaux dont les auteurs n'ont d'autre inquiétude que d'épargner à l'Allemagne le châtiment qu'elle mérite, cette longanimité surévangélique vous cause une indignation dont on a peine à se rendre maître. — Tant d'indifférence pour les victimes, une pitié si angélique pour les bourreaux, ce contraste est plus que scandaleux, il est suspect. Il n'y a pas de place aujourd'hui en France pour les hommes qui ne ressentent pas nos injures et qui ne saignent pas des plaies de la patrie.

CHAPITRE XII

LA VICTOIRE

Une paix blanche serait la ruine de la France. — La victoire prochaine : l'épuisement de l'Allemagne ; l'armée et le blocus économique ; l'humanité contre la Germanie. — L'entrée en ligne de l'Amérique : son importance matérielle et morale. — Pas de négociations : la force.

Le travail forcé, les coups de bâton, la misère et le despotisme, tels sont les bienfaits que nous apporterait la paix allemande. La plupart même de ceux qui nous encouragent à déposer les armes, n'ont aucun doute sur le sort que nous vaudrait notre défaillance. Pourquoi, dans ces conditions, demandent-ils des négociations? — Pour diverses raisons que nous avons déjà exposées, mais aussi parce qu'ils sont découragés et jugent la victoire impossible. — Leur raisonnement est simple : Nous avons arrêté les Allemands ; ils ne passeront pas, c'est entendu ; mais nous ne les écraserons jamais. Nous aurons des succès partiels, brillants, si l'on veut ; ils ne seront pas décisifs. Donc, aucune solution militaire n'est possible. Il ne nous reste par conséquent qu'à accepter une paix blanche, puisque nous ne sommes pas en situation d'exiger davantage.

Raisonnement faux d'un bout à l'autre. — D'abord, — et nous l'avons montré, j'espère, suffisamment, — il est absurde de parler d'une paix blanche et puéril de supposer qu'un traité qui tendrait purement et simplement à nous rendre notre territoire et à reconstituer la Belgique rétablirait l'ordre de choses qui existait en

1914. — Une paix blanche, ayons le courage de le reconnaître nettement, c'est la disparition de la France, et, pour tous ses habitants, c'est la ruine et l'esclavage. — Fussions-nous acculés à nos derniers retranchements, dussions-nous nous replier dans le Massif central et la Bretagne, mieux vaudrait continuer le combat dans les conditions les plus désespérées, puisque, tant que la guerre n'est pas achevée, la victoire pourrait nous revenir, tandis que nous ne nous relèverions jamais d'un traité déshonorant et léonin.

Cette paix d'ailleurs, — les partisans des négociations prématurées négligent ce point qui est cependant capital, — ni l'Angleterre ni les Etats-Unis ne l'accepteraient, et il ne dépend pas de l'Allemagne de les y contraindre. Quelle serait ainsi notre situation au lendemain de notre défection ? Nous conseillera-t-on de nous joindre à Guillaume II contre nos alliés d'aujourd'hui ? — Nous proclamerons notre neutralité ? — Le sort de la Hollande, du Danemark et de la Suisse est-il si digne d'envie ? — Comment ferons-nous respecter des belligérants notre volonté et notre sol ? Les bolcheviks aussi ont prétendu se retirer du conflit : est-ce la tranquillité russe qu'on nous offre ? — Que les défaitistes le veuillent ou non, le monde est convaincu aujourd'hui que la justice et la paix de l'univers exigent le défaite intégrale de l'Allemagne ; si nous cessons de la combattre, nous devenons ses complices ; du coup, nous partageons son infamie et nous héritons des inimitiés irréconciliables qui se sont liguées contre elle pour émanciper le monde. La coalition est un bloc indissoluble, et les Alliés sont solidaires. Ils vaincront ensemble ou succomberont du même coup.

Mais ils ne succomberont pas, et nous n'avons aucune raison d'envisager l'avenir avec inquiétude. Sous couleur de ne pas nous bercer d'illusions, nous tombons volontiers dans le pessimisme, et nous nous refusons à reconnaître nos succès et les avantages de notre situation. En réalité, — et c'est un fait que M. Paul Desjardins a mis en lumère avec une véhémente et précise éloquence dans ses *Entretiens des non-combattants,* — la question de savoir à qui appartiendra la victoire est tranchée sans retour et depuis longtemps. Elle a été décidée en septembre 1914 par la victoire de la Marne. Dès ce moment, la défaite de l'Allemagne a été certaine.

Elle peut prolonger la lutte, elle n'en changera pas l'issue.

Un seul point demeure douteux : combien de temps nous faudra-t-il encore pour contraindre nos ennemis à reconnaître leur défaite? Les succès récents du maréchal Foch sont magnifiques, et on ne saurait en exagérer l'importance : ils ont dégagé Paris, ils nous ont rendu la libre exploitation de quelques-unes de nos voies ferrées les plus utiles; ils ont chassé les Allemands de positions qu'ils jugeaient inexpugnables; ils ont annulé l'effet de la trahison des maximalistes. — N'allons pas cependant nous attendre à un fléchissement brusque et à un effondrement immédiat de l'Allemagne. Son armée est affaiblie, non détruite, et elle dispose encore d'énormes ressources; nous devons prévoir une résistance tenace et poussée jusqu'à ses plus extrêmes limites; un peuple qui a si longtemps marché dans son rêve étoilé, ne s'arrache pas sans déchirement à sa vision de béatitude et de gloire, et ses chefs le fouailleront à mort et lui enfonceront les éperons jusqu'aux entrailles pour obtenir de son agonie un suprême élan. Un moment arrivera bien pourtant où la force des choses brisera les volontés les plus tendues.

*
* *

Pour juger exactement la situation de nos ennemis, les renseignements fragmentaires que nous apportent les journaux quotidiens ne suffisent pas. En pareille matière, il convient de considérer les faits de plus haut et de nous en tenir à certaines constatations générales de sens commun et d'évidence notoire.

L'Allemagne, qui désirait la guerre et la préparait depuis longtemps, avait sur les Alliés une supériorité immense. Ses industriels et ses commerçants auraient empêché le conflit s'ils ne s'étaient crus assurés que la décision serait acquise en quelques semaines. — Elle a manqué son coup, et, depuis lors, chaque semaine a diminué l'avance qu'elle avait au début. Dans les négociations du mois de juillet 1914, ses diplomates ont sans cesse à la bouche le même argument : ils comptent sur la surprise, sur la rapidité de leur mobilisation, sur l'instruction plus complète de leurs troupes d'attaque et de leur armée de première ligne, sur la supériorité de leur personnel d'officiers et de sous-officiers. — Ces calculs n'étaient pas faux, et il nous a fallu plusieurs années pour réparer nos négligences et rétablir l'équilibre. — Ce travail de *redressement* est aujourd'hui terminé.

En 1914, les Alliés étaient complètement tributaires de l'ennemi pour certaines fabrications essentielles ; par un miracle d'adaptation et de volonté, qui fait le plus grand honneur à nos savants, à nos ingénieurs et à nos hommes d'affaires, ils se sont libérés de cette lamentable servitude. L'Allemagne avait accaparé l'industrie chimique ; ils en ont créé une de toutes pièces ; ils ont développé dans des proportions immenses les industries métallurgiques, et fait sortir de terre un outillage prodigieux. La France, l'Angleterre, l'Italie, les Etats-Unis ne sont plus qu'une immense usine de guerre qui dispose des ressources du monde entier, et dont la production est si abondante que les très lourdes pertes que nous ont causées la défection de la Russie, la défaite de la Roumanie et nos propres malheurs ont pu être aussitôt réparées.

Les soldats allemands sont toujours résistants et braves, et il ne vient à l'esprit de personne de refuser à leur courage et à leur esprit de sacrifice l'admiration qu'ils méritent. Personne, je crois, n'a jamais pris au sérieux en France les légendes stupides répandues par quelques écrivassiers sur les officiers prussiens, restant pendant la bataille en arrière de leurs hommes et ménagers de leur vie. Le courage est la première vertu que développe l'esprit de caste, et une classe qui ne saurait pas mourir pour défendre ses privilèges aurait en fait cessé d'exister. Les officiers prussiens ont largement rempli leur devoir. Leurs pertes ont été dures. Nos cadres, je le sais, n'ont pas été moins éprouvés. Mais les conséquences de ces massacres ne sont pas les mêmes des deux côtés. Il est plus facile chez nous d'improviser des officiers, parce que l'intelligence moyenne est plus éveillée, la faculté d'adaptation plus universelle, et parce que l'obéissance du soldat ne se fonde pas sur une sorte de respect féodal, mais sur l'adhésion réfléchie aux nécessités de la discipline. Les nouveaux éléments qu'il a fallu introduire dans l'armée prussienne n'ont plus au même degré que leurs aînés la solidité des traditions, l'habitude du commandement et le fanatisme atavique; ses régiments ne présentent ni la même endurance ni la même inébranlable cohésion que l'armée de premier choc. En fait, au début, la lutte s'est engagée entre une armée de métier et des armées de volontaires, et l'histoire prouve qu'à l'origine et pendant une période assez longue, les volontaires sont toujours battus. Rien ne s'improvise en ce monde, ni la vertu, ni le courage, ni le patriotisme, et les âmes sont fragiles qui ne sont pas tonifiées et trempées par une éducation méthodique et prolongée; cette éducation, quatre années de guerre l'ont donnée aux Alliés. — A égalité d'instruction et de courage, le nombre décidera.

Si l'on s'en tient aux statistiques officielles, notre supériorité apparaît déjà clairement. En face des 140 millions d'hommes que groupe la coalition germano-touranienne, nous sommes au moins 220 millions. Mais combien la réalité vraie nous est plus favorable, — puisque nous pouvons ajouter à nos forces, en dehors de la Belgique, de la Serbie, de la Grèce qui a sur pied 300.000 soldats, huit millions de Canadiens et cinq millions d'Australiens dont les contingents ont si souvent décidé la victoire, et l'Inde qui a fourni à l'Angleterre plus de 500.000 combattants, et nos colonies africaines, réservoirs inépuisables d'incomparables soldats. En mettant les choses au pis, nous sommes au bas mot quatre contre un, — et probablement cinq. Quel général engagerait la bataille dans des conditions si inégales ? — Certes, nos contingents ont été terriblement réduits, mais nous avons infligé aux adversaires de rudes échecs, et leurs victoires mêmes ne leur ont-elles rien coûté ? — L'Allemagne mettait son orgueil à accumuler les haines ; elle a fini par conjurer contre elle l'humanité. Aujourd'hui, trente peuples marchent avec nous pour anéantir ses projets et libérer le monde ; elle succombe sous le poids de ses iniquités plus encore que de notre volonté.

Elle n'est plus qu'une place assiégée dont les ressources se réduisent avec une rapidité croissante. Ici aussi, il est à peu près impossible de donner des chiffres précis, et on fera bien d'accueillir avec une certaine réserve les indications qui nous arrivent ; elles ne sont pas toujours très authentiques et surtout elles sont sporadiques, isolées, et il est imprudent de tirer des faits particuliers des conclusions générales. Il est probable que la situation matérielle en Allemagne est très différente suivant les régions et les classes. Dans les grandes villes, le gouvernement réussit tant bien que mal à éviter aux habitants des souffrances trop dures; l'important pour lui est de prévenir des émeutes, dont le retentissement sur le moral de la population serait désastreux; les paysans, d'autre part, avec quelque rigueur que soient conduites les réquisitions, parviennent certainement à dérober au fisc les denrées indispensables; les classes riches enfin, favorisées par la condescendance des autorités, se procurent à peu près — bien qu'à grand prix — le nécessaire, et parfois même le superflu. En revanche, une misère noire sévit dans les villes secondaires et les bourgs, et la condition des ouvriers et de la petite bourgeoisie est vraiment cruelle. Dans l'ensemble de l'Empire, la gêne est extrême, et elle arrive à un tel degré d'intensité qu'elle réduit dans de sensibles proportions la production du travail et désagrège peu à peu la résistance morale de la masse. Défions-nous de la science de laboratoire : les économistes et les physiologistes d'outre-Rhin établissent le nombre de calories suffisant pour l'entretien de la vie, et ils constatent avec sérénité que l'Allemagne n'est pas à la veille de mourir d'inanition. Le papier supporte bien des choses que la nature humaine ne tolère pas; la civilisation a créé chez les peuples modernes une foule de besoins qui, non assouvis, provoquent un sentiment de vide et de dépression. Les statistiques nous révèlent que les Empires centraux dépérissent lentement, rongés par une insuffisance de nutrition : la natalité s'est abaissée dans de très fortes proportions, la mortalité s'accroît; par mille fissures, les sources de la vie nationale s'écoulent.

L'Allemagne souffre d'autant plus des effets de la guerre qu'elle était arrivée à un stade économique et scientifique plus avancé. Ses agriculteurs obtenaient de leur sol assez médiocre des rendements superbes, dont ses statisticiens tiraient justement vanité. C'est que nulle part l'emploi des engrais artificiels n'était plus rationnel et plus général. Quelques-uns des plus néces-

saires lui manquent. Elle avait besoin d'une main-
d'œuvre expérimentée; les milliers de prisonniers ou
de déportés qu'elle emploie ne fournissent qu'un travail
médiocre; le déficit est en proportion directe de l'état
supérieur qu'avait atteint le pays.

Elle comptait pour se ravitailler sur l'Ukraine : elle
n'a trouvé qu'un pays ruiné, ravagé par la guerre,
épuisé par les réquisitions antérieures, où les paysans
refusent de labourer et d'ensemencer. La récolte nouvelle va lui permettre de vivre pendant quelques mois;
mais il est certain — ses ministres le reconnaissent
eux-mêmes — qu'elle ne saurait lui suffire à attendre
l'année prochaine, et, dans quelques mois, la situation
sera terrible. Les ressources supplémentaires indispensables, où les trouvera-t-elle? — Elle a pendant
longtemps réussi à se ravitailler en partie par l'intermédiaire des neutres. Aujourd'hui, les mailles du blocus se sont resserrées, et les neutres, surveillés, gênés
eux-mêmes, ne lui fournissent plus grand'chose. Depuis
trois ans, elle ne vit que de moyens de fortune et en
quelque sorte par miracle; or, la définition même
du miracle, c'est de ne se produire que par exception
et de ne pas se renouveler. Comme elle avait besoin
d'une solution prompte, elle a dépensé ses forces sans
compter et jeté sans mesure ses réserves dans la bataille; au moment décisif, comment en fera-t-elle surgir
de nouvelles? Ses chemins de fer, soumis à une exploitation frénétique, deviennent de plus en plus incapables de rendre les services excessifs qu'elle leur réclame. Les changes au dehors nous sont défavorables,
et le franc perd 20 pour 100 en Suisse; mais le mark
perd 47 p. 100, malgré les efforts des banques et du
gouvernement pour le relever. Elle comptait sur les
sous-marins pour réduire l'Angleterre à merci : après
quelques mois de surprise, l'Angleterre a si merveilleusement organisé sa défense que la menace est conjurée,

28

— le plus grand danger que nous ayons couru depuis 1914, — et les constructions dépassent les pertes que nous subissons encore.

*
* *

On me montrait ces jours-ci une affiche de propagande allemande, de couleurs assez brutales, habilement agencée au demeurant pour frapper l'imagination. — Elle a pour titre : *Comment l'action des Etats-Unis ne peut pas être décisive dans la guerre.* — Mais ce ne sont pas les Etats-Unis seuls qu'il faut considérer, c'est la carte du monde.

L'Allemagne, dit l'affiche, bravera sans peine l'assaut de 2 millions d'Américains, puisque 15 millions de Russes ne l'ont pas ébranlée. — Pauvres arguments, qui produisent peut-être un effet momentané sur des cerveaux simples, mais qui ne tranquillisent guère sans doute Ballin, Rathenau, Kühlmann et même Helfferich. — D'abord est-il bien sûr que la Russie ait dit son dernier mot? — De ce côté, notre malheur a dépassé nos espérances, et nous n'avons plus aucune surprise fâcheuse à attendre. Nous avons touché le fond de l'abîme. Kühlmann et Hintze ne craignent-ils pas que l'avenir ne nous réserve quelque agréable revanche? Comme toujours, ils ont abusé de leur fortune, et leurs exigences ont soulevé une colère universelle. Réussirons-nous à réorganiser la Russie et à refaire un front oriental? Il serait plus que téméraire de le supposer; notre alliée vient de passer par de si épouvantables convulsions que, de quelque façon que se dénoue la crise, elle en sortira épuisée et probablement hors d'état de constituer une véritable armée. Est-ce à dire que l'Allemagne ne se heurtera pas de ce côté à de très gros embarras? Dès à présent, ses politiques avouent que la situation est obscure; ils ne

cachent pas leurs angoisses, et, chaque jour, les nouvelles qui arrivent de là-bas accroissent leurs inquiétudes : émeutes urbaines, jacqueries, soulèvements
locaux, grèves des chemins de fer, attentats terroristes ;
ils ont déchaîné l'anarchie, mais l'anarchie est une arme
à double tranchant qu'on ne manie pas toujours impunément. Ils ne conservent une apparence d'autorité
qu'en laissant sur la frontière orientale d'assez nombreuses divisions. — Ce sont de médiocres troupes, je
le veux bien ; mais enfin les hommes qui errent dans
l'Ukraine ou la Roumanie, l'Allemagne ne les a ni dans
ses ateliers ni dans ses champs ; ce sont des bouches
qu'il faut nourrir. Ils s'usent par les marches, les maladies, l'ennui ; leurs lettres contribuent à énerver l'opinion.

Les derniers événements de Macédoine et d'Albanie
ont révélé l'extrême fatigue et la mauvaise humeur des
Bulgares, mécontents des derniers arrangements diplomatiques, exploités par leurs alliés et réduits à la portion congrue, tandis que les contingents chargés de les
surveiller sont ravitaillés avec soin. Qu'une attaque
hardie — et elle présenterait de très sérieuses chances
de succès — nous ramène à Belgrade, du coup, une
immense insurrection mettrait en feu la Roumanie, la
Russie méridionale, la Bosnie, le Montenegro, et très
probablement la Dalmatie et la Croatie. Ce serait l'effondrement de l'Autriche.

L'Allemagne tablait sur les divisions qu'elle créerait
parmi les Alliés et elle n'a cessé de travailler à désagréger le bloc de la coalition. Elle a réussi, en effet, à en
détacher la Russie, et c'est un succès que je n'entends
en rien diminuer. Mais cette défection russe a scellé
plus étroitement l'union des Puissances libérales, tandis
que le groupe de nos ennemis tend à se disloquer.
L'Autriche a en fait cessé d'exister. — Quand, ces dernières semaines, Seidler s'agitait pour essayer d'obtenir

le vote du budget, un journal américain faisait observer, avec beaucoup de raison, qu'il avait bien tort de
se donner tant de mal, puisque personne n'ignorait
que ce budget ne signifiait rien et que l'Autriche avait
depuis longtemps porté au mont-de-piété ses dernières
défroques. A Vienne, les ministres vont, viennent, dis-
paraissent et reparaissent, et ces changements mettent
martel en tête aux journalistes consciencieux qui voudraient apporter à leurs lecteurs des renseignements
authentiques. — Que de peine perdue pour expliquer
des phénomènes sans portée! — Dix millions de Tchécoslovaques ont répété à tous les échos qu'ils ne voulaient plus rien avoir à faire ni avec les Habsbourgs
qui les ont toujours trahis, ni avec l'Autriche qui n'a été
pour eux qu'une marâtre jalouse et exploiteuse. — A
Prague, l'enthousiasme populaire acclame Lloyd George,
le président Wilson et Clemenceau. Des milliers de
soldats tchèques combattent avec nous, en Alsace, en
Italie, en Sibérie. Burian et Tisza racontent au monde
que le désastre de la Piave a été causé par la trahison
des Slaves du Sud. A Zagreb, le pouvoir appartient
à la coalition croato-serbe, dont personne n'ignore
qu'elle désire la formation de l'unité Yougoslave et la
victoire de la Serbie; les Magyars n'osent pas lui enlever le pouvoir, de peur de provoquer une insurrection ouverte, et ils sont impuissants à obtenir d'elle
qu'elle leur fournisse les bois qui leur seraient nécessaires. — A Lioubliana, le ministre, effrayé de l'excitation des Slovènes, a recours à l'intervention du Pape,
sans autre résultat que de compromettre l'autorité du
Pontife. — Les Polonais, gens pratiques, restent encore dans la maison en cherchant s'ils ne pourraient
pas obtenir quelques subsides des anciens maîtres, mais
leurs vœux accompagnent les légions qui combattent
sous nos drapeaux. Le *Temps* a publié (10 août 1918)
une correspondance anonyme, mais dont l'auteur pos-

sède évidemment les renseignements les plus sûrs. Le tableau qu'il nous trace de la monarchie dualiste est effarant; insurrections rurales, jacqueries, émeutes urbaines, révoltes dans l'armée, mutineries dans la flotte, soviets de marins et de soldats; les officiers massacrés, l'administration affolée; partout la révolution gronde, à peine ajournée par la présence des régiments de Guillaume. L'Allemagne tend ses forces pour retenir son alliée sur le bord du précipice. Si robustes que soient ses bras, c'est un rude fardeau que ce poids mort de la Turquie, de la Bulgarie et de l'Autriche qu'elle traîne après elle. Visiblement, elle chancelle sur ses jambes; ses stocks s'épuisent, sa population s'anémie, ses usines se vident; ses conquêtes mêmes la mangent.

Les rares amitiés qui lui étaient restées fidèles s'éloignent; la Suède, libérée de la crainte de la Russie, s'émeut de son tête-à-tête menaçant sur la Baltique avec une puissance qui n'a pas l'habitude de respecter les traités et de ménager ses voisins. La Hollande et la Suisse, dont elle exploite sans pitié la faiblesse, attendent avec impatience l'heure qui les délivrera de la terreur où elles ont vécu depuis le début de la guerre. — M. Harden, à propos des manifestations imposantes où s'est révélée l'union des Alliés (4 juillet), se demandait avec mélancolie : Des cérémonies analogues seraient-elles possibles à Berlin? — C'est que, ajoutait-il en jetant sur le passé un regard de remords, la France a des amis, nous n'avons que des complices!

La guerre est terrible, et les Alliés en sortiront les âmes endolories et les cœurs broyés; nos tristesses et nos deuils du moins n'excluent pas chez nous cette joie suprême que causent le sentiment du devoir accompli et la certitude que l'humanité entière saigne de nos blessures et nous garde de nos sacrifices une gratitude faite d'admiration, de pitié et d'amour. Les Allemands, si

persuadés qu'ils soient de la justesse de leurs doctrines,
ne peuvent boucher leurs oreilles au concert de malé-
dictions et d'anathèmes qui flétrissent leurs usurpations
et leurs crimes, et ils ne peuvent s'empêcher d'en être
troublés jusqu'au tréfonds de leur cœur. Nous frémis-
sons d'inquiétude à la pensée des terribles problèmes
que laissera la guerre : nous savons du moins que, pour
les résoudre, nous aurons un peu partout des amis et
des soutiens. A qui Guillaume II tendra-t-il la main?
Et cette main rouge de sang, qui s'abaissera jusqu'à la
prendre? Qui acceptera près de lui le rôle qu'il a joué
avec Abdul-Hamid? — La clientèle que les négociants
de Hambourg et de Brême avaient recrutée, elle a passé
à d'autres maisons; les banques qui couvraient les deux
continents de leurs innombrables filiales, elles sont
confisquées ou encombrées de papiers sans valeur; les
entreprises industrielles qui, par la violence et la
fraude, se substituaient aux firmes indigènes, sont
discréditées et dépassées. Pour ramener les Belges,
mettront-elles sur leurs catalogues les reproductions
des ruines de Louvain et de Dixmude ou les portraits
des prêtres massacrés et des nonnes souillées? — A
qui l'Empereur et ses ministres s'adresseront-ils pour
étayer en Russie leur influence chancelante? Aux mo-
narchistes? — Ils ont livré aux assassins la famille impériale et ont paisiblement continué leurs intrigues avec
les bourreaux. Aux Cadets? — Ils ont pour longtemps
ruiné la bourgeoisie qui se groupait autour du prince
Lvov et de Chingarev? Aux socialistes révolutionnaires? — Leur chef parcourt le monde en prêchant la
croisade contre l'Allemagne. Aux bolcheviks? — Elle
les a déshonorés en leur imposant la paix de Brest-
Litovsk et elle les a voués à l'exécration de quiconque
garde une étincelle de patriotisme et de raison. — Pour
attirer l'afflux des voyageurs, la Hambourg-Amerika
recrutera-t-elle ses matelots parmi les rares survivants

de ces sous-marins qui ont coulé la *Lusitania,* le *Ne-braskan,* le *Gulflight* ou le *Sussex?*

* * *

Les Américains, toujours les Américains, disent les Allemands, vous en avez plein la bouche. Nos ennemis, dit l'affiche dont je parlais plus haut, comptent sur leurs alliés ; l'Allemagne ne compte que sur elle-même. — Sagesse forcée et qui, reconnaissons-le d'ailleurs, ne lui coûte aucune peine. — Moi, moi seule, et c'est assez. — Nous connaissons la devise de Médée, la dangereuse sorcière, meurtrière de ses propres enfants. — *Væ soli,* malheur à celui qui est seul! La malédiction de l'Ecriture pèse sur l'Allemagne.

Elle ne voit pas la raison exacte de l'ineffable joie que nous cause l'entrée en ligne des Américains. Ils n'avaient contre l'Allemagne aucune inimitié préconçue ; nos griefs particuliers les laissaient indifférents ; aucune ambition ne les sollicitait ; ils ont en principe horreur de la guerre. En se rangeant à nos côtés, ils nous ont apporté — et c'est ce dont nous leur gardons une reconnaissance infinie — le témoignage de la conscience universelle. Ils ont étudié la cause longuement, scrupuleusement, sans parti pris, et, dans la paix de leur conscience, ils ont déclaré : du côté de Berlin est le mal, il faut le supprimer.

Ils sont entrés au combat à l'heure décisive, quand l'Allemagne, à bout de souffle, titubait déjà sur ses jarrets et, raidie dans une suprême convulsion d'agonie, battait les airs dans un dernier accès de rage et de vengeance. Avec eux, pas de compromis possible, pas de négociations dilatoires ou de pourparlers oiseux. « Ils sont résolus, suivant l'expression d'un de leurs représentants les plus autorisés, à tirer le maximum de leurs

ressources en matériel et en hommes pour les employer
contre l'ennemi, au plus grand avantage commun. » Et
ces ressources sont pratiquement inépuisables.

En 1910, d'après les données du dernier recense-
ment officiel que je possède, le chiffre de la population
des Etats-Unis était de 92 millions d'hommes, et comme
elle s'accroissait régulièrement de 2 p. 100 par an, elle
dépasse aujourd'hui sensiblement 100 millions. Pays
d'émigrants, par conséquent de gens jeunes et vigoureux, la proportion des combattants y est fort élevée.
Ils comptent vingt millions d'hommes en âge de servir.
La race est robuste, saine, alerte, trempée par la vie agricole, entretenue par l'usage des sports. Au moment de
la guerre de Sécession, il y a plus d'un demi-siècle, le
grand Lincoln a fait surgir de terre plusieurs millions
de combattants ; avant la fin de l'année, l'Amérique aura
envoyé en France plus d'un million et demi de soldats,
et de nouvelles recrues se préparent à combler leurs
pertes et à renforcer leurs effectifs.

Bavardages, disent les gazettes d'outre-Rhin : nous
savons ce qu'est le bluff yankee, et elles s'amusent à
calculer l'invraisemblable quantité de vaisseaux qu'exigerait le transport d'un million d'hommes. N'empêche
que, dans un de nos grands ports de l'Ouest, un seul vaisseau, il y a quelques semaines, débarquait 13.000 hommes, et, par une cruelle ironie du sort, ce vaisseau était
un des navires allemands sur lesquels les Etats-Unis
avaient mis l'embargo.

Nous entendons, ont-ils déclaré, avoir en France avant
longtemps deux millions de soldats avec six mois des
réserves nécessaires pour les nourrir, les équiper et les
armer. Pour y réussir, ils ne reculeront pas devant les
privations, et dès le début ils se sont courageusement
mis au régime de guerre, — par coquetterie et pour
exercer leur volonté plutôt que par nécessité. Ils
produisent en effet un cinquième du blé que récolte le

monde entier, un tiers de l'avoine et les trois quarts
du maïs.

Ce qui est peut-être plus intéressant, c'est de se rappeler ce que l'Allemagne demandait aux Etats-Unis.
En 1913, elle leur achetait près de 600 millions de
francs de coton, 400 millions de cuivre, 200 millions de
froment, 150 millions de graisse de porc. — Lui est-il
si facile de se passer de ces produits? — Pendant le
premier trimestre de 1918, ils nous ont envoyé plus
de 200.000 tonnes d'essence, et l'acier qu'ils nous ont
fourni suffit à fabriquer 100 millions d'obus de 75. En
juin 1918, ils ont voté 90 milliards de crédits, et ils
n'ont pas hésité à décupler leurs impôts. Ils ont construit dans le seul mois de mai 60 navires, et, dès le mois
prochain, ils produiront le double du tonnage que détruisent les sous-marins.

Les Etats-Unis ont une qualité précieuse, admirable,
celle que rien ne remplace, la jeunesse; de la jeunesse,
ils ont l'enthousiasme, la foi dans l'idéal, la fougue; ils
ont aussi l'orgueil de leur pays, qui n'a guère connu
que les sourires de la fortune, et de leurs forces habi-
tuées à briser tous les obstacles. Suppose-t-on que,
pour la première fois qu'ils interviennent directement
dans les affaires du vieux monde, ils se résigneront à un
échec ou même se contenteront d'un demi-succès?

*
* *

Comme ils ont le regard clair et qu'ils n'avaient pas
comme nous l'esprit embué par les traditions et les
légendes des vieux temps monarchiques, ils ont compris dès leur entrée en ligne le sens de la terrible
bataille et ils ont vu qu'il ne s'agissait pas de quelques
redressements de frontières et d'un de ces compromis
misérables qui ne sont que le prologue de nouveaux et
plus sanglants combats. Au milieu des épouvantables

souffrances où elle se débat, l'humanité est en travail
d'un idéal nouveau. L'Allemagne veut nous condamner
à l'éternité de la guerre, et elle ne prévoit pour nous
que de nouveaux armements. Les Etats-Unis croient au
progrès, à l'avenir et à la rédemption du monde.

> L'humanité n'est pas le bœuf à courte haleine
> Qui creuse à pas égaux son sillon dans la plaine
> Et revient ruminer sur un sillon pareil ;
> C'est l'aigle rajeuni qui change son plumage
> Et qui monte affronter, de nuage en nuage,
>   De plus hauts rayons de soleil.

Nous reculions devant la splendeur de notre programme, et nous hésitions à déployer notre drapeau.
Ils nous ont fait honte de notre timidité et ils nous
ont montré que l'audace est la condition nécessaire du
triomphe. — Redressement des torts, réparation des
dommages, punition des coupables ; la Pologne restaurée, la Roumanie complétée, les Yougoslaves unis à
la Serbie, la Bohême affranchie, les peuples d'Orient
délivrés de la barbarie turque, les races de proie surveillées et contenues, les nations libres unies. Dès la
première heure, c'était notre programme. Le président
Wilson nous a aidés à voir clair en nous-mêmes ; il a
délié nos langues. Grâce à lui, nous avons écrit sur
notre drapeau les lettres flamboyantes : émancipation
des peuples, malédiction aux oppresseurs. Les politiques blanchis sous le harnais hochent la tête : leur
prudence nous a trop longtemps arrêtés et nous a coûté
cher. A certaines heures, le salut est dans la suprême
audace. Les diplomates de l'ancienne école n'ont rien à
voir ici : la guerre que nous faisons est une guerre
révolutionnaire, et, en en acceptant virilement les
conséquences, nous hâtons notre succès, puisque nous
conquérons l'appui des peuples qui s'éloigneraient lentement de nous si nous nous en tenions aux anciennes
méthodes d'équivoque et d'échanges. La France de

saint Louis, de Jeanne d'Arc, de Henri IV et de Danton n'a jamais eu peur des idées; c'est de notre pensée que s'inspire le président Wilson, c'est sur notre sol qu'a germé la foi qui le guide. Les grands révolutionnaires ont formulé notre devise : Liberté, Egalité, Fraternité, mais elle flotte dans toute notre histoire, de Charles Martel qui brisa l'invasion arabe, à Richelieu qui libéra l'Alsace des chenapans qui la mangeaient. Ce drapeau d'indépendance, nous l'avons cloué à notre mât; les innocents et les traîtres qui nous murmurent à l'oreille des conseils de capitulation déguisée, perdent leur temps; nous n'amènerons pas notre pavillon.

*
* *

L'ennemi n'est pas encore près de renier ses abominables doctrines et il a plus d'un tour dans son sac. — Nous ne croyions plus au Diable, disait, il y a quelques jours, Rudyard Kipling. Nous avions tort, et pendant que nous dormions sur les deux oreilles, il est devenu terriblement redoutable. Jamais en effet il n'avait fallu que le monde entier se réunît pour le maîtriser. Nous le tenons maintenant à la gorge et il commence à râler. Mais il n'avoue pas sa défaite, et, pour nous apitoyer, il se sert des mots qui nous sont chers : humanité, pardon des injures, droit des peuples, réconciliation. Le Diable n'est jamais aussi dangereux que quand il prend les allures d'un brave homme. Malheur à nous si nous prenions au sérieux ses hypocrites contorsions et si nous nous laissions apitoyer par ses grimaces de contrition. On ne traite pas avec le diable; on l'enchaîne. Si vous vous laissez troubler par ses jérémiades et ses offres captieuses, et que vous desserriez votre étreinte, il profitera du répit pour préparer de nouvelles embûches, et la lutte sera plus cruelle, et la paix plus éloignée. —

La guerre serait déjà terminée si les fallacieuses ouvertures de l'Allemagne n'avaient pas trouvé des oreilles trop favorables et si elle ne gardait pas l'espoir de nous diviser. — Les pacifistes, a dit le président Wilson, désirent la paix ; je la désire autant qu'eux ; seulement, par la route qu'il ont choisie, ils lui tournent le dos. — Nos adversaires ne renonceront à leurs projets que quand ils seront bien convaincus que nous ne céderons sur aucun des points de notre programme.

A leurs appels, notre réponse peut être simple. Vous voulez négocier? lui dirons-nous. Nous aussi. Mais, avant de croire à votre sincérité, nous exigeons des gages : que les Allemands commencent par évacuer tous les territoires dont les habitants ont témoigné par des signes incontestables qu'ils ne veulent pas être allemands, l'Autriche, la Russie, la Pologne, la Belgique, l'Alsace. — Nous n'y consentirons que si nous y sommes contraints. — Soit. Inutile alors de nous corner aux oreilles vos intentions pacifiques ; nous connaissons depuis trop longtemps vos perfidies, et vos ruses ont trop servi. Vous avez jeté un défi à l'humanité, l'humanité relève le gant.

« L'Allemagne a dit une fois de plus que la force, la force seule devra décider si la justice et la paix régneront parmi les hommes ; si le droit, comme l'Amérique le conçoit, ou la suprématie d'un seul, comme l'Allemagne le conçoit, régleront les destinées de l'humanité.

« Il n'y a par conséquent pour nous qu'une seule réponse possible : c'est la force, la force à outrance, sans restrictions ni limites, la force ici justifiée, qui, triomphante, fera du droit la loi du monde et renversera dans la poussière toutes les dominations égoïstes. » (Président Wilson.)

Cette force qui est nécessaire pour détruire l'oppression du passé, elle ne nous manquera pas.

Les sceptiques ricanent ou gémissent : vous risquez

de détruire la France pour une utopie. — Qu'est-ce que l'utopie, sinon la réalité de demain?

> Le possible est un mot qui grandit à mesure,
> Et le temps qui s'enfuit vers la race future
> A déjà fait ce que je vois.

Il faut que la récompense soit digne des misères qu'a connues l'univers : pour la première fois, les peuples libres ont conclu une Sainte Alliance. Ils ne reculeront pas devant la puissance des ténèbres.

> Sous nos pas cadencés, faisons sonner la terre,
> C'est nous qui conduisons aux conquêtes du Père
> Les colonnes du genre humain.

FIN

laume II (17 juin). — Les deux conceptions opposées du monde. — Les dangers d'une négociation prématurée : divisions entre les Alliés. — Les crises politiques et les conflits d'idées en France. — L'Allemagne seule peut trouver avantage à nous amener à des pourparlers. Elle est irréductible dans ses conditions. — Les Hohenzollern acculés à la victoire par la crainte de la révolution.

11-18

SOCIÉTÉ ANONYME D'IMPRIMERIE DE VILLEFRANCHE-DE-ROUERGUE

BIBLIOTHÈQUE D'HISTOIRE ET DE POLITIQUE

La Guerre, par E. Denis, professeur à la Sorbonne.
In-18, br. 3 50
L'Angleterre, par E. Guyot. In-18, br. 3 50
La Chine, par G. Maspero. In-18, br. . . . . . . 5 »
La Grande Serbie, par E. Denis, professeur à la Sorbonne. In-18, 2 cartes, br. 3 50
L'Italie, par A. Pingaud. Préface de E. Denis. In-18, br. 3 50
Les Slovaques, par E. Denis. In-18, br. 3 50
L'Allemagne et la Paix, par E. Denis. In-18, br. 5 »

Le Colonel Driant, par G. Jollivet. In-18, br. . . . 3 50
La Guerre vue en son cours, par Paul Leroy-Beaulieu, de l'Institut. 1re année. In-18, br. 3 50
     — 2e année. In-18, br. 3 50
La Bataille de l'Ourcq (5 et 11 septembre 1914).
Vue panoramique (0,52 × 0,92). — Livret explicatif
par Gervais-Courtellemont. Vue et Livret in-8°. . . 5 »
Sous-Marins et Submersibles, par M. Laubeuf, ingénieur en chef de la Marine. 30 dessins, 8 planches.
In-8°. *Nouvelle édition refondue* 3 50
Histoire de la Marseillaise, par J. Tiersot. Ill.
8 planches photo. In-8°, br. . . . . 6 »
Souvenirs de la Cour du Kaiser, par Miss A.
Topham. *traduit de l'anglais.* In-18, br. 3 50
La Vie Militaire, par E. de Amicis, *traduit de l'italien.* In-18, br. 3 50
Chez eux, par Léon Blanchin, blessé rapatrié. In-18, br. 2 »
A l'arrière, par Jean Breton. In-18, br. . . . . . . 2 »
Le Livre d'Or de l'Alsace, pages choisies, avant-propos et notices par Maurice Devire. In-18, br. . . 3 50
La Serbie Légendaire, par Mme Genina Clapier.
In-18. br. 3 50
Le Soldat Serbe, par le Colonel H. Angell. 1 vol.
in-18, nombreuses photographies. br. 2 50
Les Alliés et les Neutres, par Ernest Lémonon.
In-18, br. 3 50
L'Allemagne à la conquête de l'Italie, par Giovanni Preziosi; trad. par Ernest Lémonon. In-18, br. 3 50
Le Martyre et la Gloire de l'Art français, par
Léon Rosenthal, professeur au Lycée Louis-le-Grand,
16 planches hors texte. In-8°, br. . 4 50 — relié. 6 »
La Vie de roman de Lloyd George, par Beriah
Evans; trad. par R. Lebelle. In-18, br. 3 50
Les Crimes inexpiables, par Jean Donat et Jean
Signorel. In-18, br. . . . . 5 »

Imp. Schmidt, Montrouge (Seine).